문화콘텐츠 논문 모음집

문화콘텐츠
인사이트

문화콘텐츠
인사이트

펴 낸 날   2023년 01월 20일

지 은 이   권병웅, 김장중, 정재웅, 김선영, 김지영, 주진노, 김미연, 김수용,
          김지영(Maria Kim), 김애리
펴 낸 이   이기성
편집팀장   이윤숙
기획편집   서해주, 윤가영, 이지희
표지디자인   서해주
책임마케팅   강보현, 김성욱
펴 낸 곳   도서출판 생각나눔
출판등록   제 2018-000288호
주   소   서울 잔다리로7안길 22, 태성빌딩 3층
전   화   02-325-5100
팩   스   02-325-5101
홈페이지   www.생각나눔.kr
이 메 일   bookmain@think-book.com

• 책값은 표지 뒷면에 표기되어 있습니다.
 ISBN 979-11-7048-514-8 (93680)

문화콘텐츠 논문 모음집

문화콘텐츠 인사이트

Cultural content insight

권병웅, 김장중, 정재응, 김선영, 김지영, 주진노
김미연, 김수용, 김지영(Maria Kim), 김애리

●○○○○○

생각나눔

초연결이 강화된 하이퍼컬처시대, 문화콘텐츠 분야별 전문가들이 모여 그간의 연구성과를 모아 출간한다. 『문화콘텐츠 인사이트』는 코스메틱 진단, TV 다큐멘터리 국제 공동제작, 문화거버넌스, 인터렉티브 스토리텔링, OTT 플랫폼, 뉴노멀 예술정책, 음악교육플랫폼, 퍼스널마케팅, 대중음악공연 등을 다루고 있다. 각 분야에서 펼쳐지는 상황에 대한 이해 그리고 남겨진 과제와 해법을 찾아가는 데 지혜를 줄 것으로 본다. 여기 초대된 저자들은 각 분야에서 괄목할 만한 성과를 창출한 현장 전문가이다. 문화콘텐츠 현장과 전문가들을 만나는 산책의 시간이 되길 기대한다. 문화콘텐츠 전문가들과 그 성과들을 모아 연속적으로 출간하고자 한다.

– 대표 저자 권병웅 중앙대 교수

| 추천사 |

한국은 이제 세계 문화의 발신 기지가 되었다. 「기생충」이나 『오징어 게임』 그리고 'BTS'의 세계적인 성과는 한국 문화콘텐츠 산업의 성과로 하루아침에 만들어진 것이 아니다.

오랫동안 한국의 문화콘텐츠 분야를 연구해 온 권병웅 교수와 그의 연구진들이 힘을 모아 한국 사회의 방송 제작, OTT 플랫폼과 게임 스토리텔링은 물론이고, 문화협치, 뉴노멀 예술정책 그리고 K-art와 K-beauty의 마케팅에 담겨있는 인사이트를 분석하였다. 미국의 정치학자 조지프 나이가 제시한 바 있는 소프트 파워 시대에 부응하려는 한국 사회의 문화 전략가에게 일독을 권한다.

– 이창현(국민대 교수. 전 서울연구원장)

이 책은 재미있다. 저자들의 논문을 모아놓았지만 잘 읽힌다. 쓸데없는 잡학사전류가 떠돌아다니는 시대에 이런 기획은 참신하고 마음에 쏙 든다.

- 김세용(고려대 건축학과 교수/한국도시설계학회 회장)

여러 경제와 경영활동에는 '문화' 혹은 '이미지'라는 단어가 따라붙습니다. 소비문화, 기업문화, 조직문화, 제품 이미지, 브랜드 이미지 등이 그것입니다.

어찌 보면 기업경영의 승패는 이러한 소비문화의 변화와 자사 및 제품의 이미지를 여하히 얼라인(Align) 시키느냐에 달려있다고 해도 과언이 아닙니다. 그런 면에서 이 책은 소비자들이나 경영자들에게 문화와 관련된 귀한 통찰을 제시할 것입니다.

- 류영재(서스틴베스트 대표)

눈떠보니 한국은 문화콘텐츠 선진국이다. 현장을 버티고 있는 많은 이들이 피와 땀을 쏟은 결과일 것이다. 이러한 문화 현장을 깊이 이해하고 이론적으로 체계화하는 작업은 쉬운 일이 아니다. 방송, OTT, 게임, 음악, 미술, 뷰티… 독자들은 한류 문화콘텐츠 전 분야를 관통하는 인사이트를 접할 수 있을 것이다.

– 서왕진(서울시립대 교수. 전 서울연구원장)

세계에 급속하게 퍼지는 한류 열풍이 증명하듯이 한국의 미래 먹거리 중 하나는 문화콘텐츠다. 산업으로서의 전망은 밝다. 이 책의 저자들처럼 이론적 배경이 견고하고 체험적 경험이 풍부한 전문가가 많기 때문이다. 한국 문화콘텐츠의 어제와 오늘 그리고 내일을 알고 싶어 하는 사람들에게 이 책은 필독서가 되기에 충분하다.

– 엄민용(스포츠경향 편집국장)

권병웅 교수 연구팀이 예술 활동이면서 동시에 기업가적인 활동이라고 할 수 있는 문화콘텐츠의 생산과 유통에 관한 그간의 연구를 책으로 엮었다. 본서에 수록된 글들은 문화콘텐츠 생산 및 유통의 최신 트렌드를 이해하고, 발전 방안을 모색하는 데 큰 도움이 될 것이다.

– 이병헌(광운대 교수)

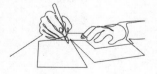

CONTENTS

책을 출간하면서_5

추천사_6

1. 코스메틱 시장성 및 트렌드

I. 서 론   19

II. 이론적 배경   22

   1. 코스메틱 산업의 특성과 분류체계   22

   2. 글로벌 시장 변화요인 및 비즈니스 전략   24

III. 분석방법   28

VI. 분석결과   32

   1. 코스메틱 제품군 카테고리 온라인 시장성 분석   32

   2. 계절별 제품군 카테고리 온라인 영향력 트렌드 변화 분석   37

   3. 高성장 제품군 카테고리 월별 온라인 시장 트렌드   38

V. 결 론   44

2. TV다큐멘터리 국제공동제작 프로덕션

Ⅰ. 서 론   51

Ⅱ. 이론적 배경   54

Ⅲ. 분석방법   59

Ⅳ. EBS 국제공동제작 『세계문명사 대기획』 제작방식   62

   1. 3D 입체다큐멘터리 「천불천탑의 신비, 미얀마」   62

   2. 4K UHD 다큐멘터리 「불멸의 진시황」   65

Ⅴ. 3R'S 및 프로덕션 5단계 분석   69

   1. 3R'S 요소별 분석   69

   2. 프로덕션 5단계 분석   77

   3. 분석 결과   88

Ⅵ. 결 론   92

3. 문화협치 거버넌스

Ⅰ. 서 론   99

Ⅱ. 거버넌스와 문화협치   105

   1. 협치와 참여의 중요성   105

   2. 참여의 종류와 소극적 참여   107

   3. 지역문화와 협치   110

Ⅲ. 빅데이터와 문화협치   115

   1. 정보화와 e-거버넌스   115

   2. 빅데이터 문화협치   117

   3. 빅데이터 협치를 위한 데이터   119

   4. 빅데이터 기반 협치 사례 분석 및 개선방안   124

Ⅳ. 결 론   128

4. 인터랙티브 스토리텔링 구조

Ⅰ. 서 론   135

1. 연구 배경 및 목적   135

2. 연구 범위 및 방법   138

Ⅱ. 본 론   141

1. 환경적 스토리텔링 이론   141

2. 대체현실게임의 스토리텔링 구조:

〈Why So Serious?〉를 중심으로   144

3. AR게임의 스토리텔링 구조: 〈포켓몬GO〉를 중심으로   154

Ⅲ. 분석 결과 요약   163

1. 대체현실게임과 AR게임의 환경적 스토리텔링 비교   163

2. 온·오프라인 매개 인터랙티브 스토리텔링 구조 제안   167

Ⅳ. 결 론   173

5. COVID19와 OTT 플랫폼

Ⅰ. 서 론   179

1. 연구배경 및 연구목적   179

2. 연구방법 및 연구범위   181

Ⅱ. 이론적 배경   185

1. COVID-19 발생의 경제사회 및 문화적 상황   185

2. OTT 플랫폼서비스의 시장동향   188

Ⅲ. COVID19의 확산과 OTT 서비스의 관심도 관계   192

1. 점유율 및 성장률 동향   192

2. OTT 플랫폼 소비자의 관심 정도   196

Ⅳ. 연구설계   202

1. 분석방법   202

2. 조사대상 및 자료수집   203

3. 설문지 구성   204

4. OTT 플랫폼서비스 이용실태   208

5. COVID-19 이후 OTT 플랫폼서비스 대체만족도   212

V. 결 론   221

1. 연구의 요약   222

2. 연구의 시사점   225

3. 연구의 한계   226

6. 뉴노멀 예술정책 동향

I. 서 론   231

II. 선행연구 고찰   234

III. 뉴노멀시대 국가별 예술정책 동향   241

1. 국내 예술정책 동향   241

2. 해외 예술정책 동향   243

IV. 연구설계   246

1. 연구문제 및 분석대상   246

2. 연구방법 및 절차   247

V. 실증분석 결과   249

1. 주제어 빈도분석 결과   249

2. 주제어 중심성 분석 결과   252

3. 언어네트워크의 시각화 분석 결과   257

VI. 결론 및 시사점   265

7. 음악교육플랫폼 커뮤니케이션 전략

I. 서 론   271

II. 국내·외 음악교육플랫폼의 특성   274

  1. 국내 음악교육플랫폼의 특성   274

  2. 미국 음악교육플랫폼의 특성   276

III. 음악교육플랫폼의 구조   279

IV. 통합 온라인 커뮤니케이션 전략   285

  1. 온라인 커뮤니케이션 전략   285

  2. 온라인 커뮤니케이션 실행구조   289

V. 플랫폼 구조와 온라인 커뮤니케이션 전략의 융합방안   294

VI. 결론 및 제언   297

8. 현대 미술가의 퍼스널마케팅 전략

I. 전 세계 아시아 거점이 될 한국 미술시장 현대미술가

  퍼스널 마케팅의 필요성   303

  1. 퍼스널 마케팅과 퍼스널브랜드란?   307

  2. 퍼스널 브랜딩을 위한 평판 및 평판산업   310

  3. 퍼스널브랜딩 4단계 전략   312

  4. 퍼스널브랜드의 시험, 세련화, 실현   316

II. 국내미술가 A와 장 미셸 바스키아(Jean-Michel Basquiat)

  퍼스널브랜딩 비교분석   319

  1. 분석방법- 퍼스널 마케팅 측정지표   319

  2. 분석대상   321

  3. 분석결과   324

  4. 현대미술가 퍼스널브랜딩 전략 구축모형 제안   330

III. 결 론   333

9. 대중음악공연 선택요인

Ⅰ. 서 론   339

Ⅱ. 대중음악 공연의 상품재적 특성   342

Ⅲ. 연구방법   347

    1. 분석모형   347

    2. 변수의 조작적 정의 및 설문지 구성   348

    3. 연구대상   349

    4. 분석방법   349

Ⅳ. 결과분석   350

    1. 조사대상의 인구통계학적 특성   350

    2. 타당성 및 신뢰도 검증   351

    3. 선택요인의 중요도−만족도 차이   358

    4. 선택요인의 중요도와 만족도 IPA 격자도 분석   369

Ⅴ. 결 론   378

참고문헌_383

I. 서 론

II. 이론적 배경
  1. 코스메틱 산업의 특성과 분류
    체계
  2. 글로벌 시장 변화요인 및 비즈
    니스 전략

III. 분석방법
  1. 코스메틱 제품군 카테고리 온라
    인 시장성 분석
  2. 계절별 제품군 카테고리 온라인
    영향력 트렌드 변화 분석
  3. 高성장 제품군 카테고리 월별
    온라인 시장 트렌드

V. 결 론

코스메틱 시장성 및 트렌드

* 이 글은 문화와 융합 제43권 2호(통권 78집)에 실린 글입니다.

I. 서 론

글로벌 코스메틱 시장의 규모는 2022년까지 4,298억 달러에 달할 것으로 예상되며 2016-2022년까지의 기간 동안 4.3%의 CAGR을 기록할 것으로 예상된다(Alied Market Research, 2020). 반면에 국내 코스메틱 산업은 2014년부터 2018년까지 연평균 14.7%의 성장률로 매년 10% 이상의 지속적인 성장을 보여 왔다. 2018년 수출액은 전년 대비 26.5% 증가한 6조 9,081억 원을 기록했다. 국내 코스메틱 산업은 2014년에 흑자산업으로 전환된 이후 2018년에 무역수지가 4년 사이 약 10배가 증가하면서 지속적으로 세계 100대 기업에 포함되는 국내 화장품 기업이 증가하고 있는 상황이다(한국보건산업진흥원, 2019).

코스메틱 산업은 글로벌 성장이 기대되는 유망 산업으로 기초과학과 바이오, 의료 등 응용기술을 포괄적으로 융합·통합할 수 있는 유기적 연계 산업이며 기술집약적 산업이다. 최근에는 BT(한의학, 합성 성분, 천연물 등), NT(피부 측정 등) 등의 융복합 연구를 통한 제품 개발이 다양한 소비자 화장품 효과 수요에 따라 피부과학을 중심으로 활성화되고 있다. 코스메틱 산업은 생화학, 피부과학, 면역학, 생리학. 심리학, 콜로이드 과학 등 다양한 분야의 기술력이 결합된 고부가가치 산업이며 국가 브랜드와 문화산업(K-Culture, K-Pop, K-Drama, K-Movie 등)의 수출에 지대한 영향을 끼치고 있는 복합 문화산업이다(강서경, 2020).

코스메틱산업 관련 선행연구는 자연과학 및 공학적 그리고 사회과학적 연구로 나누어 볼 수 있다. 자연과학과 공학적 선행연구는 원료와 신소재, 그리고 신원료 및 신물질 개발에 관한 연구가 주를 이루고 있으며, 경영학적 연구는 제조를 위한 제조업체와 공급업체의 관계, 공급업체 선정, 마케팅 전략, 브랜드 마케팅의 성공사례에 관한 것이 대부분이다.

그중 제조와 관련된 분야의 연구에 있어서 Dickson(1966)은 공급자 선정요인을 조사하여 23개로 압축된 최종요인을 제시하였으며 공급업체의 선정기준에 있어서 가격, 품질, 납기, 과거실적이 가장 중요한 기준이라고 제시하였다. 그리고 Dempsey(1978)는 기술역량, 인도능력, 품질 등을 가장 중요한 요소로 강조하였다. 이들의 연구는 이후 대부분의 국내외 학자들의 연구에서 기준이 되고 있다.

코스메틱 분야의 트렌드와 관련한 연구는 Lopaciuk와 Loboda(2013)의 연구가 대표적인데, 21세기 코스메틱 시장의 트렌드를 아시아와 라틴 아메리카 시장의 확대, 스킨케어 부분의 강세, 유통의 대형화와 온라인 판매의 강세, 유기농과 공정무역철학의 확산으로 뽑고 있다. 그리고 Brandt, Cazzaniga, Hann(2011)은 전통적인 제조사 이외의 의료 브랜드의 시장 집입을 예상하고 있다. 화장품의 의학적 적용을 강조하는 코스메틱과 메디컬의 복합용어인 코스메슈티컬(Cosmeceutical)의 확장을 제시하고 있다. 또한, Vecino, Cruz, Models, Rodrigues(2017)도 화장품 산업의 환경, 사회적, 경제적 영향을 강조하며 생물 분해성 물질인 천연재료의 중요성을 강조하고 있다. Barbulova, Colucci, Apone(2015)는 천연재료 생산과정의 친자연성을 강조하며 식재료 생산과정에서 발생되는 부산물로부터 얻는 추출물(과일과 야채 가공 산업에서 파생된 추출물)의 사용을 제조 원료의 대안으로 제시하고 있다. 이와 같은 연구들은 Alied Market Research(2020)의 트렌드 조사 결과와 일치하는 경향을 보이고 있다.

이처럼 급속한 성장세에 있는 코스메틱 산업분야는 급속한 국내외 마켓의 확장 속에서 다양한 분과학의 연구대상이 되어 왔으나 각 상품군의 시장성 진단과 최신 트렌드 변화추이를 분석한 연구는 아직 미흡한 실정이다. 따라서 본 연구는 수집된 데이터를 기반으로 카테고리별 영향력 지수를 정량적으로 산출하여, 국내 코스메틱 카테고리의 시장성과 트렌드를 분석하였다. 이러한 연구는 산업적으로는 코스메틱 시장의 성장과 접근전략의 주요한 기초자료가 될 것이며, 학술적으로는 연구단위가 기존 자연과학, 공학, 경영학적 접근을 뛰어넘어 데이터과학 영역으로 확장한 분석의 의의를 지닌 것이라고 본다.

II. 이론적 배경

1. 코스메틱 산업의 특성과 분류체계

코스메틱 산업은 화장품을 제조하고 유통하는 산업을 지칭한다. 여기에는 파운데이션 및 마스카라와 같은 색조화장품, 보습제 및 클렌저와 같은 스킨케어 제품, 샴푸, 컨디셔너 및 헤어 컬러와 같은 헤어케어 제품, 거품 목욕 및 비누와 같은 세정제품 등이 포함된다. 화장품 제조업은 20세기 초에 시작된 소수의 다국적 기업에 의해 지배되고 있지만 화장품의 유통 및 판매는 다양한 비즈니스로 확산되고 있는 상황이다. 특히 슈퍼마켓, 전용 브랜드 아울렛, 전문점을 포함한 소매점은 여전히 주요 유통 채널이지만 온라인 채널의 비중이 점점 늘고 있는 추세다.

코스메틱 산업의 범위는 「화장품법」[1]에 따라 화장품의 연구개발, 제조, 가공, 보관, 유통과 관련된 산업으로서 한국표준산업분류기준(KSIC-9)에서 제공하는 분류체계에 근거하여 정할 수 있다. 식약처의 화장품 분류기준도 본 통계청의 표준산업 분류

---

1) 화장품법: 화장품의 수입, 수입 및 판매 등에 관한 사항을 규정함으로써 국민보건을 향상시키고 화장품 산업발전에 기여하기 위해 제정한 법(1999.09.07. 법률 제6025호, 개정 2013.03.23., 2016.05.29., 2019.01.15.)

체계에 근거하고 있다. 화장품법에서 화장품은 목욕용 제품류, 인체 세정용 제품류, 어린이용 제품류, 비누를 제외한 「품질경영 및 공산품안전관리법」 제2조 제10호에 따른 안전·품질표시 대상 공산품 중, 방향용 제품류, 인체 세정용 제품류, 영·유아용 제품류, 목욕용 제품류, 눈 화장용 제품류, 색조화장용 제품류, 두발용 제품류, 염모용(染毛用) 제품류, 면도용 제품류, 손발톱용 제품류, 체취방지용 제품류, 체모 제거용 제품류 기초화장용 제품류 등 13가지 유형으로 구분한다(강서경, 2020).

화장품 분류체계의 범위 및 대상은 기준별로 상이하나 법제도적인 면에서 전반적인 범위는 다음의 [표 2-1]과 같다.

〈표 2-1〉 기준별 분류 범위

KSIC-9 표준산업분류	국민 계정	한국거래소 (KSIC 연계)	GISC	OECD (ISIC Rev.3)
화장품 제조업	화장품/ 비누	–	개인 용품	–
화장품 도매업				
화장품/방향제 소매업				

[출처: 강서경(2020)]

즉, KSIC-9 표준산업분류에 따르면 코스메틱 산업은 크게 제조업, 도매업, 소매업으로 분류되며, 국민계정으로는 화장품과 비누로, GISC에서는 개인용품으로 분류되고 있다.

본 연구에서 다루고자 하는 연구대상의 분류체계는 코스메틱 전체 카테고리의 온라인 소비자 관심도를 파악하는 데 필요한 코스메틱 카테고리별 분류체계를 재구성(표2-1 참조)하고, 분류체계의 최하위를 '제품상세 카테고리'로 특정하여 데이터 분석의 기반으로 삼았다.

2. 글로벌 시장 변화요인 및 비즈니스 전략

최근 10년 동안 화장품 시장의 규모는 크게 성장한 것으로 집계되고 있다. Alied Market Research(2020)는 글로벌 화장품 시장에 영향을 미치는 주요 요인을 라이프 스타일의 변화, 세계적인 GDP의 증가, 스킨케어 상품의 수요 증가, 스킨케어 방식의 진화, 포장과 마케팅의 발전, 화장품 부작용에 대한 인식 향상, 자연소재의 사용 등으로 제시하고 있다.

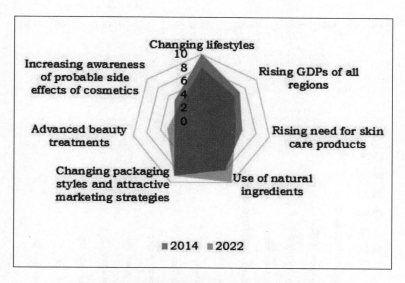

[그림 2-1] 글로벌 화장품 시장에 영향을 미치는 주요 요인

(출처: alliedmarketresearch.com)

또한, 향후 영향이 증가될 요인들로 [그림 2-1]과 같이 천연소재와 스킨케어 방식의 진화 등을 제시하고 있다.

그리고 현재 제조사들은 새로운 제품을 개발하고 화장품에 다른 재료들을 사용하는 것에 혁신역량을 집중하고 있다. 또한, 선두 기업들은 최근 2~3년간 시장 지위를 유지하기 위해 [그림 2-2]와 같이 단계별 전략 제품을 다르게 가져가고 있다. '제품 출시'에는 '메이크업 화장품'이 가장 높은 혁신전략으로 나타나고, 그다음으로는 '헤어케어', '스킨케어' 순으로 나타난다. '인수' 시에는 '스킨케어'가 월등히 높은 혁신전략으로 부각된다. '확장' 시에는 '헤어케어'와 '스킨케어'를 주로 활용하는데, 그 중 '헤어케어'를 혁신전략으로 가장 많이 활용한다. 마지막으로, '협약' 시에는 '향수', '스킨케어', '메이크업 화장품' 순으로 혁신전략을 가져가고 있다.

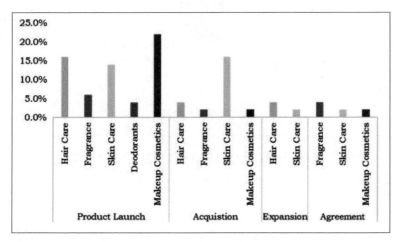

[그림 2-2] Top winning strategies in world cosmetics market

(출처: alliedmarketresearch.com)

글로벌 코스메틱 시장의 주요 변화 요인은 전통적인 요인보다 천연소재의 사용과 스킨케어 방식의 진보 등이 될 것으로 예상되고 있다. 글로벌 기업들의 경영혁신 방향도 이를 반영하여 천연소재를 사용한 스킨케어 신제품 출시에 맞춰지고 있다. 또한, 전통적인 시장인 유럽을 중심으로 하는 서구 시장보다 아시아와 라틴 아메리카의 시장 규모가 증가하고 있고, 전통적인 유통 채널을 벗어난 온라인 판매량이 증가할 것으로 예측되고 있다.

이처럼 온라인 판매량이 증가되는 상황에서 글로벌 시장트렌드 변화 및 비즈니스 전략의 마련을 위해서는 제품소비자들의 관심이 어디에 있는지 살펴볼 필요가 있다. 본 연구에서 제품군 카테고리별 온라인 영향력과 계절별, 월별 온라인 시장 트렌드 변화에 주목하는 이유이다.

III. 분석방법

본 연구의 기본 프레임워크는 규모와 성장 분석에 적합한 Boston Consulting Group's product portfolio matrix(이하 BCG Matrix)를 주로 활용하여 분석하였다. BCG Matrix는 사업의 성장률을 Y축에, 사업의 규모를 X축에 표시한 도표를 만들어 4개의 분면을 구성하고, 각분면 별 전략을 적용하여 시장성을 진단할 수 있는 분석 프레임워크다. 이 기법을 활용한 연구로는 Haradhan Mohajan(2017)과 Chih-Chung Chiu, Kuo-Sui Lin(2019), Adrian Ioana, Vasile Mirea, Cezar Balescu(2009) 등이 있다.

[그림 3-1] BCG Matrix

[출처: Frederic P. Miller, Agnes F. Vandome, McBrewster John(2010)]

우선, 고성장, 고점유율을 차지하는 사업은 Star 영역으로 분류되어, 계속 투자를 하게 되는 유망한 사업이다. 둘째로, 고성장이지만 BCG Matrix는 시장에서의 성장률 및 규모를 분석하여 제품의 시장성을 진단하기에 적합한 프레임워크이다. 이 프레임은 상대적으로 점유율이 낮은 사업은 Question Mark 영역으로 분류되어, 기업의 행동에 따라 차후 Star 영역으로 이동하거나 Dog 영역으로 전락할 수 있다. 따라서 본 영역에 있는 사업에 투자를 결정할 경우, 상대적 시장점유율을 높이기 위해 많은 투자금액이 필요하다. 셋째로, 저성장, 고점유율 사업은 Cash Cow 영역으로 분류되며, 점유율이 높아서 이윤이나 현금흐름은 양호한 편이지만, 앞으로 성장을 기대하기는 어려울 수 있다. 마지막으로, 저성장, 저점유율 사업은 Dog 영역으로 분류되어, 더 이상 성장하기 어렵고 이윤과 현금흐름이 좋지 못한 안 좋은 사업으로 분류된다.

코스메틱 전체 카테고리의 온라인 소비자 관심도를 파악하고자 코스메틱 카테고리별 분류체계를 〈표 3-1〉과 같이 구성하였다. 분류체계의 최하위를 '제품상세 카테고리'로 특정하여, 데이터 분석 시 제품 상세 카테고리를 기반으로 분석하였다.

〈표3-1〉 메틱 제품 카테고리 분류체계

Lv1 – 용도	Lv2 – 제품군	Lv3 – 제품상세 카테고리	Lv1– 용도	Lv2 – 제품군	Lv3 – 제품상세 카테고리
기 초	선케어	선팩트	기 초	스페셜 케어	마사지젤
		애프터선			모공패드
		태닝스프레이			모델링팩
		태닝크림			마사지크림
		태닝티슈			수면팩
		선로션			워시오프팩
		선블록			필링/스크럽
		선스틱			필오프팩
		선스프레이			마스크시트
		선쿠션			스팟패치
		선크림			코팩
		선파우더			아이케어
		태닝오일			고무팩
	스킨 케어	넥케어		클렌징	클렌징로션
		토너패드			클렌징젤
		로션			립앤아이리무버
		에멀젼			쉐이빙폼
		수딩젤			클렌징밀크
		스킨			클렌징밤
		토너			클렌징비누
		미스트			클렌징오일
		앰플			클렌징워터
		오일미스트			클렌징크림
		올인원			클렌징티슈
		젤미스트			클렌징파우더
		크림미스트			클렌징패드
		페이스오일			클렌징폼
		필링패드	메이크업	립	립스테인
		세럼			립글로스
		에센스			립플럼퍼
		에센스올인원			립라이너
		나이트크림			립스틱
		수분크림			립밤
		영양크림			립케어
	베이스	코렉터			립틴트

메이크업	베이스	트윈케이크	메이크업	아 이	젤아이라이너
		메이크업픽서			펜슬아이라이너
		메이크업베이스			펜아이라이너
	베이스	톤업크림			아이브로우
		프라이머			아이섀도
		BB크림			마스카라
		틴티드모이스처라이저			마스카라픽서
		리퀴드컨실러			리퀴드아이라이너
		스틱컨실러			아이라이너
		컨실러	바디/네일	바 디	남성청결제
		CC크림			목욕비누
		쿠션			바디슬리밍
		루스파우더			아로마테라피
		팩트파우더			입욕제
		리퀴드파운데이션			파라핀
		세럼파운데이션			풋케어
		스틱파운데이션			핸드크림
		크림파운데이션			데오드란트
		파운데이션			제모제
		팩트			바디로션
	셰이딩 등	브론져			바디오일
		블러셔			바디크림
		셰이딩			바디파우더
		하이라이터			바디스크럽
바디/네일	네 일	네일영양제			바디클렌저
		매니큐어			바디미스트
		네일리무버			샤워코롱
		네일아트			여성청결제

분석데이터는 국내 최대 검색 포털인 네이버의 검색량 및 버즈량을 기반으로, 2017년 1월~2020년 3월, 약 3년간의 데이터를 분석하였다.

VI. 분석결과

1. 코스메틱 제품군 카테고리 온라인 시장성 분석

본 연구는 네이버 검색량 및 버즈량 절댓값의 곱을 온라인 시
장 규모로 산정하고, 3년간 성장률을 산출하여 온라인 시장성을
분석하였다. 각 제품군 카테고리별 시장 규모 및 성장률은 〈표
4-1〉과 같이 정리된다. 시장 규모의 경우, 메이크업 內 '베이스'
카테고리가 가장 높은 시장 규모를 보유하고 있으며, 그다음으로
는 기초 內 '스킨케어' 카테고리가 높은 시장 규모를 보유하는 것
으로 나타난다.

성장률의 경우, 대부분의 카테고리가 마이너스(-) 성장률을 보
이지만, 기초 內 '클렌징' 카테고리의 성장률이 타 카테고리 대비
높게 나타난다.

〈표 4-1〉 코스메틱 제품군 카테고리 온라인 시장 규모 및 성장률 분석 결과

용 도	제품군 카테고리	온라인 시장 규모	온라인 시장 성장률
기 초	스킨케어	24.6%	−3.4%
기 초	스페셜케어	12.1%	−16.8%
기 초	클렌징	7.0%	17.8%
기 초	선케어	4.5%	−16.7%
메이크업	베이스	26.8%	−6.5%
메이크업	립	4.5%	−5.9%
메이크업	아 이	2.2%	−6.8%
메이크업	셰이딩 등	0.9%	−16.9%
바디/네일	바 디	11.3%	8.4%
바디/네일	네 일	6.0%	−6.1%

코스메틱 제품군 카테고리의 시장성 분석 결과를 시각화하면 [그림 4-1]과 같다.

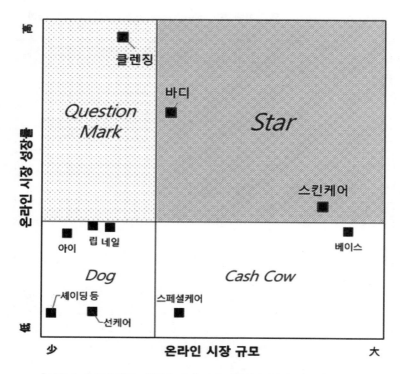

[그림 4-1] 코스메틱 제품군 카테고리 시장성 분석결과(BCG Matrix)

위 분석 결과 內 1사분면은 Question Mark 영역으로, 해당
영역에 있는 제품군 카테고리는 '클렌징'이다. 네이버 검색량 및
버즈량 기반으로 산출한 '클렌징' 카테고리의 시장점유율은 7%이
며, 성장률은 17.8%로 전체 제품군 카테고리 중 가장 높은 성장
률을 보인다.

2사분면은 Star 영역으로, 해당 영역에 있는 제품군 카테고리
는 '바디'와 '스킨케어'다. '바디' 카테고리의 시장점유율은 11.3%

이며, 성장률은 8.4%로 전체 제품군 카테고리 중 상위 2번째의 성장률을 보인다. '스킨케어' 카테고리의 시장점유율은 24.6%이며, 성장률은 −3.4%이지만, 전체 중 상위 3위로, 타 카테고리 대비 성장률이 높은 편에 속한다. BCG Matrix 內 집중 영역에 위치한 카테고리는 '클렌징', '바디', '스킨케어'로, 최근 COVID-19 이슈와 밀접한 연관이 있는 카테고리다.

첫째, '클렌징' 카테고리의 경우, COVID-19 이슈로 인해 세정 및 세안에 민감해진 소비자들이 많아짐에 따라, 2020년 3월 전후에 성장률이 급격히 상승한 것으로 나타난다.

이전까지는 '클렌징'의 중요성이 부각되지 않았기에 아직 상대적 시장 규모는 적은 편이지만, 최근 급격히 증가한 소비자의 니즈(Needs)에 따라, 기업의 입장에서는 투자 가치가 높은 영역으로 보여진다. '바디' 카테고리의 경우도 바이러스 세정 및 보습을 연계한 소비자 니즈가 부각되는 카테고리다.

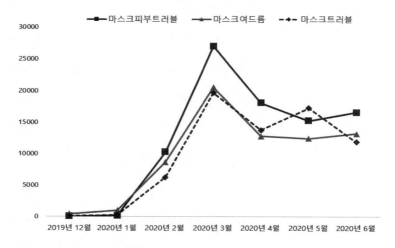

[그림 4-2] 마스크 착용으로 인한 피부 고민 및 걱정 관련 키워드 검색 트렌드

둘째, '스킨케어' 카테고리의 경우도 마찬가지다. COVID-19로 생활필수품이 된 마스크 착용으로 인해 '마스크 피부트러블', '마스크 여드름', '마스크 트러블'에 대한 피부 고민 및 걱정이 급증함에 따라, 기초 스킨케어로 소비자의 관심이 쏠리고 있음을 증명하였다. 소비자들의 최근 피부 고민 및 걱정을 보여줄 수 있는 키워드 검색 트렌드는 [그림 4-2]에서 보여진다.

2. 계절별 제품군 카테고리 온라인 영향력 트렌드 변화 분석

본 연구는 분석 결과 1에서 도출한 高성장 카테고리의 계절별 온라인 영향력 트렌드를 분석하였으며, 이는 [표 4-2]에서 보여진다.

〈표 4-2〉 2019년 계절별 코스메틱 카테고리 온라인 영향력 트렌드 변화

(단위: 온라인 영향력 순위)

카테고리 (연평균 비중) \ 계절	봄	여 름	가 을	겨 울*
베이스 (27.2%)	1	1	2	2
스킨케어 (24.3%)	2	2	1	1
스페셜케어 (11.8%)	3	3	4	4
바디 (10.8%)	4	4	3	3
클렌징 (7.0%)	6	7	5	5
네 일 (6.5%)	7	5	6	6
립 (4.6%)	8	8	7	7
아 이 (2.2%)	9	9	8	8
셰이딩 등 (0.9%)	10	10	10	10

*2019년 겨울은 2020년 2월까지임

분석 결과는 다음과 같다.

첫째, '스킨케어' 카테고리는 2019년 봄부터 여름까지 온라인 영향력 순위가 2위를 차지하였지만, 2019년 가을부터 1위로 상승하였으며, 이 추이는 2019년 겨울 기간(2020년 2월)까지 계속되었다.

둘째, '바디' 카테고리 또한 2019년 봄부터 여름까지 온라인 영향력 순위가 4위를 차지하였지만, 2019년 가을부터 한 단계 상승하여, 2019년 겨울까지 3위를 차지한다.

셋째, '클렌징' 카테고리는 2019년 여름, 온라인 영향력 순위가 한 단계 하락하였지만, 2019년 가을부터 순위가 두 단계 상승하여, 2019년 겨울까지 5위를 차지한다. 高성장 카테고리 중 연평균 비중은 가장 낮지만, 계절별 온라인 영향력 순위가 가장 많은 성장을 보이는 카테고리다.

3. 高성장 제품군 카테고리 월별 온라인 시장 트렌드

본 연구는 高성장 제품군 카테고리에 속한 제품 상세 카테고리의 월별 온라인 시장 트렌드를 분석하였다. 분석을 위하여 네이버 검색량 및 버즈량의 곱을 기반으로 상세 카테고리별 값을 도출하였다. 규모 측면에서 상위 2위까지의 카테고리, 혹은 증감률 측면에서 20% 이상 성장한 카테고리를 최근 코스메틱 트렌드로 정의한다.

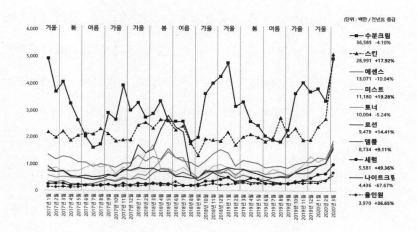

[그림 4-4] '스킨케어' 內 제품 상세 카테고리 월별 온라인 시장 트렌드

'스킨케어' 카테고리의 제품 상세 카테고리는 총 10가지로, 수분크림, 스킨, 에센스, 미스트, 토너, 로션, 앰플, 세럼, 나이트크림, 올인원이다. 그중, 규모 면에서 상위 2위를 차지하는 제품상세 카테고리는 '수분크림' 및 '스킨'이다.

'수분크림'의 경우, 가을 및 겨울에 영향력 지수가 월등히 상승하는 것으로 나타나지만, 전년비 증감률은 마이너스를 기록한다. '스킨'의 경우, 2020년 3월 급성장한 것으로 나타난다.

전년비 증감률이 20% 이상인 카테고리는 '세럼' 및 '올인원'이다. '세럼'의 경우, 규모는 아직 적은 편이지만, 스킨케어 카테고리 중 가장 큰 증감률(▲49.36%)을 기록하였다. 이는 미세먼지나 COVID-19 등 외부 환경요인으로 인해 자극받는 피부를 관리하고자 하는 소비자 니즈가 커졌고, 이에 맞춰 '속보습', '잡티' 등 소비자 Pain Point를 자극하는 키워드로 커뮤니케이션 메시지를 소구하는 화장품 브랜드가 등장하면서 소비자 관심이 상승한 것으로 보인다. '올인원'은 가장 규모가 적지만, 두 번째로 높은 증감률(▲36.65%)을 기록한 카테고리다. 이는 남성용 올인원 뿐만 아니라, 바쁜 일상 속 빠른 기초화장에 대한 니즈가 커짐에 따라 관심을 갖게 된 카테고리로 보여진다.

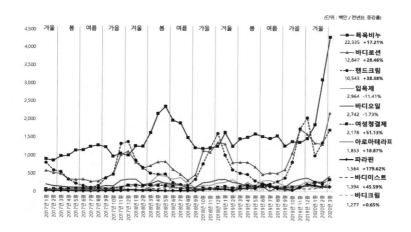

[그림 4-5] '바디' 內 제품 상세 카테고리 월별 온라인 시장 트렌드

'바디' 카테고리의 제품 상세 카테고리는 총 10가지로, 목욕비누, 바디로션, 핸드크림, 입욕제, 바디오일, 여성청결제, 아로마테라피, 파라핀, 바디미스트, 바디크림이다. 그중 규모 면에서 단연 1위를 차지하는 것은 '목욕비누'로, 과거부터 일상에서 소비자들이 가장 많이 접하는 카테고리다.

　전년비 증감률이 20% 이상인 카테고리는 총 5가지로, 바디로션, 핸드크림, 여성청결제, 파라핀, 바디미스트다. 그 중 '바디로션' 및 '핸드크림' 카테고리는 규모 면에서도 상위에 위치함과 동시에 전년비 증감률도 20% 이상인 카테고리다. '바디로션' 및 '핸드크림'의 경우, 최근 3년간 매 가을-겨울 사이에 영향력 지수가 급상승하며 비슷한 월별 추이를 보인다. 그러나, 이례적으로 2020년 3월 '바디로션' 및 '핸드크림' 카테고리가 한 번 더 상승하였다. 이는 COVID-19로 홈케어 등 집에서 관리하는 소비자들이 증가한 현상과 맞물릴 수 있다고 보여진다.

　또한, 전년비 증감률이 가장 큰 카테고리는 '파라핀'(▲179.62%)인데, 이 또한 COVID-19로 홈케어, 셀프네일 등에 대한 소비자 니즈가 증가한 영향을 받았다고 볼 수 있다.

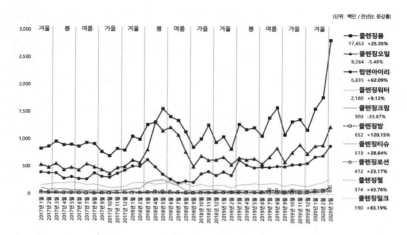

[그림 4-6] '클렌징' 內 제품 상세 카테고리 월별 온라인 시장 트렌드

'클렌징' 카테고리의 제품 상세 카테고리는 총 10가지로, 클렌징폼, 클렌징오일, 립 앤 아이 리무버, 클렌징워터, 클렌징크림, 클렌징밤, 클렌징티슈, 클렌징로션, 클렌징젤, 클렌징밀크다. 그중 규모 및 전년비 증감률이 모두 높은 카테고리는 '클렌징폼' 및 '립 앤 아이 리무버'다. '클렌징폼'의 경우, 지속적으로 증감을 반복하는 추이를 보이다, 2020년 3월 급상승한 것을 볼 수 있다. 이는 COVID-19로 인해 급상승한 피부 세정 및 세안에 대한 소비자 니즈의 영향으로 볼 수 있다. '립 앤 아이 리무버'의 경우, 전반적으로 최근 3년간 증가 추세를 보이고 있으며, 특히 2018년 여름을 제외하고는 급격한 하락 추세가 나타나지 않는다. 최근의 증가세는 COVID-19로 마스크 착용이 생활화되면서, 메이

크업 시 외부에 보여지는 눈화장에 집중하게 되었고, 이에 따라 눈화장을 지우는 '립 앤 아이 리무버'에 대한 니즈도 함께 증가한 것으로 보여진다. 증감률 측면에서는 다수의 카테고리가 전년비 20% 이상의 성장을 보이지만, 그중에서도 '클렌징밤' 및 '클렌징밀크'의 증가가 두드러진다. 이는 최근 들어 제품 개발이 활발해져 소비자들에게 새로운 관심을 받게 된 것으로 보여진다.

결론적으로 코스메틱 제품군 중 가장 성장률이 높은 카테고리는 '스킨케어', '바디', '클렌징'이며, 모두 2019년 가을부터 2019년 겨울(2019.12.~2020.02.)까지 전분기 대비 상승 추이를 보인다. 카테고리별 증감률이 전년비 20% 이상인 카테고리는 다음과 같다. '스킨케어'의 경우, '세럼'과 '올인원'이다. '바디'의 경우, '바디로션', '핸드크림', '여성청결제', '파라핀', '바디미스트'이며, 이 중 '바디로션' 및 '핸드크림'은 고성장, 고점유율 카테고리로 분류되고, '파라핀'은 성장률이 가장 높은 카테고리로 나타난다. '클렌징'의 경우 고성장, 고점유율 카테고리는 '클렌징폼'과 '립 앤 아이 리무버'이며, 대부분의 카테고리가 전년비 20% 이상 성장했지만, 그중 특히나 성장률이 높은 카테고리는 '클렌징밤', '클렌징밀크'다.

V. 결론

본 연구는 코스메틱 산업의 제품별 시장성 진단 및 트렌드 변화의 분석을 위해 성장규모와 변화 분석에 적합한 BCG Matrix를 활용하여 분석하였다. 분석데이터를 수집하기 전에 코스메틱 제품군의 소비자 관심도를 파악하고자 코스메틱 산업의 특성과 분류체계를 검토하고, 글로벌 시장 변화요인 및 비즈니스 동향을 살펴보았다. 이를 토대로 화장품 카테고리별 분류체계를 구성한 후 분류체계의 최하위를 '제품 상세 카테고리'로 특정하였다. 데이터수집은 제품 상세 카테고리를 기반으로 수집하였다. 분석의 방향은 코스메틱 제품군 카테고리별 시장성 진단, 계절별 제품군 카테고리 트렌드 변화, 고성장 제품군 월별 상세 트렌드로 나누어 진행하였다.

분석 결과는 다음과 같다.

먼저, 데이터 기반 코스메틱 제품군 카테고리별 시장성 진단결과, 시장성이 높아 유망한 사업으로 분류되는 카테고리는 '바디' 및 '스킨케어'다. 성장률이 높지만 아직 시장 규모가 크게 형성되어 있지 않은 사업으로 분류되는 카테고리는 '클렌징'으로, 이 카테고리는 기업의 행동에 따라 차후 Star 영역으로 이동할 수 있는 가능성이 있다.

데이터 기반 계절별 제품군 카테고리 트렌드 변화 분석 결과, '스킨케어' 카테고리는 2019년 여름까지 카테고리 온라인 영향력 순위가 2위로 지속되다가, 2019년 가을부터 한 단계 상승(1위)하여 겨울까지 지속된다. '바디' 카테고리는 2019년 여름까지 4위로 지속되다가, 2019년 가을부터 한 단계 상승하여 3위를 기록하고 겨울까지 지속된다. '클렌징' 카테고리의 경우, 2019년 여름까지 6·7위에 머물다가 2019년 가을부터 두 단계 상승한 5위에 위치하였다. 계절별 가장 많이 상승한 高성장 카테고리로 볼 수 있다.

데이터 기반 高성장 제품군 월별 온라인 시장 트렌드 분석 결과, '스킨케어' 카테고리 內 성장률이 높은 카테고리는 '세럼'과 '올인원'으로, '세럼'의 경우 미세먼지나 COVID-19 등 외부 환경요인으로 인해 자극받는 피부 관리에 대한 소비자 니즈가 증가함에 따라, '속보습', '잡티' 등을 케어할 수 있는 세럼이 주목받게된 것으로 보인다. '올인원'의 경우 빠른 기초화장에 대한 니즈가 증가하며 최근 관심받게 된 카테고리로 보여진다. '바디' 카테고리 內 고성장, 고점유율 카테고리는 '바디로션'과 '핸드크림'이다. 이들의 월별 트렌드가 이례적으로 2020년 3월에 한 번 더 상승한 것은 COVID-19로 홈케어 등 집에서 스스로 관리하는 셀프케어에 대한 관심이 증가한 현상과 맞물릴 수 있다고 보여진다. 또한, 성장률이 가장 높은 '파라핀'의 경우도 COVID-19로 셀프네일 등 외부에서 관리하던 것을 집에서 스스로 하게 되면서 관심이 집중된 카테고리로 보여진다. 마지막으로, '클렌징' 카테고리 內 고성장, 고점유율 카테고리는 '클렌징폼'과 '립 앤 아이 리무버' 로, COVID-19로 세정 및 세안에 대한 니즈가 증가하였고, 특히 마스크 착용 시 외부에 노출되는 눈화장에 집중하는 소비자가 많아짐에 따라 눈화장을 지우는 립 앤 아이리무버 또한 성장률이 높게 나타난 것으로 보여진다. 또한, '클렌징밤' 및 '클렌징밀크'는 최근 제품 개발이 활발해진 카테고리로, 성장률이 가장 높게 나타난다.

본 연구가 갖는 의의는 산업적으로는 코스메틱 시장의 성장과 확장을 위한 기초자료로써 의의를 지니며, 학술적으로는 기존 자연과학, 공학, 경영학적 접근의 범위를 넘어 데이터과학을 통해 분석의 지평을 확장한 점에 의의가 있다. 또한, 연구결과는 계절별, 월별 코스메틱 제품의 트렌드 변화를 예측하고 있어서 시장성 판단을 통한 기업의 비즈니스 전략의 마련 및 소비자 트렌드를 선도하거나 활용하는데 유의미하다고 본다.

본 연구의 한계는 성장과 규모의 산출 기준을 네이버 검색량 및 버즈량 기반으로 집계하였다는 것이다. 기업별 매출을 연계하여 규모와 성장을 분석할 경우, 자사 현황이 BCG Matrix에 함께 반영되어 특정 기업에 적합한 시장 전략을 구축할 수 있다. 하지만, 본 연구에서는 특정 기업의 매출 데이터를 수집 및 공표하는 데 한계가 존재하여, 국내 소비자들의 관심을 나타내는 검색량 및 버즈량 데이터를 기반으로 분석하였다. 따라서 기업에서 본 자료를 활용할 경우, 일반 트렌드 분석용으로만 활용하길 권장하며, 자사 제품의 판매(매출) 현황을 연계할 경우 분석 결과에 차이가 발생할 수 있다.

I. 서 론

II. 이론적 배경

III. 분석방법
  1. 점유율 및 성장률 동향
  2. OTT 플랫폼 소비자의 관심 정도

IV. EBS 국제공동제작 『세계문명사
   대기획』 제작 방식

1. 3D 입체다큐멘터리 「천불천탑
   의 신비, 미얀마」
2. 4K UHD 다큐멘터리 「불멸의 진
   시황」

V. 3R'S 및 프로덕션 5단계 분석
  1. 3R'S 요소별 분석
  2. 프로덕션 5단계 분석
  3. 분석 결과

VI. 결 론

TV다큐멘터리 국제 공동제작 프로덕션
- EBS 세계문명사 다큐멘터리를 중심으로

Analysis of the 3R's and 5 Production
Stages in International Co-Production
of Television Documentary
- Case Studes of EBS Documentary
on World Civilization

Ⅰ. 서 론

다채널 방송과 멀티 플랫폼이 가능한 장르로서 다큐멘터리는 새로운 황금기를 맞고 있다. 이미 2000년대 초반부터 유럽에서 케이블, 위성 방송사뿐 아니라 공·민영 공중파 방송사들이 활발하게 다큐멘터리를 구매하기 시작했다. 다큐멘터리 수요열풍은 2001년 9.11 테러 이후 사회적 이슈에 대한 관심의 증대, 멀티플랫폼으로 다양해진 프로그램 출구(outlet), 디지털 기술로 손쉬워진 제작환경 등 다양한 요인에 의한 것으로 설명되고 있다(정윤경, 2002).

또한, 대중적 소재와 형식의 팝 다큐(Pop docu)[2], 오락적 특성이 강조된 리얼리티 프로그램의 꾸준한 인기도 이러한 다큐멘터리 붐에 가세하고 있다. BBC의 디렉터인 벤슨(Benson)은 2006년 5월 BAFTA[3] 다큐멘터리 페스티벌에서 "우리는 지금 사실(factual) 텔레비전의 황금기를 맞고 있다"고 말했다. 영국에서 대대적인 사회적 관심을 끈 『Jamie's School Dinners』[4]의 시리즈

---

02) 사람들의 생활을 일정기간 동안 촬영하여 방송하는 TV 오락프로그램과 리얼리티 프로그램을 통칭하여 사용됨
03) BAFTA(British Academy of Film and Television Arts) 영국영화 텔레비전 예술아카데미
04) 영국 ch4에서 2006년 방송되어 영국 학교 급식에 대한 각성과 변화를 이끌어낸 다큐멘터리

편집자 에디터인 서켈(Thirkell)은 "만약 TV 프로그램이 주식이라면 지금이 바로 다큐멘터리를 구입해야 할 때"라고 말하면서 다큐멘터리 장르의 시장 가치를 높이 평가하기도 했다(이종수, 2007 재인용).

이는 다큐멘터리가 인간과 자연 등 인류 보편적인 내용을 다루고 있는 특성 때문에, 문화적 할인(Cultural discount)이 적고, 해외시장에 대한 진입장벽이 낮아 국제적 유통에 적합한 이유이다. 즉, 다큐멘터리는 보편적인 소재인 인간과 자연 그리고 역사와 과학 등을 사실적으로 담아내기 때문에 지역과 문화적 특성에 기인한 할인 효과가 작고, 시청자들은 새로운 정보와 지식에 대한 호기심으로 다큐멘터리를 시청하기 때문에 그 내용을 이해하는 데 큰 어려움이 없기 때문이다.

한편, 다큐멘터리에 대한 세계방송시장의 수요가 커지면서 다큐멘터리의 글로벌화 추세는 여타 장르에 비해 빠르게 활성화되고 있고, 국제공동제작은 새로운 콘텐츠와 비즈니스 모델로 전 세계 방송사들의 주목을 받고 있다. 2018년에 열린 MIPTV[5]에서는 완성된 콘텐츠의 판매비중이 줄어들고 공동제작과 포맷판매 등의 경향이 더욱 뚜렷해졌다.

MIPTV 주관사 리드미뎀(Reed MIDEM) CEO 폴질크(Paul

---

05) MIPTV는 매년 프랑스 칸에서 열리는 세계 글로벌 영상콘텐츠 박람회이다

Zilk)는 "올해 행사는 공동기획, 공동제작, 공동개발 등이 비즈니스거래의 화두로 올랐다"며 "기획단계에서의 비즈니스 아이디어 거래, 스토리텔링 협업 등이 활발히 이뤄졌다"고 밝히기도 했다(KOCCA, 2018 재인용). 다큐멘터리의 국제공동제작은 전 세계적 추세가 되어가고 있는 것이다.

그러나 아직까지 국내 방송사들의 공동제작에 대한 노력은 미흡한 편이다. 2018년 기준으로 지상파 방송사의 제작현황을 살펴보면 자체제작은 6,455편으로 전체 제작편 수 11,562편 중 55.8%인데 반해 국제공동제작은 140편으로 1.2%에 불과하다. 이중 다큐멘터리 공동제작은 불과 11편에 그치고 있다. 지상파 방송사들이 공동제작을 1년에 평균적으로 2~3편하고 있는 것이다(방통위, 2019).

국내의 공동제작이 점차 늘어나고 있지만 뚜렷한 성공사례가 축적되고 있지 않은 상황에서 국제공동제작의 제작표준을 갖출 필요성이 요구되는 상황이다.

따라서 다큐멘터리의 해외수출을 확대하기 위해 지금까지 드러난 그 가능성과 한계점을 분석하고, 성공적인 제작사례를 통해 국제공동제작 프로세스의 모형을 표준화하여 국제공동제작물의 글로벌 경쟁요소를 갖출 필요가 있다.

II. 이론적 배경

국제공동제작에 대한 정의는 제작방식과 목표 등에 따라 국가마다 차이가 있다. 세계 최초로 공동제작의 개념을 정의한 영국의 BBC는 1960년대에 "제작비와 제작업무를 분담함으로써 영상제작물이라는 상품을 공동으로 제작하고, 그 상품의 제 권리를 공동제자작자가 나눠 갖는다"고 규정하였다(윤재식 외, 2007). 아슈리(2007)에 따르면 국제공동제작이란 특정한 장르의 프로그램 제작을 위해 창조적이고 재원적 형태로 하나 이상의 국가가 개입된 방송사들이 제작하는 형태를 의미한다고 한다. 국내에서는 공동제작을 "국경을 초월해서 텔레비전 영상물이 시청될 수 있도록 하는 공동의 노력과 한 나라 이상의 국민들이 하나 또는 그 이상의 일— 제작비 조달, 원고 작성, 프리프로덕션(pre-production), 프로덕션, 포스트프로덕션(post-production), 영상제작물 배급 —에 연관돼 있는 공동의 노력을 하고 그 권리를 공동제작사가 공유하거나 나눠 갖는 것"으로 정의했다(윤선희, 1999 재인용).

이러한 국제공동제작의 개념은 공동제작이 어떤 단계에서 진행되고, 어떤 내용으로 이루어지느냐에 따라 몇 가지 세분화된 유형으로 구분할 수 있다. 미국 독립제작사협회는 국제공동제작을 사전판매(Pre-sale)와 공동제작(Co- production)으로 구분하고 있다. 사전판매는 일방이 편집과 제작과정을 전담하고 상대방은 참여하지 않으며, 프로그램 제작이 완료되기 전에 방영권만을 사전 판매하는 방식이다. 영화진흥위원회보고서(2001)에서는 국제공동제작을 공동출자(Co-financing), 공동제작(Co-production), 패키지성 공동제작(Twinning packages)으로 나눠 논의하고 있다(김혜준 외, 2001 재인용).

국제공동제작을 유형별로 분류하면 다음과 같다.

첫째, 공동출자(Co-financing)는 재원을 공동으로 출자하여 제작하는 것을 의미하며, 일반적으로 공동제작에서 가장 많이 사용되는 방법이다. 공동출자는 제작비와 관련하기 때문에 '투자'라는 개념과 '사전구매'와도 같은 맥락이다.

둘째, 공동제작(Co-production)은 재정적인 제휴관계와 동시에 기획, 제작 같은 과정을 공유하는 방식을 말한다. 이 경우는 프로덕션 과정 자체를 공유해야 하므로 양국 간의 문화적인 문제, 프로덕션 체계의 문제, 역할분담의 문제 등 민감한 사항이 포함된 해결해야 할 많은 문제들을 안고 있다.

따라서 어떤 성격의 프로젝트냐에 따라 역할분담이 정확히 요구되기도 한다. 공동제작 시에 각국이 최대한 이점을 활용하여 제작하는 방식이 가장 바람직하다고 한다면, 미국과 영국, 미국과 호주의 경우처럼 로케이션, 기획, 후반작업 등에서 기술적인 요소나 예산을 고려하여 분담 작업하는 방식이 가장 선호된다고 하겠다. 그러나 우리나라의 경우, 아직까지는 이런 정도의 본격적인 공동제작 단계에 이르지 못한 상태로 가까운 동아시아 국가들에서의 로케이션 수준에 그치고 있다.

셋째, 패키지성 공동제작(Twinning package)은 같은 주제로 참여 제작사가 각각 제작하여 서로 교환하는 방식이다. 이 방식은 주로 텔레비전 프로그램 공동제작에서 많이 활용되는 방식이다 (김혜준 외, 2001).

이러한 국제공동제작과 관련된 국내의 선행연구는 주로 1990년대 한류의 발생 이후부터 이루어졌다. 한류의 확산 초기에 국제공동제작에 대한 관심이 높아지면서 공동제작의 경제적 효과와 문화적 영향력에 대한 분석(미디어전략연구소, 2009)이 시작된 것이다. 그러나 공동제작의 대부분이 주로 유럽과 미국, 일본 등의 국제공동제작에 관한 목표, 지원정책 사례 등을 통해 한국의 국제공동제작 필요성을 역설하고 그 지원 방향을 제언하고 있다 (김미현, 2009).

특히, 국제공동제작의 경제적 효과와 문화적 영향력을 포스트 한류 즉 한류의 발전방향에 집중하여 논의되어 왔다(강만석, 2009). 그 연구대상도 영화나 드라마 중심의 공동제작이었으며, 다큐멘터리에 대한 연구의 경우도 독립다큐멘터리 영화 중심의 공동제작에 그치고 있었다(권진희, 2011: 서지선, 2011). TV 다큐멘터리는 연구사례도 부족하고, 연구사례가 있더라도 다큐멘터리의 경제적 효과가 크지 않기 때문에 논의에서 형식적으로 언급되거나 제외되는 경우가 많았다. 국내에서는 TV 다큐멘터리와 관련된 공동제작에 대한 논의가 활발해지면서 관련된 연구들이 발표되기 시작했다(윤재식 외, 2007; 오종서, 2014).

그러나 이 연구들 역시 앞선 드라마나 영화와 관련된 선행연구의 큰 범주를 벗어나지 못하고 있다. 대부분의 연구들은 다큐멘터리의 공동제작에 대해서 이론적 근거로서 다큐멘터리의 의미, 공동제작 역사, 공동제작 현황과 해외시장 진출 활성화 방안, 정부지원정책 등을 분석하고 있다.

또한, 한국콘텐츠진흥원(KOCCA), 정보통신정책연구원(KISDI-STAT) 등의 국내 기관과 세계방송연맹(WBU)과 유럽방송연맹(EBU) 등에서 발간된 국내외 방송통신 관련 연구자료도 다양한 형태로 공동제작부문을 분석하고 제공하고 있으나 통계와 텍스트 위주 동향정보와 현황분석에 그치고 있다.

즉, 공동제작의 가장 중요한 콘텐츠의 경쟁력 그 자체에 대한 실증적, 실무적 차원의 'HOW TO' 분석 면에서 한계를 드러내고 있다. 지금까지 국내에서 진행된 국제공동제작의 현황과 대안들에 대한 논의들이 사실상 현상 진단의 수준에 머무르고 있는 것이다.

따라서 국제공동제작에 대한 이론적이고 학문적인 부분을 포

함하여 공동제작에 관심 있는 전문가들에게 실질적 도움이 될
수 있는 제작과정과 제작의 경쟁력 요소에 대한 연구가 요구되고
있는 상황이다.

III. 분석방법

연구방법은 EBS 세계문명사 다큐멘터리인 「천불천탑의 신비, 미얀마(2015)」와 「불멸의 진시황(2017)」의 제작사례를 중심으로 다큐멘터리를 기획하고 제작하는데 핵심적인 3R'S를 분석한다. 이와 함께 두 작품의 프로덕션 5단계를 단계별로 사례 분석한다.

3R'S는 Right Item & Storytelling, Right Partner와 Right Business Model을 의미한다. Right Item & Storytelling은 아이템 자체의 새로움과 이야기를 풀어나가는 방법을 의미한다. Right Partner는 공동제작의 상대방이다. 아이템에 적합한 그리고 제작능력과 신뢰가 담보된 파트너를 찾기란 쉽지 않다. Right Business Model은 공동제작을 통해 나온 결과물이 경제적으로 수익을 창출할 수 있는 모델이 있는지를 의미한다.

프로덕션 5단계는 첫째로 아이템(item), 즉 소재와 주제를 찾고 제작비투자(funding)를 받는 디베럽먼트(Development) 과정, 둘째로 스토리텔링(script)[6]을 작성하고, 스토리보드(storyboard)[7], 로케이션(location), 프로덕션 디자인(production design), 씬 구분표

---

06) 스크립트는 보통 영화에서는 Development 과정에서 완료되는데, TV 다큐멘터리의 경우는 Pre-production 과정에서 주로 이루어진다

7) 스토리보드는 촬영 전에 문자로 된 시나리오를 그림으로 만드는 시각화 작업이다

(scene breakdown)[8], 사전영상화(pre-viz 혹은 pre-visualization)[9] 작업을 하는 프리프로덕션(Pre-production) 과정, 셋째로 촬영(filming)이 이루어지는 프로덕션(Production) 과정, 넷째로 편집과 CG, VFX 등을 아우르는 하이브리드 기법(hybrid method)[10], 음악 & 효과(music & effect), 디지털 색보정(DI)[11]작업이 이루어지는 포스트프로덕션(Post-production)과정, 마지막으로 마케팅을 통해 방송과 배급이 이루어지는 Distribution & Exhibition 과정으로 이루어져 있다. 단계별로 가장 핵심적인 요소인 아이템과 스토리텔링, 스토리보드, 촬영, 하이브리드 기법, 방송과 배급 등의 요소들을 통해 분석하고, 이를 통해 글로벌 수준의 다큐멘터리 제작 모형을 제시한다. 즉, 3R'S와 프로덕션 5단계로 사례분석을 진행하여 제작모형의 표준을 제시하여 국제공동제작의 제작지침으로 제안하고자 한다.

연구대상은 2020년 현재까지 미국과 영국, 중국, 인도, 미얀

---

8) 씬 구분표는 촬영날짜를 기준으로 각각의 씬 넘버와 씬에 대한 간단한 소개, 씬 로케이션, 슈팅로케이션, 등장인물, 엑스트라 숫자, 스턴트맨, 동물 등에 관한 촬영 정보를 모두 담고 있다

9) 사전 영상화는 프리비즈(Pre-viz)라고도 하는데, 이 프리비즈는 말 그대로 촬영 전에 스토리보드와 CG(컴퓨터 그래픽), VFX(시각효과), composite(합성) 등을 영상화 하는 작업이다

10) 하이브리드 기법은 실사를 촬영한 영상에 컴퓨터그래픽(CG), 시각효과(VFX), 합성(composite)등을 통해 새로운 영상을 만들어 내는 방법으로 주로 영화에서 사용되는 기법

11) 최종영상을 완성하기 전, 시행되는 디지털 색 보정 작업을 의미한다. 엄밀한 의미에서 필름을 디지   털화해서 컴퓨터를 통해 더 좋은 영상을 제작하는 작업

마에 이르기까지 다양한 국가의 방송사들과 공동제작을 완료했거나 진행 중에 있는 EBS의 세계문명사 대기획의 두 작품을 대상으로 한다. EBS 세계문명사 대기획 시리즈의 대표작인 2015년 3D 입체 다큐멘터리 「천불천탑의 신비, 미얀마」와 2017년 4K 다큐멘터리 「불멸의 진시황」이 국제공동제작의 성공적 사례로 평가받고 있다. 두 작품은 Smithsonian Channel, BBC와 PBS 등에서 볼 수 있는 글로벌 수준의 다큐멘터리라는 평가를 받으며, 유럽과 미국은 물론 아시아 여러 나라에 고가에 판매하는 성과를 만들어 냈다. 또한, ABU 작품상, AIBD 대상, 한국방송대상, 한국PD 대상, 대한민국 콘텐츠 대상 등 국내외 방송 콘텐츠 AWARD 수상과 시청자들의 커다란 호평을 받은 바 있어 분석대상으로 적절하다.

IV. EBS 국제공동제작 『세계문명사 대기획』 제작 방식

1. 3D 입체다큐멘터리 「천불천탑의 신비, 미얀마」

EBS는 세계 최초로 미얀마의 미스터리를 3D 입체영상으로 촬영, 기존 2D 다큐멘터리와는 완전히 차별화된 압도적인 영상미로 풀어내, 세계 월드 프리미어라는 성과를 이루어냈다. 「천불천탑의 신비, 미얀마」는 〈표 2〉에서 보듯 22개월의 제작기간과 직접제작비[12] 8억3천만 원을 투입한 대형다큐멘터리이다. 미래창조과학부와 한국전파진흥협회(RAPA)의 3D 콘텐츠 제작지원 사업을 통해 국내에서 제작비를 펀딩 받았고, 한국 전자통신연구원(ETRI)와 부산 정보산업진흥원(BIPA)의 기술지원을 받았다.

---

12) 직접제작비는 콘텐츠에 투입된 순수 현금을 의미하고, 간접제작비는 방송사에 소속된 인력의 인건비와 장비 사용비, 시설 사용비 등을 의미한다

<표 2> <천불천탑의 신비, 미얀마> 작품 개요

프로그램명	EBS 세계문명사 대기획 「천불천탑의 신비, 미얀마」 (영제: Myanmar Ancient Mysteries Revealed)
기획 개요	고대 미얀마의 거대 건축물들을 둘러싼 당시 시대 상황과 건축의 비밀 등을 스펙터클한 영화적 상상력이 결합된 블록버스터 3D 입체 다큐멘터리로 구현, 제작함으로써 위대한 인류 문명을 이해한다. 더불어 글로벌 트렌드를 선도할 EBS 킬러 콘텐츠로 세계 3D 입체 영상 분야를 선도한다.
방송 내용	1부: 황금의 전설 2부: 버강, 위대한 왕국의 꿈 3부: 미얀마, 비밀의 첫 장을 열다
공동 제작	EBS / 미얀마 MRTV-4 / 미국 스미소니언 채널
제작비	8억3천(직접제작비)
제작 기간	22개월
제작 지원	미래창조과학부, 한국전파진흥협회
기술 지원	한국전자통신연구원, 부산정보산업진흥원
사진 자료	 ① 해외 프로모션 포스터　② 드라마 재연 부분

[출처: EBS 「천불천탑의 신비, 미얀마」 제작노트(2015)]

EBS가 MRTV4와 진행한 제작방식은 양사가 제작비와 현물과 인력을 투입하여 제작 전반에 걸쳐 긴밀한 제작 공정(Making)을 함께한 국제공동제작이다. 촬영 이전에 리서치와 로케이션 답사, 프로덕션 디자인을 위한 아트 콘셉트에 이르기까지 수십 차례 미팅을 가졌고, 원고를 작성하는 과정에서도 서로의 의견을 이메일이나 전화, 미팅을 통해서 조율했다. 특히, EBS 헤드급 스텝 18명과 MRTV4 스텝 40여 명이 두 달 동안 제작 노하우를 공유하며 촬영하였다.

〈표 3〉 EBS-MRTV4-스미소니언 채널 공동제작 역할 분석

구 분	역 할
EBS	1. 작품 기획 및 제작, 연출 제작 전반 총감독 (시나리오 작업 포함) 2. 3D 입체 실사촬영, 음향 및 음악 음원 제작 3. CG 제작 전담 4. 저작권 및 각종 사업권 소유 5. 최종 완성 및 송출
MRTV4	1. 현지 촬영비용 중 일부 부담 2. 현지 프로덕션 매니지먼트 3. 현지 재연 및 스케치 촬영 지원
스미소니언 채널	1. 현금 부담

[출처: EBS 「천불천탑의 신비, 미얀마」 제작노트(2015)]

2. 4K UHD 다큐멘터리 「불멸의 진시황」

EBS 세계문명사 대기획 「불멸의 진시황」은 EBS와 중국 상하이미디어그룹, 미국의 스미소니언 채널과의 공동제작 다큐멘터리이다. 기존 진시황을 다룬 다큐멘터리와는 차별화된 새로운 시각과 해석을 바탕으로, 2,000년 전 당시를 드라마틱한 스토리텔링으로 구성하여 그를 재조명하고 있다. 「불멸의 진시황」은 〈표 4〉에서 보듯 18개월의 제작 기간과 직접제작비 6억5천만 원을 투입한 대형 다큐멘터리이다. 미래창조과학부와 한국 전파진흥협회(RAPA)의 4K UHD 콘텐츠 제작지원 사업을 통해 국내에서 제작비를 펀딩했다.

〈표 4〉「불멸의 진시황」 작품 개요

프로그램명	EBS 세계문명사 대기획 「불멸의 진시황」 (영제: The King of Eternal Empire)
기획 개요	중국 역사상 최초로 대일통의 위대한 업적을 이루어내고, 거침없는 개혁정책을 통해 오늘의 중국을 있게 한 진시황제, 그럼에도 2,000년 동안 진행되어 온 그를 둘러싼 역사적 논쟁! 진시황에 대한 새로운 해석을 통해 그를 재조명해본다. 더불어 지금도 베일에 쌓여 있는 세계 8대 미스터리 진시황릉의 비밀을 4K 다큐멘터리로 구현한다.
방송 내용	1부: 제국의 황제, 진시황 / 2부: 영원한 제국, 진시황릉
공동 제작	EBS / 중국 SMG(상하이미디어그룹) / 미국 스미소니언 채널
제작비	6억5천(직접제작비)
제작 기간	18개월
제작 지원	미래창조과학부, 한국 전파진흥협회
사진 자료	 ① 해외 프로모션 포스터　　② 드라마 재연 부분

[출처: EBS 「불멸의 진시황」 제작노트 (2017)]

「불멸의 진시황」은 EBS가 주체적으로 기획·취재·제작을 하고 미국 스미소니언 채널과 중국 상하이미디어그룹이 제작비와 현물을 부담했다.

〈표 5〉에서 볼 수 있듯이 EBS는 작품 기획 및 연출 등에서 최종완성 및 송출에 이르기까지 제작 총감독을 맡아서 진행했다. 반면 공동제작사인 SMG는 라인 프로듀서와 카메라감독, 오디오감독이 참여했다.

〈표 5〉 EBS-SMG-스미소니언 채널 공동제작 역할

구 분	역 할
EBS	1. 작품 기획 및 제작, 연출 제작 전반 총감독 (시나리오 작업 포함) 2. 4K입체 실사촬영, 음향 및 음악 음원 제작 3. CG 제작 전담 4. 중국을 제외한 저작권 및 각종 사업권 소유 5. 최종완성 및 송출
SMG	1. 현지 카메라와 오디오등 방송장비 비용 부담 2. 라인 프로듀서 및 세컨드 촬영감독 3. SMG 디지털 아카이브 공유
스미소니언채널	1. 현금 부담

[출처: EBS 「불멸의 진시황」 제작노트(2017)]

공동제작에 있어서 상하이미디어그룹의 디지털 아카이브에 있는 풋티지(Footage)를 사용할 수 있었던 부분은 매우 중요한 부분이었다. 「불멸의 진시황」 촬영 당시 부족한 제작비로 필요한 영상을 모두 촬영하는 데 한계가 있었다. 더욱이 진시황릉 발굴 시점이었던 1970년대의 영상과 사진은 확보하기가 쉽지 않았다. 그러나 공동제작사인 상하이미디어그룹의 디지털 아카이브에 소장돼 있는 각종 영상과 사진 등은 이러한 문제들을 쉽게 해결해 주었다. BBC와 Discovery channel이 〈플래닛 어스〉를 공동제작했을 때, BBC가 Discovery channel의 디지털 아카이브를 활용했던 경우와 유사한 사례였다.

V. 3R'S 및 프로덕션 5단계 분석

국제공동제작에서 3R'S는 Right Item & Storytelling과 Right Partner 그리고 Right Business Model 이라는 3가지 제작요소로써 기획단계에서 국제공동제작 성사 여부를 가늠하는 중요한 역할을 한다.

1. 3R'S 요소별 분석

1) Right Item & Storytelling

국제공동제작을 통해 글로벌 다큐멘터리를 기획할 때는 다양한 문화권에서 관심을 가질 수 있는 보편적 아이템을 선정하여야 한다. 아이템은 소재를 의미한다. 이 소재는 감독의 시선으로 재해석되어 장르가 세분화 된다.

자연다큐	Planet earth (BBC–NHK–Discovery)	과학다큐	Walking with dinosaur (NGC–Discovery)
	Coast China (SMG–BBC)		Numbers (EBS–그리스 TV100)
	Hidden Kingdom (CCTV–BBC)		Force of Nature(BBC–PBS– France Television)

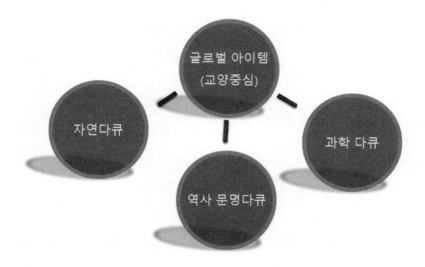

Silk Road (NHK–CCTV)

The rose and fall of ROME (BBC–ZDF–Discovery)

임진왜란 1592 (KBS–CCTV)

[그림 1] 공동제작 글로벌 아이템 하위 장르 대표 프로그램

BBC와 PBS, Discovery channel, NHK 등 세계 유수의 방송사들은 전략적으로 자연·과학, 역사아이템을 중심으로 글로벌 다큐멘터리를 만들기 위해 공동제작을 하고 있다. 특히 BBC는 『플래닛 시리즈』로 대표되는 자연다큐멘터리 분야에서 최고의 자리를 차지하고 있는데, BBC가 자연다큐멘터리의 경쟁력을 위해 택하고 있는 전략적 방법이 공동제작이다. Discovery channel은 다큐멘터리 전문채널로 역사와 자연, 과학 분야에 관련된 다큐멘터리의 공동제작에 집중하고 있다(KCA, 2020).

좋은 다큐멘터리를 제작하기 위해 국제공동제작을 지향한다면 기획 단계에서 아이템을 발견하고 스토리텔링을 개발하는 일이 중요하다. 일반적으로 모든 프로그램에 중요한 요소이지만, 특히 EBS의 역사·문명 다큐멘터리는 공동제작을 위해서 아이템과 스토리텔링 자체의 새로움과 의미성, 즐거움 등 세 가지 요소를 깊이 있게 고려하고 있다. 이 세 가지 요소는 방송현장에서 제작 PD들이 공동제작을 위해서 기획단계에서 기준으로 사용하고 있는 3S'S 요소이다. 3S'S는 Right Item & Storytelling의 3가지 핵심요소로 Something New(새로움과 차별화), Something Significant(유의미함), Something Entertaining(즐거움)을 의미한다. 기획요소 3S'S의 3가지 의미는 다음과 같다.

Something New(새로움과 차별화) 면에서 볼 때, 다큐멘터리는 아이템 자체가 새롭거나 아이템에 대한 시각과 해석이 새로움을 증명해야 한다. EBS 「천불천탑의 신비, 미얀마」는 베일에 싸인 미얀마 역사·문명을 다룬 세계 최초 다큐멘터리로 그 자체가 새로움이자 차별화였다. 「불멸의 진시황」은 근대 이후 활발하게 재평가가 이루어지고 있는 진시황에 얽힌 진실과 오해를 새로운 시각에서 풀어내고 있다.

Something Significant(유의미함) 면에서 볼 때, 역사·문명 다큐멘터리는 주제의식을 전하는 데 있어서 현대를 살아가는 사람들의 관심과 욕구에 맞닿아 있어야 한다. 즉, 역사에 대한 이해를 확장시키고 앎에 대한 흥미를 배가시키어야 한다(Edward Hallett CARR, 2015). 「천불천탑의 신비, 미얀마」는 황금을 탐욕의 대상이 아닌 공덕의 대상으로 바라보는 미얀마인들의 모습을 통해서 현대인들에게 우리가 살아가는 현재의 삶에 대한 큰 사유를 던지고 있다. 「불멸의 진시황」은 기존의 인식과 다르게 진나라는 중국 최초의 중앙집권 제도를 위해 군현제를 실시하고 문자와 화폐 등을 통일하여 하나의 국가 시스템을 완성한 역사적 위치를 제시하였다.

Something Entertaining(즐거움)에서 다큐멘터리는 영화나 드라마, 오락처럼 흥행된다는 것은 매우 어렵다. 그러나 전통적인 리얼리티 장르로 꼽히던 다큐멘터리에 재연의 기법이 동원되고 드라마적 요소가 가미되면서 장르 간의 경계가 모호해지는 이른바 '탈장르 현상(이종수, 2007)'과 단순 구성이 아닌 드라마틱한 스토리텔링이 다큐멘터리에 동원되면서 다큐멘터리의 흥미성은 한층 강화될 수 있었다. 「천불천탑의 신비, 미얀마」는 다큐멘터리에 재연의 기법이 동원되고 드라마적 요소가 가미된 다큐드라마이다. 전통적인 다큐멘터리 방식에서 벗어나 흥미로운 스토리텔링 방식을 활용한 것이다. 「불멸의 진시황」은 역사와 신화의 경계에 선 진시황과 관련해 긴장감 넘치는 스토리텔링을 통해 2,000년 동안 묻혀 있는 미스터리를 파헤쳐 성공할 수 있었다.

2) Right Partner

신뢰할 만한 공동제작 파트너를 찾는 것은 공동제작의 성공 여부를 가늠할 수 있는 중요한 열쇠라고 할 수 있다. 프로젝트의 아이템과 기획이 훌륭하고, 인적자원과 제작 능력, 예산 관리가 뛰어나도 국제적 수준의 비즈니스 룰을 지키지 않는다면 공동제작은 성공할 수 없다. 2016년 정치적 문제로 발생된 사드로 인해 중국에 한한령(限韓令)[13]이 내려지면서 한·중 국제공동제작은 대부분 중지됐던 사례가 발생했다. 그러나 EBS가 미래창조과학부와 한국전파진흥협회(RAPA)의 지원으로 시작한 한·중 국제공동제작 「불멸의 진시황」은 한한령의 여파에도 불구하고 무사히 제

---

13) 한한령(限韓令)은 미국이 대한민국 경상북도 상주에 사드(THAAD)를 배치시키면서 발생된 한·중 갈등 상황에서, 중국이 실시한 대 한국 문화교류 중지 조치

작을 완료해서 방송할 수 있었다. 공동제작 파트너였던 상하이미디어그룹과의 신뢰가 그 바탕이었다. 이는 상하이미디어그룹의 EBS와의 적극적인 공동제작에 대한 의지가 있었기 때문이며, 그 바탕에는 신뢰가 있었다. 스미소니언 채널은 EBS의 제작능력에 신뢰를 갖고 Co-financing 방식을 통해 수차례의 공동제작을 성공적으로 이루어냈다. 실질적 국제공동제작의 결정권자인 스미소니언 채널 부사장 데이빗 로일(David Royle)은 EBS가 주관하는 EIDF의 아카데미 프로그램 '마스터 클래스'에 참여할 정도로 EBS와의 관계는 긴밀하다고 할 수 있다.

3) Right Business Model

다큐멘터리 장르의 국제적 유통은 리얼리티 프로그램 포맷을 제외하고도 전 세계 TV 프로그램 유통시장의 8%를 차지하고 있다. 이것은 퀴즈쇼와 같은 상업적 장르에 비교해 볼 때도 크게 뒤지지 않는 상당히 높은 수치라고 볼 수 있다. 멀티플랫폼 환경은 다큐멘터리에 또 다른 강점을 부여하고 있는바 첫째로 시의성에 구애받지 않고 언제든 재방송할 수 있다는 장점이 있다. 그리고 해외 마켓을 통해 지속적인 수출을 가능하게 해준다. BBC

의 Planet Series[14]는 전 세계 수백 국가에서 방송되면서 엄청난 수익을 안겨줬다. 플래닛 어스의 경우 2006년 방송된 이후 지금까지도 세계시장에서 다양한 플랫폼을 통해 소비되고 있다. 둘째로 다큐멘터리에 사용된 화면은 아카이브에 보관돼 해외버전으로 재편집 혹은 재포장할 수 있는 장점이 있다. 다큐멘터리를 1965년부터 제작한 National Geographic은 라이브러리 사업을 핵심사업으로 키우고 있다. National Geographic이 판매한 풋티지(한컷)는 WGBH의 최근 다큐멘터리 『Evolution』[15]을 비롯해 TV 광고에도 활용되고 있다.

또한, 다큐멘터리는 새로운 뉴미디어 플랫폼에 맞게 비용 효율적으로 변환하기가 용이하다. 일례로 Discovery channel의 다큐멘터리는 그것이 모바일 폰이든 인터넷이든 플랫폼에 크게 구애받지 않고 다양한 수용자와 소비자층의 필요와 기호에 맞춰 얼마든지 효율적으로 변환시킬 수 있다는 것이다. 특히 정보와 오락의 민감한 경계선을 잘 지키고 있는 Discovery channel의 '브랜드' 자체가 분산화된 다채널 방송환경과 멀티플랫폼 환경에서 가장 강력한 무기가 되고 있다(이종수, 2007).

---

14) Planet Series는 Blue Planet, Planet Earth, Human Planet, Frozen Planet 등을 일컫는 말이다. BBC는 이 시리즈를 통해 자연 다큐멘터리 세계의 왕가가 됨.
15) WGBH와 NOVA Science Unit, Clear Blue Sky가 공동제작한 다큐멘터리

EBS 세계문명사 대기획 시리즈도 기본적으로 OTT 서비스와 IPTV를 통해서도 시청자들이 손쉽게 볼 수 있고, DVD와 Blue Ray를 통해서도 구매할 수 있다. 또한, 「천불천탑의 신비, 미얀마」는 3D 입체 풋티지를, 「불멸의 진시황」은 4K UHD 풋티지를 아카이브화해서 게티이미지(Getty Image)[16]와 공조하여 세계에 판매하고 있다. 세계문명사 시리즈 중 본 연구자가 제작한 「위대한 로마(2003)」의 경우는 이탈리아 로마 콜로세움과 폼페이 현장에서 블루레이 디스크가 7개국 버전으로 판매되고 있다. 이는 대한민국이 제작한 콘텐츠가 전 세계 시청자들과 문명유적지 현장에서 직접적으로 만날 수 있게 된 최초의 Business model이다. EBS와 미얀마 MRTV-4는 공동으로 「천불천탑의 신비 미얀마」의 극장 상영도 추진했다. K-한류, K-POP과 예능, 드라마를 넘어 K-DOCS까지 그 영역을 확장하는 중요한 역할을 하고 있다. 2019년 8월 15일 미얀마 전국 50개 CGV 극장에서 2D와 3D 입체로 개봉했고, 이어 싱가포르에서도 개봉했으며, 조만간 동남아시아 국가연합 ASEAN 10개국(ASEAN 회원국에는 말레이시아, 필리핀, 싱가포르, 인도네시아, 태국, 브루나이, 베트남, 라오스, 미얀마, 캄보디아)에서도 상영할 계획을 갖고 있다(『연합뉴스』, 2019).

---

16) 미국의 워싱턴주 시애틀에 본사를 둔 이미지 사이트. 20개국 이상 국가에 사무실을 두고 이미지와 동영상, 음악 등을 인터넷을 통해 제공하고 있다.

2. 프로덕션 5단계 분석

다큐멘터리 시장을 선도하고 있는 유럽과 북미의 제작자들은 기본적으로 사실(facts)을 소스로 쓴다는 것만 다를 뿐, 다큐멘터리 또한 영화라는 전제조건 하에 작품을 제작한다. 작품제작은 영화제작 과정과 유사하게 프로덕션 5단계를 따르고 있다. 특히, 주제와 메시지, 확실한 캐릭터와 스토리를 개발하는 프리프로덕션 과정에 시간과 비용을 상당히 투자하고 있다.

해외시장에 진출하려는 의지를 갖고 있는 다큐멘터리 제작자라면 이러한 주류 시장의 규칙 즉 프로덕션 5단계에 대해 명확히 인지할 필요가 있다. 해외에서 제작되는 글로벌 다큐멘터리 국제공동제작과정은 일반적으로 3단계 혹은 5단계로 나뉜다. 3단계는 Pre-production과 Production, Post-production으로 구분된다. 5단계는 Pre-production 단계를 기획 및 개발단계와 기획 및 사전준비 단계로 분리하여 Development와 Pre-production으로 나누고, 배급인 Distribution & Exhibition을 추가하여 구분한다. 즉 Development와 Pre-production, Production, Post-production, Distribution & Exhibition 5단계로 구성되는 것이다 (민경원, 2014).

1) Development & Pre-production

프로덕션 5단계 중 첫 번째 단계인 Development는 기획 및 개발과정이다. 이 단계에서는 아이템을 발굴하고 제작비를 펀딩한다. 자료수집을 통해 콘셉트를 정하고, 로그라인(logline)[17]을 만들고, 시놉시스(synopsis) 과정을 거치게 된다. 완성된 시놉시스를 바탕으로 해외 방송사나 제작사와 공동제작을 협의하거나 정부 제작지원을 통해 제작비 투자를 받을 수 있다.

두 번째 단계인 Pre-production은 다큐멘터리를 만들기 위해 준비하는 모든 과정을 의미한다. 사전 준비단계로 촬영감독 및 스텝 구성과 스토리텔링(script), 스토리보드(storyboard), 촬영장소(location), 프로덕션디자인(pro- duction design), 씬 구분표(scene breakdown), 사전영상화(pre-visualization)작업에 이르기까지 촬영 시작 전 모든 준비를 마치게 된다.

Development와 Pre-production 단계는 합쳐서 일반적으로 기획이라 불린다. 기획은 아이템을 선정하고 콘셉트와 주제를 통해 해당 작품의 방향성을 결정짓는다. 이때 앞서 언급했던 3R'S는 매우 중요하다. Right Item & Storytelling과 Right

---

17) 로그라인은 영화나 드라마, 다큐멘터리의 줄거리나 콘셉트를 짧게 한 문장으로 정리한 것이다. '한 줄 요약'으로 기획단계는 물론 마케팅 과정에서 작품을 소개할 때 효율적으로 활용된다.

Partner, Right Business Model은 기획단계에서 국제공동제작 성사 여부를 가늠하는 중요한 역할을 한다. 동시에 공동제작을 추진하는 국내 방송사와 제작자들은 첫 번째 R인 좋은 아이템과 스토리텔링을 개발할 때, 해외 유수의 방송사들이 집중하고 있는 공동제작의 주 대상인 하위 장르를 반드시 고려해야 한다. 다양한 문화권에서 관심을 갖을 수 있는 보편적 아이템, 즉 문화적 할인(Cultural discount)이 낮은 자연과 과학, 역사·문명 등의 글로벌 아이템을 선정해야 한다. 특히, 기획단계에서 명심해야 할 점은 기존 다큐멘터리와는 완전 차별화된 새로운 내용과 이를 풀어가는 스토리텔링의 중요성이다. 전체 프로젝트의 성공 여부를 결정짓는 핵심적인 요소이다. 「천불천탑의 신비, 미얀마」는 그 자체로 세계 최초 다큐멘터리이기 때문에 비교 대상이 전무하다.

반면 「불멸의 진시황」은 아래의 표와 같이 새로운 시각과 해석을 통해 기존 다큐멘터리들과는 다른 차별성을 갖고 있다.

〈표 6〉 기존 다큐멘터리와의 차별성

인물 사건	EBS	기존 다큐멘터리
	EBS 불멸의 진시황	BBC 지상 최대의 무덤 -고대 중국의 비밀- NGC 진시황의 유령군대 HC 위대한 폭군, 진시황
	시각과 해석의 차이	
진시황	영웅인가? 폭군인가? 재평가 시도	전통적인 폭군 혹은 암군으로 평가
통 일	과거에서 현대에 이르는 하나의 중국이 시작된 순간	중국 최초의 통일
진시 황릉	예술과 과학의 총집결체로 불가사의한 위대한 유적	진시황의 불사에 대한 욕망을 위한 엄청난 규모 지하무덤
만리 장성	당시 북쪽의 세력인 흉노를 막기 위한 정치적 선택	수많은 백성을 죽게 한 거대한 토목공사
분 서	개혁을 위한 정치적 선택	사상의 탄압
갱 유	혹세무민하는 도사들의 처형	유학자들의 학살

[출처: EBS 「불멸의 진시황(2017)」]

「불멸의 진시황」은 역사와 신화의 경계에 선 진시황과 관련해 긴장감 넘치는 스토리텔링을 통해 2,000년 동안 묻혀 있는 미스터리를 파헤친 작품이다. 진시황과 그의 정적이자 어머니였던 제태후, 제태후를 배경으로 권력을 장악했던 여불위와 제태후의 연인인 노애의 갈등이 다큐멘터리 전면에 배치되어, 진시황의 성장 스토리를 통해 진시황에 얽힌 역사적 사건의 진실을 들여다보고 있다. 이를 통해 우리가 2,000년 동안 의심 없이 믿고 있던 진시황은 폭군이라는 역사적 평가에 재사유의 의제를 던지고 있다.

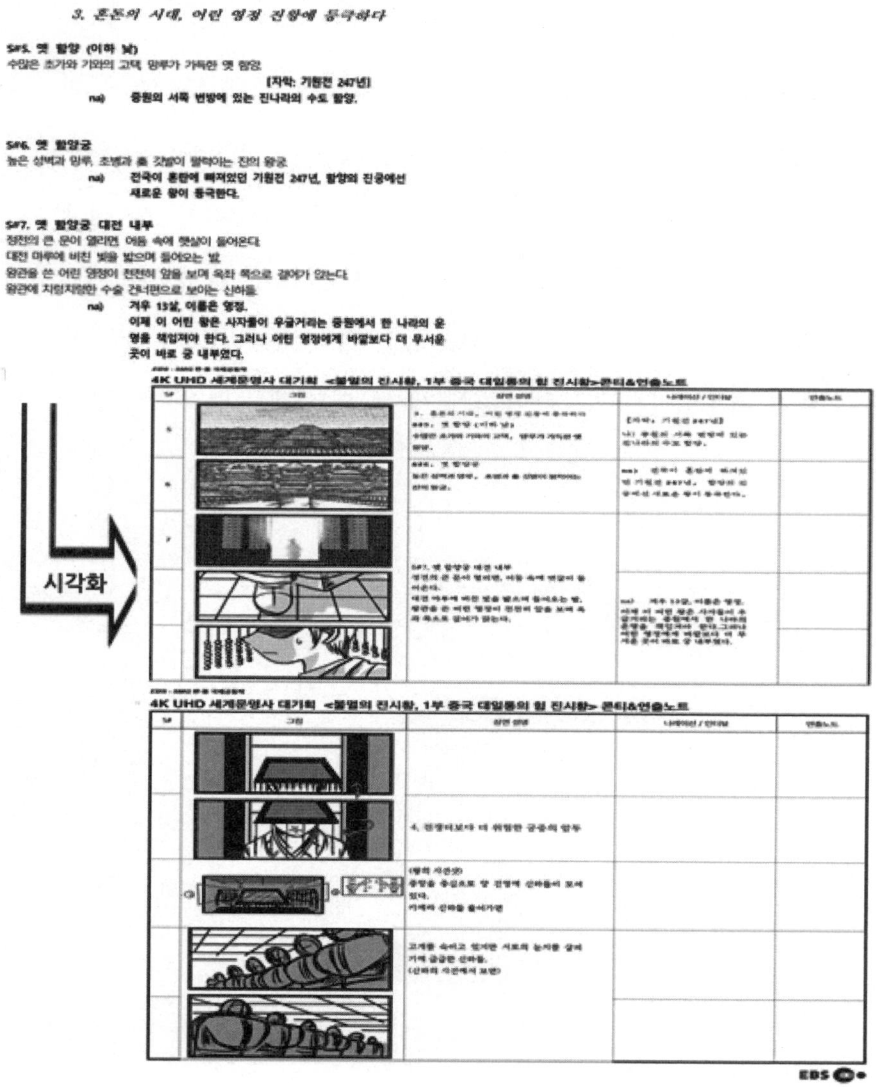

3. 혼돈의 시대, 어린 영정 진황에 등극하다

S#5. 옛 함양 (이하 N)
수많은 초가와 기와의 고택 망루가 가득한 옛 함양.

[자막: 기원전 247년]
na) 중원의 서쪽 변방에 있는 진나라의 수도 함양.

S#6. 옛 함양궁
높은 성벽과 망루, 초병과 촛 것발이 펄럭이는 진의 왕궁.
na) 전국이 혼란에 빠져있던 기원전 247년, 함양의 진궁에선
새로운 왕이 등극한다.

S#7. 옛 함양궁 대전 내부
정전의 큰 문이 열리면 어둠 속에 햇살이 들어온다.
대전 마루에 버진 빛을 밟으며 들어오는 발.
왕관을 쓴 어린 영정이 천천히 앞을 보며 옥좌 쪽으로 걸어가는 않는다.
왕관에 치렁치렁한 수술 건너편으로 보이는 신하들.
na) 겨우 13살, 이름은 영정.
이제 이 어린 왕은 사자들이 우글거리는 중원에서 한 나라의 운
명을 책임져야 한다. 그러나 어린 영정에게 바깥보다 더 무서운
곳이 바로 궁 내부였다.

시각화 →

4K UHD 세계문명사 대기획 《불멸의 진시황, 1부 중국 대일통의 힘 진시황》 콘티&연출노트

4K UHD 세계문명사 대기획 《불멸의 진시황, 1부 중국 대일통의 힘 진시황》 콘티&연출노트

EBS

[그림 3] 시나리오와 스토리보드

[출처: EBS 「불멸의 진시황」 제작노트 (2017)]

2) Production

Production은 실질적인 제작단계로 촬영과정이다. 정해진 일정에 따라 영상촬영을 시작해서 마무리하는 전 과정을 의미한다. 「천불천탑의 신비, 미얀마」는 3D 입체 카메라로 촬영됐다. 공동제작 파트너인 미얀마의 방송 수준은 높다고 말할 수 없다. 그러나 개혁개방과 맞물려 EBS와 공동제작을 하게 된 MRTV4 제작팀들은 EBS의 3D 입체 기술과 다큐멘터리 제작방법에 대한 노하우를 얻고자 했다. 7주간의 촬영을 함께하면서 MRTV4 제작팀은 자연스럽게 EBS 제작팀으로부터 3D 입체기술과 다큐멘터리 제작에 대한 노하우를 익히게 되었다. 물론 EBS는 MRTV4의 지원을 통해 캐스팅과 로케이션 헌팅, 소도구와 대도구 제작 등의 지원을 받았다. 「불멸의 진시황」은 4K UHD 카메라로 촬영됐다. 이는 「천불천탑의 신비, 미얀마」 이후 방송기술이 3D 입체에서 4K로 빠르게 전환되면서, 4K 콘텐츠에 대한 국내외 수요가 커졌기 때문이다. EBS는 공동제작사인 상하이미디어그룹으로부터 아미라(Amira) 카메라를 지원받아 「불멸의 진시황」을 제작하게 됐다. 아미라는 4K 카메라 중에서도 최고의 화질을 담보하는 고사양 카메라였다. EBS와 상하이미디어그룹은 촬영현장에서 아미라 카메라를 퍼스트카메라로, 역시 4K 카메라인 레드에픽(RED Epic)은 세컨드 카메라로 활용해 촬영했다. 「불멸의 진시황」은 상하이미디어그룹과의 공동제작을 이유로 중국 내 로케이션 비용이 모두 중국 현지 가격으로 책정되어 촬영비용을 절감할 수 있었다.

3) Post-production

Post-production은 촬영 이후 방송 전까지 이루어지는 모든 후반작업 과정이다. 촬영한 영상과 사진, CG와 VFX를 활용해 이미지를 편집하고, 첨단 영상기법인 하이브리드 기법(hybrid method)을 통해 새로운 이미지를 창출해 낸다.

Composite(실사+드라마 재연+CG)

[그림 4] 버강왕궁 대관식 하이브리드

[출처: EBS「천불천탑의 신비, 미얀마」 제작노트 (2015)]

음악과 사운드(M&E)를 녹음하고, 영상의 색채를 변주해주는 DI작업과 내레이션 등이 입혀지면 다큐멘터리는 생명을 얻게 된다. 전통적으로 영상의 품질은 촬영단계에서 결정됐다.

Composite(실사+드라마 재연+CG)

[그림 5] 진시황 대관식 하이브리드 영상기법

[출처: EBS「불멸의 진시황」 제작노트 (2017)]

그리고 후반작업에서 편집을 통해 문제 있는 영상들은 제거되고 OK cut만 남게 된다. 그러나 디지털 기술의 발달은 이런 방식을 완전히 바꾸고 있다. 포스트 프로덕션에서 촬영된 영상과 디지털기술로 창조된 영상의 합성으로 완전히 새로운 영상들이 제작되는 경우가 많아진 것이다. 제임스 카메론 감독은 이미 1990년대 초반에 디지털 영화에 대해 설명하면서, 촬영을 '획득'이라는 개념으로 축소시켜 표현한 바 있다. 그에 의하면 현장에서 카메라에 담기는 영상은 단지 컴퓨터에 입력될 기초데이터의 역할을 할 뿐, 그 자체가 필름에 옮겨지는 것은 아니다. 영상의 중심이 프로덕션에서 포스트 프로덕션으로 이동했다는 선언으로 받아들여도 될 듯하다. 이러한 변화는 당연히 TV 드라마와 다큐멘터리에도 영향을 끼쳤다. 특히 고대의 문명 다큐멘터리를 다루는 데 있어서, 현재 볼 수 있는 것은 원형보다는 폐허에 가깝다. 또한, 당시 시대상을 재연하기 위해 오픈세트를 사용하는 데도 한계가 따른다. 따라서 「천불천탑의 신비, 미얀마」와 「불멸의 진시황」 역시 이러한 부분을 극복하기 위해 포스트 프로덕션에 많은 공을 들였다. 세계시장을 목표로 고품격 영상을 만들어 내기 위한 방법으로 하이브리드 기법을 적극적으로 활용했다. 이를 통해 2,000년 전 모습을 사실적으로 표현해내는 데 성공했다.

4) Distribution & Exhibition

프로덕션의 마지막 단계인 5단계 Distribution & Exhibition은 배급 및 상영 혹은 방송하는 과정을 의미한다. 완성된 작품이 방송되고, 마케팅을 통해 수출되거나, 극장상영 혹은 DVD, SNS 등 플랫폼을 통해 사람들에 다가가는 것이다. 「천불천탑의 신비, 미얀마」는 2018년 미얀마를 시작으로 동남아 국가들에서 상영되고 있고, 현재 싱가포르에서 상영 중이다. 「불멸의 진시황」은 OTT 서비스인 WATCH PLAY와 IP TV는 물론 아마존, 유튜브와 페이스북을 통해서도 쉽게 접할 수 있다. 그러나 무엇보다 중요한 것은 세계방송계 시장을 좌우하는 글로벌 유통네트워크를 확보하는 일이다.

[그림 6] 스미소니언 채널 홈페이지, 「불멸의 진시황」 영상

(출처: https://www.smithsonianchannel.com/shows/chinas-dragon-emperor/1005349)

EBS 국제 공동제작 『세계문명사 대기획』은 앞서 분석했던 프로덕션 5단계를 거쳐 공동제작을 성공적으로 이루어내고 있다. [그림 7]은 본 연구자가 직접 제작했던 「불멸의 진시황」 프로덕션 5단계이다.

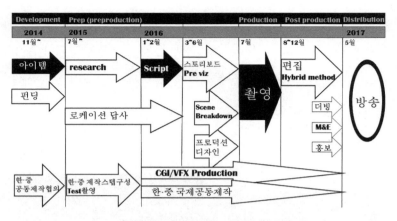

[그림 7] 「불멸의 진시황」 프로덕션 5단계

[출처: EBS 「불멸의 진시황」 제작노트 (2017)]

3. 분석 결과

EBS 국제 공동제작 글로벌 다큐멘터리인 「천불천탑의 신비, 미얀마」와 「불멸의 진시황」 두 개의 작품을 프로덕션 5단계 모형에 맞추어 사례 분석하면서, 그 5단계 모형의 중요성과 필요성을 살펴볼 수 있었다. 동시에 단계별 핵심요소에 따른 사례 분석은 공동제작 파트너와 제작할 때, 프로덕션 5단계를 통한 성공적인 공동제작의 제작모형을 제시해 준다. [그림 8]은 두 개의 작품을 사례 분석한 결과로, 프로덕션 5단계 및 단계별 핵심요소와 공동제작의 효과를 모형화한 것이다.

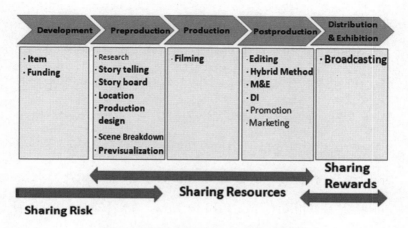

[그림 8] 프로덕션 5단계 및 단계별 핵심요소

　국제 공동제작은 상대방이 있는 만큼 일방적으로 진행할 수는 없다. 상호신뢰와 이해를 바탕으로 공동제작의 제작과정인 프로덕션 5단계에 따라 '천천히 그러나 제대로(slowly but surely)' 추진해야 하는 사업이다. 프로덕션 5단계의 단계별 공동제작 효과는 [그림 8]에서 볼 수 있듯이 초기 프로덕션 단계인 Development 단계와 Pre-Production 단계에서 제작비를 펀딩할 때 비용에 대한 위험을 나누게 되는 Sharing Risk 효과를 경험할 수 있다. Pre-Production에서 Post-production에 이르는 제작단계에서는 상대방의 인력, 자원 그리고 장비를 함께 공유하고, 서로의 제작 노하우를 습득할 수 있는 Sharing Resources 효과를, Distribution & Exhibition 단계에서는 서로의 해외 네트워크와 마케팅을 활용해 수익을 올릴 수 있는 Sharing Rewards 효과 등 공동제작의 장점을 공유할 수 있게 된다.

성공적인 국제 공동제작을 위해서 본 연구의 분석들을 종합하면 [그림 9]와 같은 통합적인 국제공동제작의 표준화 모형을 도출할 수 있다. 즉, 국제 공동제작을 기획할 때 3R'S인 Right Item & Storytelling, Right Partner, Right Business Model을 모색하고, 첫 번째 R인 Right Item & Storytelling을 고민할 때 3S'S인 새로움을 의미하는 Something New, 시청자의 관심과 욕구를 확장시켜 주는 Something Significant, 재미를 불러일으키는 Something Entertaining이 충족된다면 국제공동제작의 성공 가능성은 높아질 수 있다. 특히, 제작단계에서 프로덕션 5단계를 통해 '천천히 그러나 제대로(slowly but surely)' 추진되면 고품격 다큐멘터리 제작이 가능해지고 이는 국제 공동제작은 국내 방송사들이 세계방송시장의 변화에 대응하기 위한 새로운 콘텐츠 개발과 해외진출을 위한 성공적인 비즈니스 모델이 될 것이다.

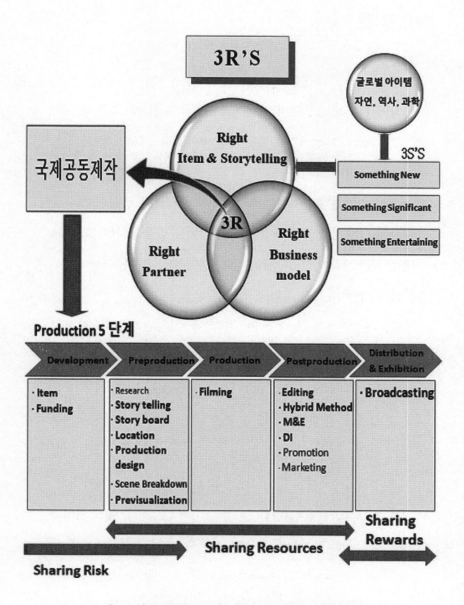

[그림 9] 공동제작 3R'S 및 프로덕션 5단계 표준화 모형

VI. 결 론

본 연구는 TV 다큐멘터리 국제공동제작의 성공요소를 분석하고, 그 성공요건과 제작과정을 표준화하고자 시도한 연구이다. 우선 국제공동제작의 이론적 특징들을 살펴보고, 공동제작의 가능성과 한계를 분석하여, 해외시장에서 글로벌 경쟁요소와 공동제작의 방향성을 모색하였다. 연구방법은 공동제작의 3R'S 요소별 분석과 프로덕션 5단계 제작과정 사례분석이다.

분석 결과는 다음과 같다.

첫째, 본 연구에서 분석한 3R'S를 기획단계부터 철저하게 고려해야 한다는 점이다. 3R'S의 3요소인 Right Item & Storytelling과 Right Partner, Right Business Model은 공동제작의 성패를 결정짓는 중요한 조건이다. 그러나 국제공동제작과정은 3R'S 중에서 Right Item & Storytelling이 다른 어떤 요소보다 우선하다는 점이 성공요소로 확인되었다. 왜냐하면, 아이템의 새로움과 차별화(Something New), 아이템의 유의미함(something significant), 즐거움이 가득한 스토리텔링(something entertaining)은 국내외 시청자들을 만족시켜 줄 수 있는 강력한 무기이기 때문이다. 그 결과 Right Item & Storytelling을 갖추고 있는 TV 다큐멘터리는 국제공동제작 파트너를 찾는 가장 최

선의 조건이라고 할 수 있다. 그런 이후에 제작능력과 신뢰를 갖춘 Right Partner와 멀티플랫폼 환경에 효과적으로 대응할 수 있는 Right Business Model을 동시에 모색할 수 있다.

둘째로 성공적인 공동제작을 위해서는 글로벌 수준의 다큐멘터리 제작 프로덕션 5단계 과정을 철저히 준수하는 것이 성공요인임을 확인하였다. 또한, 5단계 중 가장 중요한 단계는 기획단계로써 프로덕션 초기라 할 수 있는 단계에 해당된다. 대부분의 해외 다큐멘터리 제작자들은 기획단계가 작품의 성공을 결정짓는 가장 중요한 단계라고 생각하는 데 반해 국내 제작자들은 짧은 제작기간에 익숙해져 있어서 촬영단계를 더 중요하게 생각하는 경향이 있다. 동시에 본 연구에서 언급했던 단계별 핵심요소들을 적극적으로 이용해야 한다. 각각의 요소를 가볍게 여기고 건너뛴다면, 해외시장의 까다로운 기대수준을 맞추기가 매우 어려워질 것이다.

마지막으로 본 연구의 성공사례 분석에서 TV 다큐멘터리의 하위 장르 중 자연과 과학 그리고 역사·문명을 대상으로 한 다큐멘터리에 기획의 초점을 맞추는 것이 유리함을 확인하였다. 즉, 보편성이 높은 주제를 선택하면 문화적 저항감 없이 국가 간의 벽을 허물고 어느 나라 사람이 봐도 감동할 수 있을 것이다. BBC와 Discovery channel이 자연 다큐멘터리에 집중하고 대규모 투자를 하는 이유가 여기에 있는 것이다. BBC의 플래닛 어스가 전 세계 130개국에서 방송이 되고, 300억 원이라는 대규모 예산을 투입했지만 1,200억 원이라는 막대한 수익을 올린 점에 주목해야 하는 이유이다.

 본질적으로 공동제작이 목표로 하는 것은 상호 간에 공동작업을 통해 수준 높은 작품을 제작하는 동시에 공동의 이익을 추구하는 것이다. 따라서 본 연구에서 공동제작 사례분석을 통해 제시한 제작표준 모형은 공동제작에 관심이 있는 국내의 TV 방송사는 물론 전문가에게 성공적인 공동제작의 주요한 제작지침과 제작표준의 역할을 할 수 있을 것으로 기대가 된다. 본 연구에서 제시한 공동제작의 3R'S 및 프로덕션 5단계 표준화 모형이 국내 TV 다큐멘터리가 해외시장 진출의 성공적인 조건을 갖추는 데 실무적, 학술적 토대가 되길 바란다. 연구결과는 성공적인 역사·문명 다큐멘터리의 국제공동제작 사례분석을 통해 프로덕션 모형 및 성공요건을 제시하고 있지만, 또 다른 국제공동제작의 한 축인 자연 다큐멘터리와 과학 다큐멘터리에도 적용하기 위해서 향후 관련 장르와의 교차분석을 통해 국제공동제작 일반에 적용될 수 있도록 객관화되길 기대한다.

Ⅰ. 서 론

Ⅱ. 거버넌스와 문화협치
  1. 협치와 참여의 중요성
  2. 참여의 종류와 소극적 참여
  3. 지역문화와 협치

Ⅲ. 빅데이터와 문화협치
  1. 정보화와 e—거버넌스
  2. 빅데이터 문화협치
  3. 빅데이터 협치를 위한 데이터
  4. 빅데이터 기반 협치 사례 분석
     및 개선방안

Ⅳ. 결 론

문화협치 거버넌스

* 이 글은 문화와 융합 제41권 2호(통권 60)에 실린 글입니다.

Ⅰ. 서 론

최근 들어 협치(Governance)가 정치 분야뿐 아니라 사회의 다양한 분야에서 화두가 되고 있다. 협치(거버넌스, Governance)는 '키를 잡다' 또는 '조종하다(steer)' 등을 뜻하는 그리스어 'kubernao'에서 유래한 단어로 '관리, 통치, 통치방식'을 의미한다(안지언·김보름 2018: 35). 협치는 행정 서비스를 일방적으로 제공하는 것이 아니라 시민단체 등 정책의 이해관계자가 전략과 목표를 함께 설정하는 것이라고(류지성·김영재 2010: 143) 할 수 있다. 협치가 등장한 배경으로는 정부에 대한 불신, 환경변화에 직면한 전통적 행정의 새로운 대안모색 등이 꼽힌다.

이러한 협치의 개념은 문화 영역에서도 거버넌스(Governance)라는 이름으로 상당 기간의 연구와 함께 실천적 노력이 병행되어 왔다. 이때의 거버넌스는 포괄적인 원래의 의미와 구별하여 이른바 '협력적 거버넌스'라고 할 수 있으며, 이것이 현재 활발하게 논의되고 있는 '문화협치'의 개념으로 이해된다.

문화협치는 바람직한 방향으로 행해질 경우 협력적 상호작용의 결과로서 새로운 문화적 가치를 창출하며(전주희 2018: 13), 사회적 문제를 해결하는 효과를 가진다는 생각이 지배적이다. 그러나 그동안의 문화협치가 구성원들의 자발성과 자생적 질서에 기초하여 진정으로 '열린 사회'를 지향해 왔는지에 대해서는 재검토와 반성이 필요하다(박광일 2018: 61). 민간의 참여가 제한적일 뿐만 아니라 그나마 참여가 이루어진다 하여도 일부 시민단체나 문화세력에 의한 것으로 한정되었기 때문이다. 즉 본 연구는 보다 많은 시민의 의사가 반영되는 문화협치가 구현되고 있는가 그리고 만일 부족한 면이 있다면 이를 보완할 방안은 무엇인가에 대한 물음에서 시작되었다. 특히 공동체와의 공조가 절실한 현대국가에서 오히려 공동체의 존재나 정체성 그리고 기능에 대한 회의와 불확실성에 대한 시비가 대두되고 있는(김승환·황은주 2010: 3) 현실을 타개할 방안의 적극적 모색이 필요한 시점인 것이다.

협치를 구성하는 항목은 개방성, 투명성, 책임성, 참여성(정인희 2010, 유창근·임관혁 2010, 김형양 2006) 등 다양하다. 이 중에서 주체 간 협력에 중점을 둔 지난 사례들과 달리 오늘날 진정한 문화협치를 이루기 위해서 가장 최우선적으로 고민해야 할 것은 진정한 시민에 의한 참여(participation)이다. 참여는 공동의사결정(collective decision making)에 의해 도출된 목표를 달성하기 위한 공동의 노력 또는 상호작용관계(협력, collaboration)로서의 협치가 되기 위한 전제 조건이기 때문이다. 물론 여기서의 '참여'는 민간이 참여하는 '참여적 의사결정'을 포함하는 보다 포괄적인 개념으로 이해되어야 한다. 즉 공동체가 정부와 대등한 입장에서 관계를 맺고 독자적인 정체성을 유지하면서 공동의 목표를 위하여 역할을 분담하거나 협력자로 활동하는 패러다임으로서의 협치(김승환·황은주 2010)를 전제로 하는 개념이다. 다시 말해 본고에서의 참여는 정부와 시민 간 대등한 상호작용이 이루어지는 교호적(interactive) 참여와 시민이 상당한 주도권을 소유하는 통제적(controlling) 참여(이승종 2005: 24)에 중점을 두되 특히 '소극적 참여(Passive Participation)'를 적극 도입하고자 한다.

참여에 의한 대표성과 포괄성이 담보되지 않을 때 문화협치는 적극적 참여 의사와 성향을 가진 주체들로만 이루어진 폐쇄적 의사결정 구조로 전락할 가능성이 크다. 현재 일반적인 지역문화 협치는 정부(지자체)−공공기관(문화재단[18])−시민단체−예술가(집단) 등으로 이루어진다. 이러한 체계 하에서는 민의를 대표하지 못하고 소수에 대한 배려가 없는 '미완의 협치'나 일부 세력의 이해관계만을 대변하는 '편향적 협치'로서 또 하나의 '그들만의 리그에 의한 권력 나누기'가 되기 쉽다.

최근 약 10년 만에 2배 이상 양적 성장을 이룬 국내 문화기반 시설[19]은 질적 성장을 요구하고 있다. 더욱이 문화 분야 중 향유층의 정체 내지 감소세를 보이는 순수(기초)예술 분야는 새로운

---

18) 지역 문화진흥을 담당한 기관을 시기별로 살펴보면 1970~80년대 문화원, 90년대 문화의 집, 2000년대 문예회관과 아트센터, 2010년대 지역 문화재단이 각각 지역문화 발전의 주요 중심축을 형성해 왔다고 할 수 있다(유상진 2019: 33).

19) 도서관, 박물관, 문예회관, 문화원, 문화의집 등 국내 문화기반시설은 2005년 1,133개소(2005 전국문화기반시설총람, 문화관광부)에서 2017년 2,657개소(2017 전국문화기반시설총람, 2017)로 약 10년 만에 2배 이상 양적 성장을 이룬 것으로 나타났다.

소비자를 개발하고 기존 소비자의 충성도를 높이기 위한 방안 모색이 필요한 상황이다. 특히 현재의 문화소비자들은 이른바 프로슈머(prosumer)로 진화 중이며, 소셜 인플루언서(social influencer)들의 영향력 또한 확대되고 있다. 이제 문화소비자들은 더 이상 일방향적인 교육과 계몽의 대상만이 아니다. 그들은 문화생산의 주체로서 뚜렷이 자리매김하고 있으며 이러한 경향은 기술의 비약적 발전과 더불어 향후 더욱 확대될 전망이다.

이러한 시대에 참여가 보장되는 문화협치를 위한 방안 중 하나는 바로 4차 산업혁명 기술, 그중에서도 기하급수적인 증가속도를 보이는 빅데이터(big data)에서 찾을 수 있다. 주지하다시피 최근ㄴ 회자되고 있는 4차 산업혁명은 세상의 모든 것이 인터넷으로 연결되고 인간과 사물의 데이터가 수집·축적·활용되는 '생각하는 만물혁명'을 일컫는다. 인공지능, 빅데이터, 클라우드 등 지능정보통신기술의 확산에 기인하는 4차 산업혁명의 공진화 과정은 초지능성, 초연결성, 초예측성[20]으로 대표된다. 이 세 가지 갈래에서 본고의 주제와 관련된 핵심 키워드는 '초연결'이다. 예를 들어 사물인터넷(IoT)은 사물 간의 연결을 넘어서 사람과 사물 그리고 공간의 연결로 진화하고 있다. 또 소셜네트워크 서비스를

---

20) 초지능성과 초연결성은 2012년 세계경제포럼에서 4차 산업혁명의 특징으로 꼽았으며, 초예측성은 유발 하라리(Yuval Harari)와 제레미 다이아몬드(Jeremy Diamond) 등이 자신들의 저서 『초예측(2019)』에서 인공지능에 의한 인류의 미래를 논하면서 명명한 단어이다.

통해 소비자들은 과거와 비교할 수 없을 정도의 상호 연결을 이루고 있고 이를 통해 자신의 의사를 적극적으로 개진한다. 빅데이터에는 문화정책의 대상인 국민 또는 지역민들 연결과 여기에서 발생하는 생각과 의견이 담겨져 있다. 이러한 연결을 참여로 전환하는 방안의 모색이 요구되는 것이다.

빅데이터 거버넌스에 관한 국내의 기존 연구는 아직까지 가능성과 과제(송경재·장우영·조인호 2018, 조화순·조은일 2015, 옥진아·조무상 2015), 발전단계 및 표준화 동향(임광현 2015, 조완섭 2017) 등 거버넌스 전반에 대한 빅데이터의 도입 가능성 및 당위성 또는 운영방안에 관한 연구에 머무르고 있다. 재난 안전을 위한 거버넌스 체계 구축(김영미 2017, 이동규 2016, 고대유·박재희 2018) 등 특정 분야에 한정된 연구가 있지만 대부분 기술적 적용방안에 관한 연구들이며 지역 문화 분야에 특화된 빅데이터 거버넌스에 관한 연구는 문화예술지원체계 네트워크 거버넌스에 관한 연구(박치성·정창호·백두산 2017) 등 극히 제한적이다.

본고의 목적은 지역문화 협치에 빅데이터 거버넌스를 도입하는 방안에 대해 모색해 보는 데 있다. 그 전제는 제도적 위계(hierarchy)를 극복하는 동시에 보다 폭넓은 계층에 의해 이루어지는 진정한 문화협치를 이루기 위해서는 무엇보다 참여가 활성화되어야 한다는 점이다. 연구방법은 1차 문헌연구를 토대로 이론적 배경을 살펴보고 2차 문헌연구와 사례분석을 통해 빅데이터 협치의 플랫폼 모델을 제시하고자 한다. 연구범위는 지방자치법에 기반한 지방분권, 지역문화의 범주이며, 지역협치 거버넌스는 국내외 사례를 다루되 협치방식 중 문화협치로 한정하고, 온, 오프라인 협치모델 중 e-거버넌스 모델에 한정한다.

또한, 본고에서 '문화협치'는 문화부문에서 발생하는 협치를 의미하되, 이때 '문화'는 문화예술이라는 좁은 의미로 제한하며, '소극적 참여'란 비제도권에 머물되 자신의 의견을 개진하거나 자신의 견해를 타인과 공유하는 대다수의 참여로 각각 조작적으로 정의하고자 한다. 아울러 'e-거버넌스'는 정부와 시민의 협력을 통해 사회문제를 해결해 보자는 거버넌스적 접근이며, 여기에서 한 걸음 더 나아간 '빅데이터 거버넌스'는 소셜네트워크 서비스나 스마트 디바이스 그리고 사물인터넷(IoT)으로부터 발생하는 데이터 폭증에 대해 선제적이고 능동적으로 대응하는 방안으로서 본고에서는 협력적 거버넌스에 대해 주로 논하는 점을 감안하여 '빅데이터 협치'로 용어를 통일하고자 한다.

II. 거버넌스와 문화협치

1. 협치와 참여의 중요성

협치라는 용어 자체는 1988년 Peters & Campbell이 『거버넌스』라는 학술지를 발간하면서 세계적으로 통용되기 시작한 것으로 알려져 있다. 하지만 협치는 이보다 앞선 1970년대 중엽 북유럽에서 시작된 '시민 참여에 의한 행정'에 뿌리를 두고 있으며(안문석 2002: 63), 1980년대에는 사회 통합 및 관리 능력 그리고 지역 경제 활성화를 위한 민관 파트너십이 강조되었다. 이후 1990년대 들어 새로운 제도로서 폭발적인 관심을 불러일으키며 본격적인 논의가 이루어지기 시작했다(공용택 2011: 112).

협치는 시대적 환경 변화에 따라 그 개념 또한 다양하게 정의되어 왔다. '공통문제 해결기제로서의 거버넌스'라는 가장 넓은 정의에서부터 '정부와 관련된 문제 해결 기제로서의 거버넌스' 그리고 '네트워크 거버넌스로서의 거버넌스'라는 협의의 의미 등 그 스펙트럼이 넓다(이명석 2002: 324). 또 계서제(hierarchies)로서의 거버넌스, 시장(markets)으로서의 거버넌스, 네트워크로서의 거버넌스, 커뮤니티로서의 거버넌스 등으로 분류되기도 한다. 아울러 접근 시각에 따라서는 국가 중심적·시장 중심적·시민사회 중심적 거버넌스로 나뉘는 경우도 있다(정규호 2002: 231).

하지만 일반적으로 거버넌스는 조직 또는 사회의 구성원들이 어떤 사안을 논의할 때 서로 간 의사의 조정을 통해 논의의 방향성을 결정하는 과정으로 정의될 수 있다(주성수 2001: 128).

즉 정책의 대응성 및 효과성 측면에서 정부기관의 주도하에 이루어진 종래의 정책결정과 집행의 방식이 많은 부작용을 초래한데(류정아 2012: 24) 따른 대안으로서 공동의 문제를 해결하기 위해 관련된 주체 간의 조정 양식이다(Pierre and Peters 2000: 7).

협치의 구성요소에 대해서도 논자마다 다양한 견해를 보인다. 가령 참여성·협력성·투명성·책임성(정인희 2010), 참여·신뢰·협력·전문성·역량(유창근·임관혁 2010), 자발적 참여·협력·공동결정(김형양 2006) 등이 그것이다. 이를 종합해 보면 거버넌스는 개방성, 상호 협력성, 투명성, 책임성, 전문성 등 다양한 요소들로 구성되지만, 참여성만큼은 거의 모든 연구자들이 채택하는 기본적 요소임을 알 수 있다.

협치에 있어서 참여가 필연적으로 강조될 수밖에 없는 또 하나의 이유는 협치라는 개념의 등장 배경 중 하나가 바로 참여이기 때문이라는 점이다.

즉 치열한 경쟁의 시대에서 살아남기 위한 경쟁력 확보, 후기 관료국가에 의해 채용된 신공공관리론의 대안으로서 조직간 네트워크의 확보와 더불어 효과적 정책 수행을 위해 정책의 영향권 하에 있는 집단 및 개인들의 제도적 참여라는 실질적인 필요가 협치를 만들어냈던 것이다(최영출 2002: 12).

2. 참여의 종류와 소극적 참여

넓은 의미에서의 참여는 의사결정에 영향력을 행사하는 활동을 의미하며 좁은 의미로는 정부의 정책에 영향을 미치기 위한 시민의 활동, 즉 시민 참여를 가리킨다(네이버 지식백과). 참여는 아래 표[21]에서 보는 바와 같이 연구자마다 다양한 기준으로 분류되는데 본고에서의 참여는 개괄적으로 다음과 같이 규정하고자 한다. 우선 시민의 능동성을 기준으로 분류한 Zimmerman(1986) 등에 따르면 능동적(시민주도형) 참여이며, 참여자의 규모와 정보의 흐름에 따른 ACIR(1979)의 분류에 의하면 조직적 참여보다는 개인적 참여와 개인정보 수집 그리고 정보전파를 포괄한다. 또한, Sharp(1990) 등의 분류에서는 공사협동(partnership)과 통제(control)에 보다 방점을 두며, 이승종(2005)의 분류에서는 교호적(interactive) 참여와 통제적(controlling) 참여에 해당한다.

---

21) 이승종(2005), '참여를 통한 정부개혁: 통제적 참여방식을 중심으로', 한국공공관리학보, 19(1), pp.23-25를 참조하여 재구성하였음.

연구자	기준	분류	내용
Zimmerman(1986), Langton(1972)	시민의 능동성	능동적 참여 (시민주도형 참여)	공청회(public hearing), 주민총회(town meeting), 협의회, 자문위원회, 자원봉사, 직접민주제(시민발의, 시민투표, 시민소환) 등
ACIR (1979)	참여자의 규모와 정보 흐름의 방향	개인적 참여	투표, 로비, 고객, 청원, 제언, 데모, 선거운동 등
		개인정보 수집	청문회, 집담회, 정부기록열람, 정부문서수집, 관찰, 서베이
		정보전파	정보공개, 회의공개, 간담회, 출판, 언론, 전시, 우편, 광고, 통신, 구전 등
Sharp(1990), Brown(1974), Lunde(1996)	시민의 참여와 재량권 정도	공사협동 (partnership)	공직자와 더불어 시민이 공공정책결정에 참여, 실질적 영향력을 행사 함(예: 거부권, 집행위원회)
		통제 (control)	시민이 모든 결정권을 행사
이승종 (2005)	정부와 시민 간의 영향력 관계 또는 결정권의 위치	교호적 (interactive) 참여	정부와 시민 간 대등한 상호작용이 이루어지는 참여제도 (예: 공청회, 간담회, 자문위원회, 공사협동 등)
		통제적 (controlling) 참여	시민이 상당한 주도권을 소유하는 참여제도[예: 심의위원회 지역수권, 시민발의, 소환, 투표 등 직접민주제, 토의민주제(deliberative democracy)] 등

그러나 위 표와 같은 분류는 진정한 의미의 문화협치를 이루기 위한 참여의 개념으로 다소 부족하다. 즉 능동적 참여를 보다 확장하여 '소극적 참여(passive participation)'를 포괄하는 개념이 필요하다. 본고에서 '소극적 참여'란 협의, 공사협동, 위임, 통제 등 기존 제도적 장치에 참여하는 방식이 아니라 비제도권에 머물되 자신의 의견을 개진하거나 자신의 견해를 타인과 공유하는 대다수의 참여를 의미한다.

　가령 소셜미디어의 경우 해당 플랫폼에 댓글을 다는 등의 행위를 함으로써 자신의 의사를 적극적으로 개진할 수도 있으며, 소셜미디어나 인터넷 상에 자신의 생각을 단순히 게시하거나 행적을 기록할 수도 있다. 이 경우 관계자나 집단에 대한 직접적 의사 표시는 아니지만 그러한 의견들이나 흔적들을 활용할 경우 직접민주주의의 대안으로서의 협치에 보다 근접할 수 있다.

　특히 다양성을 특징으로 하는 지역문화 협치를 구현하기 위해서 '소극적 참여'는 반드시 반영되어야 한다.

기준	분류	내용
집단적 / 개인적, 제도적 / 비제도적	적극적 참여	협의(consultation)
		정보제공(information)
		위임(delegation)
		공사협동(partnership)
		통제(control)
	소극적 참여	의견 개진(소셜미디어, 인터넷 등)
		행적 기록(소셜미디어, 인터넷, 사물인터넷 등)

따라서 본고에서는 위 표에서와 같이 참여의 개념을 적극적 참여와 소극적 참여를 포괄하는 개념으로 설정하고자 한다. 적극적 참여에는 Sharp(1990) 등의 분류를 따라 기존 제도권에의 집단적 참여가 포함되며 소극적 참여에는 소셜미디어나 인터넷에 게시된 개인적 차원의 의견개진 또는 표현 등이 포함된다.

3. 지역문화와 협치

『지역문화진흥법』에 따르면 지역문화란 「지방자치법」에 따른 지방자치단체 행정구역 또는 공통의 역사적·문화적 정체성을 이루고 있는 지역을 기반으로 하는 문화유산, 문화예술, 생활문화, 문화산업 및 이와 관련된 유형·무형의 문화적 활동을 말한다(제2조 1항, 2014. 1. 28. 제정). 따라서 지역문화는 일반적으로 지역, 주민, 역사의 복합체로서 지역주민 삶의 총체로 정의될 수 있다. 주민의 구체적 생활 기반인 지역의 자연적·역사적·사회적 특성을 바탕으로 주민들 스스로 생활환경과 생활양식을 개선해 나가면서 삶의 질을 향상시키고 정신적 만족을 얻기 위한 활동이나 그 과정으로 보기도 한다(2001 지역문화의 해 추진위원회 2001: 14). 지역 차원의 담론으로서의 문화는 지역의 정체성 확립, 문화창조력 증대, 주민의 문화수요 충족 및 이미지 형성, 경쟁력 제고 등 측면에서 이루어지고 있다(문태현 2004: 403).

지역 협치(local governance)는 광역 또는 기초 등 지방정부 수준에서 정책 커뮤니티를 구성하는 이해관계자들을 참여시켜 문제를 해결하고 책임을 공유하는 공공의사결정의 한 형태이다(최영출 2004: 109). 이러한 지역 협치를 통해 공공의 의사결정은 계층적 관료제가 아닌 다양한 정책네트워크 내 행위주체 간의 상호관계 속에서 일어나게 된다.

지역 협치는 21세기를 전후로 특히 주목받고 있다. 사회적으로 지역문화에 대한 관심이 고조되고 문화정책도 협의에서 광의로, 규제가 아닌 지원으로, 중앙정부로부터 지방정부로, 소비에서 자원으로, 생산자에서 수요자 중심으로 그 범위가 바뀌고 있기 때문이다(김복수 2003: 38). 이는 산업구조의 변화, 글로벌경제의 고도화, 저출산·초고령 사회로의 전환 등 급격한 환경 변화에 따라 지역사회의 공동화(空洞化)와 지속가능성의 위기가 심화되는데[22] 따른 반작용이기도 하다. 최근 새롭게 정의되고 있는 지역발전의 개념도 지역 협치가 강조되는 이유이다. 최근의 지역발전은 전통적인 신고전주의 경제학이 주장하는 지역생산의 양적 증가를 더 이상 의미하지 않는다. 즉 지역사회의 다양한 수요를 충족시키면서 환경과의 조화, 지역 내 생산과 소비의 선순환에 따른 지속가능한 지역발전 등의 개념이 동시에 강조되는 방향으로 전환하고 있다.

지역 협치에 대한 관심이 지역사회의 공동화와 지속가능성의 위기에서 비롯된 것이든 새로운 지역발전의 패러다임에서 발생한 것이든 공통적으로 강조되어야 할 점은 지역적 협치의 성공은 이해관계자인 시민의 민주적 참여 보장 여부에 달려 있다(Bovaird and Löffler 2002: 313; UNDP 2000)는 것이다. 즉 지역 협치의 성공 여부는 소수의 전문가는 물론이고 일반시민이 정책의 소비자이자 이해관계자로서 적극적으로 참여할 수 있는 포용적 메커니즘을 마련하는 데 달려있다.

---

22) 유엔(UN)이 경제·사회 기관과 공동으로 세계 도시 인구를 추계한 결과 오는 2050년에는 세계인구의 68%가 도시에 살 것으로 전망됐다. 또한 특히 한국, 중국, 일본 등 아시아권에 도시화가 집중할 것으로 예상했다(세계일보, 2018. 5.18).

정치에서의 협치는 독임제 또는 제왕적 대통령제의 단점을 보완하기 위한 의원내각제, 연방제로의 개헌이나 반대파와의 연정 등 주로 법적인 기구의 변화 논의가 주로 이루어진다. 그러나 문화에서의 협치는 법적 기구의 변화에 대한 논의 보다는 운영방안의 개선에 초점이 맞춰질 수밖에 없다. 중앙정부-지방자치단체-공공기관-시민문화단체-문화예술가 등으로 이루어지는 협치의 위계를 구조적으로 흔들기 어렵기 때문이다.

즉 문화협치에서는 기구의 변화보다는 기존 협치의 운영을 어떻게 개선할 것인가에 초점이 맞춰진다. 이미 국내외 흐름을 통해서도 확인할 수 있듯이 문화행정의 혁신은 시민의 자율성과 실효적인 협치를 통해서만 구현될 수 있다. 형식적 협치가 아니라 정보공개에 있어서의 개방성, 논의와 의사결정에서의 숙의 민주주의, 문화현장과 시민사회의 주도 하에서 진행되는 실질적인 평가와 피드백에 의한 평가환류 체계 등이 구축되어야 한다. 이러한 실질적 문화협치의 구현을 위한 기본적 토대가 바로 협력이라고 할 수 있다.

여기에서 협력의 의미를 다시 한 번 살펴볼 필요가 있다. Shergold(2008: 14)은 '협력'을 '조정'과 '협동' 등의 개념과 구별한 바 있다. 그에 따르면 '조정'은 참여자와 조직 간의 집합적 의사결정에 관한 것이며, '협동'은 상호이익 차원에서 자원과 아이디어를 공유하는 것이다. 이에 비해 '협력'은 자율적 참여자와 조직들 간의 상호작용을 통해 기존의 조직 경계와 정책을 넘어 공공의 가치를 새롭게 만들어 가는 것이다. 이때 '자율적 참여'는 시민의 적극적 참여와 함께 개인적 차원의 소극적인 참여가 반드시 전제되어야 한다. 그리고 이러한 소극적 참여를 포함한 '자율적 참여'를 제고하는 방안 중 하나가 바로 빅데이터 협치이다.

III. 빅데이터와 문화협치

1. 정보화와 e-거버넌스

기술이 협치를 위해 사용된 대표적 사례로 공공부문에 의한 '정보화' 사업을 들 수 있다. 정보화는 1990년대 초반 정부의 비효율과 고비용, 부패 및 정치적 불안정성 등 소위 '정부실패'에 대한 혁신의 일환으로 도입되었다. 정보통신기술(ICT)을 활용해 행정업무의 효율화 및 정부 혁신을 꾀하자는 취지였다.

1993년 미국이 전자적 복지서비스 제공 등 13개 전자정부 관련 과제를 설정한 데 이어 1995년 일본이 '행정정보화 추진기본계획'을 추진하기 시작했다. 1996년에는 영국이 전자간이합동민원실 등 7개 시범사업을 선정·추진하기 시작했다. 국내에서는 2001년 전자정부 11대 핵심과제를 선정한 바 있다(명승환 2015: 99-102). 그러나 수요자보다는 공급자적 입장에서의 시스템 구축, 서비스의 질적인 개선보다는 양적인 확장에 치중하는 한계를 드러냈다(명승환 2015: 99-103).

이후 정보화의 비전과 목표는 정확한 대국민 서비스의 신속한 제공, 민주적 국정운영 및 시민 참여 확대, 그리고 사회의 투명성 및 형평성을 확대해 국가경쟁력을 강화하고 국민 삶의 질을 높이는 것으로 수정된다. 이때부터 정보화는 ICT에 기반하여 정부와 시민의 협력을 통해 사회문제를 해결해 보자는 거버넌스적 접근 즉 e-거버넌스로 진화한다.

기존의 정보화는 정부 내부의 효율성을 정보통신기술을 활용하여 향상시키는 것으로 제한적 개념 정의가 이루었다. 그러나 이제는 정보화의 개념적 정의가 정부 외부 차원으로까지 확장되어 정부 관련 정보를 시민들에게 제공할 뿐만 아니라 시민 참여의 확대를 위해 시민의 정보통신 인프라 및 활용 역량을 강화하는 내용으로 발전했다(문재진 2018: 24).

사실 학자들은 정보화 초기 단계부터 정보통신기술의 민주주의 강화효과, 즉 민주적 잠재성(democratic potential)을 강조한 바 있다. 가령 나이스비트(Naisbitt 1982)나 토플러(Toffler 1990) 등은 정보통신기술이 시민참여의 확대, 행정의 투명성과 효율성 및 민주성의 강화를 통해 진일보한 민주주의가 가능할 것으로 예측했다.

즉 ICT가 정책결정권자와 시민들로 하여금 고감도 반응(high touch reaction)을 촉진하고 이는 다양성을 추구하는 모자이크 민주주의(mosaic democracy) 또는 시민의 능동적 정책결정과정 개입을 유도한다는 것이다. 정책문제를 해결하기 위해 정책목표를 설정하고, 설정된 목표를 달성하기 위한 대안을 탐색·비교· 평가하여 그중 바람직한 대안을 정책으로 채택하는 과정인 정책

결정과정(허범 1988: 91)에서 상황에 대한 철저한 분석과 대안이 탐색 및 분석을 위해 정보는 필수적이다. 이러한 정보는 ICT에 의해 수집·가공·분석되며, 능동적 참여의 수단이 된다.

결국, ICT에 의한 시민참여의 확대로 인해 다원성을 특징으로 하는 참여가 활성화되고 시민권의 강화(empowerment)가 가능해진다(한국정보화진흥원 2016: 13).

2. 빅데이터 문화협치

그러나 ICT의 수용이 단순한 정부 행정의 공급자적 측면, 즉 자동화, 효율화, 통합화를 넘어 수요자적 측면 다시 말해 민주주의의 강화라는 가치를 창출할 것이라는 예측은 2010년대 들어서면서부터 비로소 현실화되기 시작했다. 참여·개방·공유를 지향하는 '웹 2.0시대'[23]에는 다양한 플랫폼의 구축을 통해 시민과 정부 간의 접점이 확대되고 커뮤니케이션의 상호작용성이 강화된다. 일방향적 정보의 제공이 아니라, 시민의 자발성에 기초하여 다양한 견해를 수렴하고 이를 정책에 반영하는 방식으로 진화하

---

23) 혹자는 2010년대 들어서면서 웹2.0 시대를 넘어 웹3.0시대에 접어들었다고 보기도 한다. 정의가 명확히 서 있지는 않지만, 대체로 웹3.0은 공유·참여·개방에 개인화·지능화가 추가된 개념이다(명승환 2015: 68).

는 것이다. 이와 함께 모바일 스마트 기기의 확산으로 인한 시민들이 생산해내는 데이터 양의 증가는 그 가치의 중요성을 더해준다. 주지하다시피 빅데이터(big data)가 주목을 받게 된 것은 데이터의 양의 기하급수적 증가뿐 아니라 다양한 형태의 데이터에서 유용한 데이터를 빠른 속도로 처리하고 분석하는 기술이 비약적으로 발전했기 때문이다. 이에 따라 정치와 행정영역에서도 빅데이터를 활용하려는 시도가 등장하게 되는데 이것이 '빅데이터 협치' 활성화의 촉매제가 된다.

기존 e-거버넌스는 정보통신기술을 활용한 정부와 시민의 협력적 해결이라는 관점에서 정보화 사회에 부합하는 거버넌스 양식이었다. 그러나 소셜네트워크 서비스(SNS)와 스마트 디바이스의 등장으로 인해 기존의 e-거버넌스는 몇 가지 점에서 한계를 노정했다. 첫째, 데이터 양이 폭증함에 따라 기존 방식으로는 감당하기 어려운 지경에 이르렀다. 둘째, 식견과 통찰력을 갖춘 시민(insightful citizen)의 직접적 요구가 증대하고 있다.

이에 비해 지식사회에 대응하는 빅데이터 협치는 소셜네트워크 서비스나 스마트 디바이스 그리고 사물인터넷(IoT)으로부터 발생하는 데이터 폭증에 대해 선제적이고 능동적으로 대응하는 방안이다(송경재 외 2018: 163-164). 나아가 기존 e-거버넌스가 주로 시민의 효능감, 정책의 효율성 및 민주성 등을 강화하는데 머물렀다면 빅데이터 협치는 예측형 정책을 선제적으로 제시할 수

있다는 점에서 진일보한 것이다. 빅데이터 협치의 또 다른 장점
으로는 시민참여의 형태에 따른 유형화 가능성과 정부 반응성을
들 수 있다. 즉 참여의 다양성을 확대하고 객관적 근거 제시에
따른 시민권이 더욱 강화될(empowerment) 수 있다. 따라서 빅데
이터 협치는 정부 의사결정에 시민의 직접적 참여를 더욱 촉진하
고 시민과 정부 간의 의사소통을 한층 원활히 할 수 있다는 점
에서 진정한 정보화로 기대를 모으는 중이다. 특히 소극적 의미
의 참여, 즉 소셜미디어나 인터넷 상에 나타난 의견들이나 흔적
들을 데이터마이닝(Data Mining)하면 소극적 참여도 얼마든지 의
사결정에 반영할 수 있으며 이 경우 빅데이터의 활용을 통해 가
능하다.

3. 빅데이터 협치를 위한 데이터

"인류에게는 이제 IT(information technology) 시대는 가고 DT
(data technology) 시대가 온다"는 알리바바(Alibaba) 창업자 마윈
(馬雲)의 언급(한승호 2015.6.9.)을 굳이 떠올리지 않더라도 빅데이
터가 인구에 회자되기 시작한 지 불과 십수 년 만에 이제 어느덧
'빅데이터의 시대'임을 누구도 부인하기는 어렵게 되었다. 매년 수
집, 저장, 관리 및 생산되는 데이터의 양은 기하급수적으로 증가

하고 있으며 2020년경에는 '제타 바이트(ZB)'시대에 본격적으로 접어들 것으로 예상된다(조성은·이시직 2015: 17). 빅데이터는 단지 데이터의 규모(크기)만을 의미하는 것이 아니라 정형 데이터뿐만 아니라 이미지, 동영상, 오디오, 소셜미디어 데이터 등 비정형 데이터와 메타데이터 등 반정형 데이터와 같은 다양한 종류의 데이터를 포함한다. 뿐만 아니라 방대한 양의 데이터 수집, 분석 및 처리 과정의 속도가 빨라져서 실시간으로 데이터가 만들어진다.

　빅데이터 협치에 활용될 수 있는 데이터는 방대하고 종류도 다양하다. 한국인터넷진흥원의 인터넷통계정보검색시스템(2017년 7월 기준)에 따르면 국내 인터넷 이용자 수는 4,528만 명, 이용률(만 3세 이상)은 90.3%에 달한다. 또한, 스마트폰 가입자 수는 4,142만 7,000명으로 집계된다. 이와 같은 인터넷과 소셜미디어 확산은 시민들의 자발적인 네트워킹을 유도하고 있으며 이는 문화협치의 완성을 위한 참여의 측면에서도 유용할 것으로 전망된다.

　인터넷을 20세기 최고의 발명품이라고 한다면 21세기 초반의 최고 발명품은 단연 소셜미디어가 꼽힌다. 소셜미디어는 웹이나 모바일을 활용하여 상호소통하는 매체로 간단하게 정의할 수 있다. 증강인류(augmented humanity)는 자기 자신을 거리낌 없이 노출하고, 때로 거대한 무리를 통제하며, 그들과 장기적인 관계를 유지하는 현재의 인류를 가리킨다. 이 증강인류가 바로 소셜미디어를 통해 탄생하고 성장하고 있다(유승호 2012: 8). 소셜미디어에는 페이스북, 인스타그램, 트위터 등 널리 알려진 것들도 있지만 음악, 여행, 환경, 예술 등 특정 분야와 관련된 소셜미디어도 수많은 회원을 거느리고 있으며, 하이파이브(스페인), 믹시(일본) 등 국가별로 특화된 것들도 있어 문화 협치를 위한 데이터로 활용이 가능하다.

소셜미디어는 물리적 접근성(physical proximity)보다 지각된 접근성(perceived proximity)이 행동에 더 큰 영향을 미친다는 점에서 물리적 접촉에 의한 참여보다 때로는 더 큰 신뢰도를 가질 수 있다. 또한, 소셜미디어는 거울에 비친 자아처럼 욕망의 투영망이어서(유승호 2012: 60) 자칫 비합리적인 방향으로 여론을 호도할 수 있다. 또한, 소셜미디어는 메아리 방 효과(echo chamber effect)[24]로 인해 거짓 루머가 쉽게 퍼지는 단점이 지적되기도 한다. 즉 소셜미디어 내에서 발생하는 잘못된 정보는 외부의 적절한 통제가 없을 경우 자체 스크린 기능이 없어 통제 불가능한 상황에 빠질 수도 있다. 또한, 멱함수의 법칙[25](Barabasi 2002) 등

---

24) '메아리방 효과'는 닫힌 방 안에서 이야기가 전파되면서 그 이야기가 강력한 힘을 얻는 현상을 가리키는 말로 니콜라스 디폰조(Nicolas DiFonzo) 로체스터 공대 교수가 〈루머 심리학〉이라는 책에서 소개한 개념이다(유승호 2012: 39).

25) 인터넷 상에서 노드(node)의 연결수준은 중간 집단이 가장 많고 양극으로 갈수록 감소하는 정규 분포 곡선이 아니라, 극소수만이 노드 간 연결 수가 많고 대부분의 노드는 연결이 빈약하다는 것. 물리학자 알버트 바라바시(Albert- Laszio Barabasi)는 인터넷상에서 많은 링크를 가진 노드, 곧 허브(hub)가 존재하고, 이러한 소수의 허브는 멱함수 법칙을 따라 척도 없는 네트워크를 구성한다는 것을 구조적 입장에서 분석한 바 있다(유승호 2012: 104).

경계해야 할 요소도 많다. 이 경우는 다수에 의해 합의된 의견이 아니라 소수의 핵심참가자들에 의해 정보가 왜곡될 수 있다.

그러나 부정적 측면보다는 마페졸리(Michel Maffesoli, 1996)의 이른바 신부족주의(Neo-tribalism) 등 긍정적 측면을 더욱 주목해야 한다. 즉 개인주의자들이 바라보는 군중은 하나의 덩어리에 불과하지만, 소셜미디어 상의 디지털 유목민으로서의 군중은 국지적인 집단들로 상호연관되어 있으며, 그 소집단들은 또다시 선택적 친화성(elective affinity)에 의해 공동체로 귀속된다. 아울러 입소문의 경우에는 자신의 체험과 관련된 것이기 때문에 긍정적인 것과 부정적인 것이 대등하게 유통된다는 연구결과도 있다(유승호 2012: 105).

클라우스 슈밥(Klaus Schwab, 2016)은 4차 산업혁명을 물리적 세계, 디지털 세계, 생물학적 경계가 사라지는 기술적 융합에 의해 사이버 물리 시스템(CPS: Cyber Physical System)을 구축하는 것이라 했다. 그의 주장에 따르면 이러한 기술적 융합에 의해 초연결사회(Hyper Connected Society)가 도래하게 되는데 그 핵심적 기술 중 하나가 사물인터넷(Internet of Things)이다.

1998년 MIT의 캐빈 애쉬톤(Kevin Ashton)이 처음 사용한 용어인 사물인터넷은 사물이나 디바이스(device)가 인터넷과 연결되면서 추가적 가치를 이용자에게 제공하는 기술로서(이성훈 2014: 268) 생활에 밀접한 기기들 상호 간 혹은 모바일과 통신을 하면서 새로운 서비스나 유용한 가치를 제공하는 것이다. 사물인터넷에 대해 맥킨지(McKinsey)는 와해성 기술 중 하나로 지목한 바 있으며, IBM은 향후 5년 내 인류를 변화시킬 5대 혁신기술(disruptive technology) 중 하나로 꼽았다. Cisco에 따르면 2020년에는 1인당 약 10개의 사물인터넷을 보유하게 되어 500억 개의 사물이 네트워크로 연결될 것으로 예측되며, 2030~ 40년이 되면 1인당 약 200개의 사물인터넷을 보유할 것으로 보인다. 사물인터넷의 활용 범위는 홈 전자기기, 의학 기기, 가전제품, 자율주행 자동차, 드론, 홈 자동화기기와 가정, 마을, 도시, 나라에 걸쳐 감시되거나 통제 가능한 그 무엇이든 연결하는 등 광범위하다. 이 사물인터넷의 데이터도 문화협치의 참여를 위해 사용될 수 있다.

가령 2013년 구글에 10억 달러에 인수된 바 있는 이스라엘의 벤처기업 웨이즈(Waze)는 네비게이션 서비스를 통해 수집된 고객 이동 행태를 바탕으로 한 마케팅 데이터를 생산해낸다(함유근 2017: 35). 물론 사물인터넷의 데이터가 협치 참여자의 주관적 의견을 제시하지는 못한다. 하지만 참여자의 주관적 견해를 뒷받침하고 결정을 이끌어 내기 위한 객관적 근거를 제시하는 데 큰 기여를 할 수 있을 것으로 보인다.

4. 빅데이터 기반 협치 사례 분석 및 개선방안

2000년대 후반부터 전 세계적으로 빅데이터에 기반한 협치 사례들이 등장하기 시작했다. 그러나 아직까지 빅데이터를 활용하여 문화 그중에서도 지역문화에 특화된 협치 사례를 찾기는 어렵다. 따라서 본고에서는 중앙정부(미국 백악관과 캐나다 연방정부), 의회(미국 의회) 등 대표적 중앙정부 또는 의회 사례를 통해 이를 지역문화 협치에 적용할 방안을 모색하고자 한다.

2009년 3월, 미국 오바마 행정부는 백악관 웹사이트 '온라인 마을회관'을 운영했다. 이틀밖에 안 되는 짧은 기간이었음에도 약 9만 3,000명의 시민들이 10만 건의 질문을 등록했으며, 360만 이상의 인원이 온라인투표에 참여했다. 같은 해 7월 오바마 대통령은 건강보험 관련 법안 개정에 대한 의견을 묻기 위해 온라인 마을회관을 다시 열어 유튜브, 페이스북, 트위터 등 다양한 소셜미디어를 활용하여 시민들로 하여금 참여하도록 했다(Tim O'Reilly et al. 2012: 184).

트윗콩그레스(TweetCongress.org)는 2008년 윈 네더랜드(Wynn Netherland)와 크리스 맥크로스키(Chris McCroskey)가 만든 앱으로 미국 의회 내 트위터 사용자 계정을 수집해 제공한다. 미국 정치의 투명성을 높였다는 평가와 함께 SWSX 콘퍼런스에서 웹어워드를 수상했다(Tim O'Reilly et al. 2012: 237).

또한, 캐나다 정부에서 운영하는 위키사이트인 GCPEDIA는 30만 명의 캐나다 연방정부 공무원들이 방대한 위키에 접근하여 자신의 업무를 공유하고 다른 이들에게 의견을 구할 수 있도록 한다. 이러한 위키는 스스로 플랫폼으로 부상하게 되는데, 공무원들의 커뮤니티 기능과 더불어 나아가 대중까지 서로 연결되고 의견을 교환할 수 있다(Tim O'Reilly et al. 2012: 225).

위의 세 사례는 모두 빅데이터를 활용한 협치를 추구하지만, 소극적이거나 의사 개진을 전혀 하지 않는 대다수 사람들의 참여를 전제로 하는 본고의 빅데이터 지역문화 협치와는 다음과 같은 점에서 거리가 있다. 첫째, 시민이 주체가 아니라 정부 혹은 국회 등 권력기관이 빅데이터 운영의 주체이다. 둘째, 그러한 점에서 위 사례들은 여전히 특정한 정파에 속해 있거나 특정 집단의 의견을 대변하는 적극적 성향의 시민들 의사만을 반영하는 구조이다. 셋째, 문화는 특히 지역별로 고유한 특성을 가지며 이는 지역에 거주하는 사람들의 생각의 집단적 특성에서 비롯된다. 따라서 지역 문화협치의 실제적 구현을 위해서는 지역민의 소극적 참여의 반영이 가능한 지역별 협치 플랫폼의 구축이 최우선적으로 고려되어야 하며 이는 빅데이터 플랫폼의 지역별 구축을 통해 가능하다.

아래 그림은 기존의 문화협치 모델과 빅데이터 문화협치 모델을 비교한 것이다. 기존 모델에서는 지방정부, 문화기관(문화원, 문화의

집, 문화재단, 문예회관, 아트센터 등), 일부 시민이나 특정 문화세력으로 구성된 민간단체 등 세 섹터에 의해 의사결정이 이루어진다. 하지만 빅데이터 모델은 기존 모델에 빅데이터 플랫폼에 의해 수집된 의견이 의사결정 구조에 추가된다. 빅데이터 플랫폼은 사안마다 지역의 소극적 은둔형 시민들이 게시한 소셜미디어나 인터넷상의 의견 또는 그들의 행적이 사물인터넷에 의해 생산된 데이터가 수집·분석되어 의사결정에 직접적인 영향력을 행사하게 된다. 또한, 지방정부, 문화기관, 민간문화단체 등이 각각 빅데이터 플랫폼으로부터 자신들의 주장을 객관적으로 입증할 수 있는 데이터를 추출하여 활용하는 구조이다.

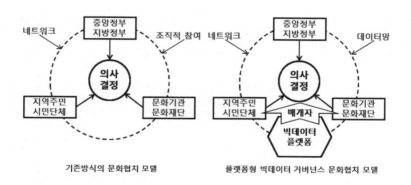

기존방식의 문화협치 모델   플랫폼형 빅데이터 거버넌스 문화협치 모델

　이러한 빅데이터 문화협치 모델의 구현을 위해서는 지역 혹은 중앙정부 차원에서 소극적 참여도 정책결정에서 반드시 고려해야 할 요소라는 정책담당자들이 인식개선과 더불어 빅데이터를

수집, 가공, 분석할 수 있는 빅데이터 플랫폼 구축에 대한 정책
수립과 예산이 요구된다. 이러한 플랫폼의 기술적 구현은 이미
검증된 사례가 많다. 그러나 지역 단위 혹은 특정 문화적 이슈
의 경우 데이터가 충분치 않은 경우가 많이 발생한다. 이는 데이
터 자체가 없어서라기보다는 개인정보보호 정책에 따라 개인정보
식별이 불가능한 데이터가 많기 때문이다. 따라서 본격적인 플랫
폼 구축 이전에 빅데이터를 충분히 확보할 수 있는 다양한 장치
들을 고안, 운영해야 한다. 예를 들어 지역 단위 혹은 문화적 이
슈별로 소셜미디어네트워크 등을 적극적으로 운영한다면 개인정
보 식별 여부와 관계없이 해당 지역 또는 해당 이슈별 분석이 가
능하다.

　또한, 트위콩그레스의 사례에서와 같이 개인의 SNS 계정을 특
정 주제나 지역별 계정을 수집하는 앱을 운영하는 것도 방법이
다. 이 경우 적극적인 캠페인의 전개와 함께 계정 수집 동의 시
일정한 보상을 제공하는 방안의 도입이 필요하다.

Ⅳ. 결 론

본 연구는 문화협치의 구성항목인 개방성, 투명성, 책임성, 참여성 중 '소극적 참여'를 중심으로 한 참여성을 문화협치의 실질적 구현을 위한 가장 중요한 요소로 보고, 이를 촉진시킬 방안으로 빅데이터 협치의 도입방향에 대해 살펴보았다.

연구결과, 향후 문화협치의 형태는 지역민의 의사가 '연결'을 통해 적극 공유, 참여, 개방되고 문화다양성이 수렴되는 문화민주주의적 거버넌스 형태의 중요성이 제시되었다. 이는 곧 문화협치에 있어서 참여자들 간의 상호작용과 관계되는 네트워크형 플랫폼이 요구되고 있음을 의미한다. 그런 연유로 본 연구에서는 4차 산업혁명시대 미래지향적 문화협치 방식으로 '빅데이터 협치' 형태를 제시하였다. 이 형태는 데이터 플랫폼 기반 네트워크 연결과 매개자적 참여가 보장된 방식이다. 기존 모델에 빅데이터 플랫폼에 의해 도출된 의견이 의사결정구조에 추가된다. 빅데이터 플랫폼은 사안마다 지역의 소극적 은둔형 시민들이 게시한 소셜미디어나 인터넷 상의 의견 또는 그들의 행적이 사물인터넷에 의해 생산된 데이터가 수집·분석되어 의사결정에 직접적인 영향력을 행사하게 된다. 또한, 지방정부, 문화기관, 민간문화단체 등이 각각 빅데이터 플랫폼으로부터 자신들의 주장을 객관적으로 입증할 수 있는 데이터를 추출하여 활용하는 구조이다.

또한 '빅데이터 협치'의 역할과 관련하여 최근 논의되고 있는 플랫폼형 정부와 같은 맥락에서 플랫폼 거버넌스가 매개자의 역할이라는 추가적 과제를 감당할 필요성이 제시되었다. 매개자로서의 역할을 수행하기 위한 조건으로는 보다 편리한 참여를 위한 플랫폼(예: 트윗콩그레스) 등 참여를 위한 장치의 기획, 참여에 대한 인센티브 제공 등이 필요하다. 나아가 미래형 문화협치 모델인 '빅데이터 협치'가 수행할 역할로 빅데이터 플랫폼을 통한 지역민의 '소극적 참여'를 제시하였는데 이 참여방식은 주민데이터를 통해 지역의 대표성을 확보하고, 그동안 소외된 소수자를 배려하는 방안이기도 하다. 이를 통해 자율적 참여자와 조직들 간의 상호작용을 통해 기존의 조직 경계와 정책을 넘어 문화협치의 공공가치를 새롭게 만들어 갈 수 있다. 뿐만 아니라 권력-자원-지식의 불균형을 해소하고 향후 발생할 문제의 예측을 통해 최적화된 협치의 시뮬레이션을 모색할 수 있는 길이기도 하다.

남겨진 문제로, 개인적 차원의 소극적 참여와 별도로 여기에 참여하는 공동체(사이버 공동체)가 정부와 더불어 협동규제를 이행할 수 있는 가능성에 대해서는 향후 추이를 살펴보아야 한다. 그러나 사이버 공동체도 기존 공동체론의 현대적 확장에 해당한다는 주장이 설득력을 얻고 있다는 점을 주목할 필요가 있다. 이는 연결과 참여가 보장된 '광대역의 사회적 연결망'의 한 축으로 이해할 필요가 있다. 설령 사이버 공동체가 정부나 다른 주체들과의 카운터파트가 되는 것이 요원하다 할지라도, 빅데이터 자체는 시민단체가 대중 속에서 대중과 더불어 대중의 이익이 무엇인가를 결정하는 데 유용하며 향후 필수적 요소가 될 것임은 주지의 사실이다. 또한, 소극적 참여는 사적 영역인 만큼 이러한 자료를 정책 형성에 직접적으로 반영하는 것이 바람직한 것인지에 대한 추가적인 논의가 필요하다. 다만 정책 결정 시 소극적 참여 의견을 간접적으로 참고하는 노력은 반드시 필요하다고 하겠다.

본고에서는 빅데이터 협치를 하나의 형태로 제시했으나 4차 산업혁명을 구성하는 주요 기술별 활용방안이 각각 검토되어야 할 것이다. 소셜 데이터는 물론이고 사물인터넷 데이터 그리고 VR, AR, 인공지능 등이 생산해내는 데이터 역시 간접적이긴 하지만 참여를 위한 객관적인 데이터가 될 수 있을 것이기 때문이다. 이에 대해서는 추후의 연구과제로 남겨두기로 한다. 또한, 본 연구는 기술적 논문이 아니므로 빅데이터 플랫폼을 구축하는 아키텍처(architecture)에 대한 논의는 이루어지지 못하였다. 이러한 제한점에 대해서는 데이터 공학연구와의 협업을 통해 추가로 논의할 수 있을 것이다.

빅데이터 협치의 경우 '빅브라더(big data brother)'의 위험성을 경고하는 주장과 함께 개인정보 보호 강화문제가 대두되고 있다. 지방정부에 의한 데이터의 생산, 축적, 활용 방안의 제고와 함께 활용에 있어서 법적 제약의 문제점도 동시에 해결해야 할 과제이다. 4차 산업혁명과 지역 분권이 강조되는 이 시대에 본고에서 제시된 '빅데이터 협치'에 의한 시민의 연결과 참여가 강화되고 데이터를 통해 주민생활의 욕구와 미래가 예측되는 문화협치의 공공가치가 구현되길 기대한다.

I. 서 론

1. 연구 배경 및 목적
2. 연구 범위 및 방법

II. 본 론

1. 환경적 스토리텔링 이론
2. 대체현실게임의 스토리텔링 구
   조: 〈Why So Serious?〉를 중심
   으로

3. AR게임의 스토리텔링 구조: 〈포
   켓몬GO〉를 중심으로

III. 분석 결과 요약

1. 대체현실게임과 AR게임의 환경
   적 스토리텔링 비교
2. 온·오프라인 매개 인터랙티브
   스토리텔링 구조 제안

IV. 결 론

인터랙티브 스토리텔링 구조

A Suggestion for Structure of Interactive
Storytelling that Mediates Online and Offline:
Focusing on the Comparison between ARG
and AR Games

* 이 글은 한국콘텐츠학회논문지 제21권 제6호에 실린 글입니다.

* https://doi.org/10.5392/JKCA.2021.21.06

I. 서 론

1. 연구 배경 및 목적

VFX(Visual Effects) 등 기술의 발달과 OTT(Over The Top) 등 매체의 다변화로 콘텐츠 간 경계가 모호해지고 있다. 영화 같은 그래픽과 서사성을 가진 게임, 게임 같은 상호작용성 (interactivity)을 가진 영화 등 콘텐츠 간 융합이 가속화되고 있는 것이다. Henry Jenkins는 이러한 미디어 및 콘텐츠 간 융합을 컨버전스(convergence)라 정의한 바 있다[1]. 그리고 그 양상을 선도하는 것이 바로 문화기술(Culture Technology)의 발전이다[2]. 가상현실(Virtual Reality), 증강현실(Augmented Reality) 등 실감 기술의 등장은 상호작용(interaction) 콘텐츠에 대한 수요를 증가시켰다. 드라마, 웹툰 등 기존 콘텐츠 양식에 상호작용을 강화하는 등 이러한 컨버전스는 더욱 가속화될 전망이다. 바야흐로 수용자에서 플레이어로의 전환이다. 이에 따라 상호작용성에 기반한 서사, 즉 수용자가 서사의 선택과 통제에 개입함으로써 내러티브를 완성하는 인터랙티브 스토리텔링(interactive storytelling)이 재차 부각되고 있다.

한편, 디지털에 기반한 서사는 시간성에 기초하는 선형적 전통

서사와 달리 일련의 공간을 연결함으로써 이야기를 구성하는 공간성(spatiality)에 기초한다[3]. 이때의 공간이란 기존에는 온라인에 기반한 가상공간에 한정되어 있었다. 즉 컴퓨터 환경 내에서의 상호작용에 머물러 있었던 것이다. 그러나 실감기술의 등장은 공간성의 개념을 오프라인의 물리적 공간으로까지 확장했다. 특히 현실에 가상을 덧대어 구현하는 AR의 상용화는 상호작용의 영역을 스크린 밖으로 확장하는 데에 크게 기여했다. 즉 온라인과 오프라인, 가상세계와 현실세계를 넘나드는 상호작용이 등장한 것이다. 그러나 현시점 인터랙티브 스토리텔링 논의는 온라인 내 상호작용에 머물러 있다. 향후 수요 증가가 예상됨에 따라 온라인과 오프라인을 매개하는 인터랙티브 스토리텔링에 대한 연구 필요성이 대두되고 있다.

한편 상호작용성과 서사성(narrativity)의 충돌, 즉 자유도와 서사 일관성의 동시 확보는 인터랙티브 스토리텔링 고유의 딜레마이다[4]. 컴퓨터 환경 내 상호작용을 중심으로 이루어져 온 그간의 인터랙티브 스토리텔링 논의는 대부분 온라인 게임의 특성을 접목함으로써 이를 보완하고자 하였고, 그 방법론적으로는 몰입(immersion), 에이전시(agency), 변형(transformation) 등 게임을 바탕으로 개발된 Janet Murray의 연구 개념[5]에 크게 의존해 왔다. 일례로 기존 연구에서 서성은[6], 윤현정[7], 김하혜[8] 등은 상호작용성과 극적 서사 경험의 부조화라는 문제의식을 바탕으로 전통적 드라마와 게임 스토리텔링의 융합을 시도하였다. 이러한 접근은 상호작용성과 서사성 간의 균형을 현시점 가장 이상적으로 구현한 디지털 서사가 온라인게임인 점으로 미루어 타당하나, 실감기술의 등장과 함께 요구되고 있는 온라인과 오프라인을 매개하는 서사를 설명하기에는 한계가 있다.

따라서 본 연구는 온·오프라인 매개를 특징으로 하는 상호작용적 서사에서 상호작용성과 서사성을 조화로이 달성하기 위한 스토리텔링 구조를 제안한다. 기술 기반으로 기확보된 상호작용성에 기반해 가상과 현실을 넘나들며 서사적 몰입을 극대화할 수 있는 스토리텔링 구조를 제안하는 것이 본 연구의 목적이다.

최초의 인터랙티브 스토리텔링은 오프라인에 기반했다. 근대의 연극 양식이 자리 잡기 전 서양 중세의 연극에서는 객석의 반응과 투표에 따라 전개 및 결말이 달라지는 것이 일반적이었으며, 이는 한국 마당극에서도 발견되는 특징이다. 후에 기술이 발달함에 따라 온라인 기반 인터랙티브 스토리텔링이 등장했고, 실감기술의 등장으로 온·오프라인을 매개하는 인터랙티브 스토리텔링이 요구되고 있다.

본 연구는 이러한 상호작용 영역에 대한 기준점을 바탕으로 그동안 온라인을 중심으로 이루어졌던 인터랙티브 스토리텔링 관련 논의를 확장하고자 한다. 이를 통해 인터랙티브 스토리텔링에 있어서 상호작용 영역을 고려 요소로 제언하고, 향후 수요가 예상되는 실감기술 기반 콘텐츠, 즉 가상과 현실을 매개하는 콘텐츠의 개발에 방향을 제시하는 것에 본 연구의 의의가 있다.

2. 연구 범위 및 방법

본 연구에서 논의의 대상으로 삼고자 하는 콘텐츠는 실감기술 등 기술 기반으로 기확보된 상호작용성에 기반해 온라인과 오프라인, 가상과 현실을 넘나드는 콘텐츠이다. 따라서 이는 필연적으로 현실에 가상을 덧대어 표현하는 AR 기술과 연관된다. AR은 현시점 가장 상용화된 실감기술로, 가상과 현실을 매개함에 있어 핵심적인 역할을 수행한다[9]. 따라서 본 연구에서는 AR을 활용한 상호작용적 서사를 주요 논의 대상으로 삼고자 하며, 그 가장 대표적인 양식인 AR게임을 온·오프라인 매개 인터랙티브 콘텐츠의 대표 형식으로 특정하여 논의를 전개하고자 한다.

2021년 현시점 대부분의 AR게임은 기술 기반으로 확보된 상호작용성만 내세움으로써 서사적 몰입 획득에 실패하였다. 이에 성공적인 온·오프라인 매개 인터랙티브 스토리텔링 구조 제안을 위해, 기존 온라인 중심 인터랙티브 스토리텔링 연구를 바탕으로 오프라인의 현실 공간에 기반해 상호작용성과 서사성을 조화로이 달성해내는 대체현실게임(Alternate Reality Game)의 스토리텔링 구조를 접목하고자 한다. 대체현실게임은 '가상세계와 현실세계의 경계 없이 다양한 미디어를 인터페이스로 하고 대규모 인원의 집단지성으로 전개되는 게임'[10] 등 다양하게 정의되나, 현실 공간에 가상의 게임을 구현하고 다양한 미디어를 넘나들며 협력을 통해 진행된다는 것은 이견 없는 특성으로 받아들여진다. 그 구체적 특징에 대해서는 사례 분석과 함께 살펴보고자 한다.

2020년 AR게임 〈포켓몬GO(Pokémon GO)〉의 개발사 '나이언틱(Niantic)'은 차기 AR게임 〈카탄(Catan)〉의 개발을 위해 이머시브 연극 〈슬립 노 모어(Sleep No More)〉로 유명한 극단 '펀치 드렁크(Punch Drunk)'와 파트너십을 체결했다[11]. 이는 가상과 현실을 매개하는 콘텐츠의 개발에 있어 현실공간에서의 상호작용 양식을 참조함에 당위성을 제공해 주는 사례이다. 온·오프라인 매개를 특징으로 하는 스토리텔링을 성공적으로 이끌기 위해서는 기존 온라인 게임과 같이 컴퓨터 환경 내에서의 스토리텔링뿐만 아니라 오프라인의 현실 공간에 기반한 서사를 참조할 필요가 있으며, 오프라인에 무게를 둔 게임 양식인 대체현실게임은 그 대상으로서 적합하다.

이를 위해 대체현실게임과 AR게임의 사례 연구를 진행한다. 먼저 각각의 사례 분석의 틀이 될 Henry Jenkins의 환경적 스토리텔링(Environmental Storytelling) 이론을 살펴볼 것이다. Jenkins는 「Game design as narrative」에서 게임 연구의 양극단에서 논쟁하고 있는 루돌로지(ludogogists)와 내러톨로지(narratologists)의 중간자적 위치를 자처하며, 게임에서의 상호작용성과 서사성 간 조화를 위해 그 공간성에 주목한 스토리텔링 방식을 제안한다[12]. 이는 플레이어가 공간과 상호작용하면서 스토리를 경험하고 생성해 나가는 과정을 설명하기에 온·오프라인 매개 스토리텔링과 같이 공간성을 특징으로 하는 스토리텔링의 분석틀로 적합하다.

뒤이어 Jenkins가 제시하는 네 가지 차원을 기준으로 대체현실게임과 AR게임의 성공 사례를 비교 분석해 온·오프라인 매개를 특징으로 하는 서사에서 플레이어의 참여와 몰입을 강화 및 약화시키는 요소를 파악하고, 성공적인 AR게임이 대체현실게임으로부터 차용했거나 차용할 여지가 있는 특성을 도출할 것이다. 대체현실게임의 사례로는 현재까지도 가장 성공적인 사례로 평가받는 〈Why So Serious?(2007)〉를 선정하였고, AR게임의 사례로는 유일무이한 성공 사례인 〈포켓몬GO(2016)〉를 선정하였다. 이를 통해 최종적으로 기술 기반으로 기획보된 상호작용성에 기반해 온·오프라인을 넘나들며 서사적 몰입을 극대화할 수 있는 스토리텔링 구조를 제안하고자 한다.

II. 본론

1. 환경적 스토리텔링 이론

Henry Jenkins는 게임에서의 상호작용성과 서사성 간 조화를 위해 스토리로써의 게임보다는 내러티브 가능성이 충만한 공간으로서 게임을 고찰하며 환경적 스토리텔링 이론을 제시한다.

그에 따르면 게임을 디자인하는 것은 공간을 건축하는 것과 같다. 이는 본디 월트 디즈니의 어트랙션 디자이너인 Don Carson이 제안한 개념으로, 오프라인 공간 설계 이론을 공간성이라는 공통분모를 매개로 디지털 서사인 게임에 접목하여 제시하였다는 데에 그 의의가 있다.

환경적 스토리텔링은 다음 중 최소 한 가지 이상의 방법으로 공간서사에서의 몰입적 경험을 위한 전제 조건을 형성한다.

① 기존에 존재하는 서사와의 연결을 환기(환기적 공간, Evocative Spaces)

② 미장센에 내러티브 정보를 삽입(내재적 서사, Embedded Narratives)

③ 서사적 이벤트가 실행되는 무대를 제공(발생적 이야기, Enacting Stories)

④ 새로운 이야기를 위한 자원을 제공(창발적 서사, Emergent Narratives)

이를 통해 Jenkins는 그동안 미디어-플레이어 간, 플레이어 간 상호작용을 중심으로 이루어졌던 논의를 공간-플레이어 간 상호작용으로 확장하였다.

한편 홍구슬은 기든스와 한혜원의 논의를 종합해 Jenkins가 구분한 환경적 스토리텔링의 네 가지 차원을 생성 주체에 따라 구조적 공간과 실천적 공간으로 구분하였다[13]. 창작자가 의도를 가지고 사전에 설계한 서사성의 공간인 구조적 공간으로는 환기적 공간과 내재적 서사를, 플레이어에 의해 사후에 생성되는 상호작용성의 공간인 실천적 공간으로는 발생적 이야기와 창발적 서사를 제시하였다. 이를 통해 내러티브에서뿐만 아니라 공간의 설계에 있어서도 창작자의 의도와 플레이어의 상호작용 즉, 서사성과 상호작용성의 조화가 필요함을 피력하였다. 이어 구조적 공간과 실천적 공간 각각에 대하여 창작자의 공간 설계 의도와 플레이어의 상호작용을 기준으로 스토리텔링 요소화하여 제시하였다.

또한, 게임학자 Ryan은 내재적 서사가 밝혀져야 하는 스토리(the story to be discovered)와 밝혀내는 것에 대한 스토리(the story of their discovery) 두 서사 층위를 연결한다고 덧붙였다[14]. 이상을 종합해 공간성 기반 상호작용적 서사에서 서사적

몰입을 극대화하는 스토리 환경을 다음 표와 같이 제시할 수 있
다. 이를 분석 틀로 대체현실게임과 AR게임의 사례를 비교 분
석함으로써 온·오프라인을 매개하는 상호작용적 서사에 적합한
스토리텔링 구조를 도출하고자 한다.

⟨표 1⟩ 환경적 스토리텔링 이론 재구성[15]

생성 주체	공간성	환경적 스토리텔링	정 의			스토리텔링 요소
창작자	구조적 공간	환기적 공간 (Evocative Spaces)	이미 존재하거나 잘 알려진 서사의 차용			세계관 (storyworld)
		내재적 서사 (Embedded Narratives)	공간의 항해를 통해 서사를 밝혀 나가는 것	밝혀져야 하는 스토리		오브젝트 (object)
				밝혀내는 것에 대한 스토리		
플레이어	실천적 공간	발생적 이야기 (Enacting Stories)	메인 플롯을 완전히 벗어나지 않는 범위에서의 미시서사(micronarratives)			이동성 (navigation)
		창발적 서사 (Emergent Narratives)	플레이어들에 의해서 생성된 서사			사회적 소통 (communication)

2. 대체현실게임의 스토리텔링 구조: 〈Why So Serious?〉를 중심으로

이어 현재까지도 가장 대중적으로 성공한 대체현실게임으로 평가받는 〈Why So Serious?(2007)〉를 Jenkins의 환경적 스토리텔링 이론에 기반해 분석하고자 한다. 이를 통해 공간 기반 서사에서의 상호작용성과 서사성의 조화 가능성에 대해 시사점을 도출할 것이다.

〈Why So Serious?〉는 배트맨 시리즈의 일환인 크리스토퍼 놀란 감독의 영화 「다크나이트(2008)」의 홍보를 위해 워너브라더스와 42엔터테인먼트가 제작한 대체현실게임이다. 2007년 3월부터 2008년 7월까지 약 1년 5개월에 이르는 캠페인 기간 동안 [16] 플레이어들은 영화의 배경인 고담(Gotham) 시의 실제 시민이 된다. 이들은 웹사이트를 허브로 다양한 미디어와 현실을 오가며 동료와 협업해 단서를 찾고 문제를 해결한다. 이메일과 휴대전화로 지령을 받고 온라인게임에 참여하며 오프라인에서의 활동을 가상의 신문에 제보하기도 하면서 가상과 현실의 경계를 허무는 참여적이고 몰입적인 경험을 하게 되는 것이다. 이는 75개국에서 천만 명 이상이 참여하는 대성공을 거두었고 미국 언론은 '배트맨이라는 69년이나 된 스토리의 새로운 장에 빠져들었다.'라며 찬사를 아끼지 않았다[17]. 제작사 42엔터테인먼트는

2009년 칸국제광고제 대상을 수상했다[18].

1) 환기적 공간

Jenkins는 공간서사에서 이미 존재하거나 알려진 서사의 차용을 강조한다. 이를 통해 플레이어가 공간 방문 시 친숙함을 느끼고 보다 몰입하게 하거나, 익숙한 서사에 대해 새로운 관점을 제시할 수 있기 때문이다[12].

〈Why So Serious?〉는 배트맨 서사, 현실의 시공간 공유, 현실의 정체성 유지라는 세 측면에서 이러한 '환기적 공간'을 형성한다.

〈Why So Serious?〉는 1939년 등장해 다양한 미디어를 통해 형성돼온 친숙한 배트맨 서사에 기반해 환기적 공간을 획득한다. 이는 조커를 중심으로 한 트랜스미디어적 변형으로, 플레이어들은 원본 서사의 연장선에서 〈Why So Serious?〉를 이해한다. 공간, 캐릭터, 상황에 대해 Jenkins가 언급하는 '꽤 잘 개발된 정신적 지도(pretty well-developed mental map)'를 들고 게임에 임하는 것이다. 온·오프라인을 통합하는 익숙한 서사가 양 공간 모두에서 환기적 공간을 조성하며 가상과 현실을 매개하고 보다 몰입감 있는 환경을 조성한다.

〈표 2〉〈Why So Serious?〉의 현실의 시공간 공유[19]

현존(presence)하는 캐릭터	라이브이벤트	온·오프라인에 공존하는 오브젝트
대체현실게임 전체를 관통하는 특징. 조커로부터의 메일, 하비 덴트로부터의 전화, 하비 덴트 지지 운동 등.	온·오프라인 동시 진행. 하늘에 쓰인 번호를 본 뒤 한 명은 라이브이벤트, 다른 한 명은 온라인 미션에 동시 참여.	온라인과 라이브이벤트에 모두 등장해 가상-현실 매개.'고담타임즈', 지폐, 조커카드, 메모지, 광대마스크 등.

대체현실게임은 현실의 시공간 공유를 통해 실재감을 강화한다. 이는 현실이라는 이미 알고 있는 혹은 알기 쉬운 경험적 맥락을 통해 서사 공간을 구성한다는 점에서 환기적 공간으로 기능할 수 있다. 〈Why So Serious?〉에서는 분화된 가상과 현실을 현존(presence)하는 캐릭터, 라이브이벤트, 온·오프라인에 공존하는 오브젝트를 통해 현실의 시공간을 공유함으로써 매개한다. 이를 통해 플레이어들은 친숙한 공간인 현실에서 실제 조커와 함께 있는 듯한 느낌을 받게 되고 보다 높은 몰입을 경험할

수 있다.

가상세계에서의 몰입적 경험을 위해서는 플레이어들의 자발적 불신의 중지가 필요하다[20]. 대체현실게임은 현실의 정체성을 유지한 채 역할을 수행하게 함으로써 이를 용이하게 한다. Brenda Laurel이 제시한 가장 깊이 있는 몰입 경험인 1인칭 상호작용[21]을 제공하는 것이다. 이는 현실 자아라는 경험적 맥락에 기반해 서사 공간을 구성한다는 점에서 환기적 공간의 강화요소로 기능한다. 〈Why So Serious?〉에서 플레이어들은 현실의 정체성을 유지한 채 가상 도시인 고담 시의 시민이 된다. 이는 후에 논의할 〈포켓몬GO〉가 가상의 정체성을 통해 서사에 참여하는 것과 대조적인 지점이다.

2) 내재적 서사

Jenkins는 서사 공간이나 인공물에 내러티브 정보를 담아내는 '내재적 서사'를 강조한다. 정보 전달에 대한 창작자의 통제력이 약한 서사에서는 공간에 정보를 적절히 배치함으로써 플레이어의 몰입 저하 없이 전개를 제어할 수 있다. 이는 이미 일어난 일(previous event)이나 곧 다가올 위험(potential danger just ahead)을 추측하게 한다[12].

즉 공간에 서사 전개와 관련된 단서를 제공하는 것을 '내재적 서사'라고 이해할 때, 〈Why So Serious?〉는 이러한 특징이 두드러진다. 대체현실게임은 대부분 '밝혀져야 하는 스토리'로, 플레이어들에게 '탐정'으로서의 역할놀이를 부여함으로써 강한 몰입을 형성한다. 플레이어들은 다양한 미디어 여기저기에 뿌려져 있는 사건의 단서들을 찾고 조합해 전체 스토리를 만들어나간다[22]. 이 때문에 단서, 즉 내러티브 정보의 배치를 중심으로 스토리가 전개되고 플레이어들은 그 수집과 조합을 통해 일어난 일이나 벌어질 일을 추측한다. 〈Why So Serious?〉에서는 온·오프라인에 고르게 분포된 오브젝트가 가상과 현실을 매개하며 서사 정보를 제공한다.

또한, 단서를 통해 스토리를 완성해 나가는 대체현실게임의 특성은 참여를 통해 서사를 완성하고 완성한 서사를 통해 다시 참여를 촉발하는 상호보완적 가능성을 제시해 상호작용성과 서사성의 충돌이라는 난제를 겪고 있는 인터랙티브 스토리텔링에 함의를 제공한다.

표 3. 〈Why So Serious?〉의 내재적 서사 예시

	오브젝트	발견	내러티브 정보
가상 세계		'whysoserious.com' 웹사이트 접속 시 특 정 위치 정보가 담긴 조커화된 포스터와 익 일 오전 10시 카운트 다운 발견.	해당일에 해당 장소 방문 유도. 방문 시 어 떤 일이 벌어질 것이 라는 추측.
현실 세계		베이커리에서의 선착순 케이크 수령.	적혀진 번호로 전화 를 걸게끔 유도. 조커 로부터 추가 지령이 떨어질 것을 추측.

3) 발생적 이야기

Jenkins는 메인 플롯을 완전히 벗어나지 않는 범위에서 플레이어들의 이동성과 상호작용성에 기반한 미시서사(micronarratives)를 강조한다. 플롯의 궤적(trajectory)을 이탈하지 않는 범위에서의 다양한 미시서사 생성은 서사성을 해치지 않으면서 상호작용성을 극대화해 플레이어의 몰입을 강화한다[12].

이렇듯 이동성과 상호작용성에 기반해 생성되는 개별적 미시서사를 '발생적 이야기'로 이해할 때, 이는 상호작용성 기반 서사라는 인터랙티브 스토리텔링 자체에 대한 정의와 맥을 같이 한다.

그러므로 관건은 얼마나 많은 미시서사의 생성을 허용하는가, 즉 상호작용성 정도의 문제이다. 〈Why So Serious?〉는 이동성과 상호작용성에 기반하나 강한 서사 통제로 제한적 미시서사를 형성한다. 중심서사를 구현해나가는 과정에서 개개인이 취할 수 있는 선택은 제한적이다.

이는 대체현실게임이 일종의 '정답 찾기 게임'이기 때문이다. 서사의 전개를 위해서는 제작자가 의도한 '정답'을 누군가는 반드시 찾아 다음 미션으로 이행되어야 한다. 중심서사 구성요소로서의 미션/퀴즈에 대한 참여 여부(참여/관람), 참여 적극성에 따른 경험의 범위, 그 결과(성공/실패)로서의 개인화된 서사가 존재할 뿐 다른 전개는 있을 수 없기 때문에 미시서사의 생성은 제한적인 양상을 띤다.

<표 4> 〈Why So Serious?〉의 발생적 이야기 예시

	가상세계-현실세계
중심 서사	조커가 자신의 추종자들을 모으고 임무 지시를 통해 정의 사회 구현을 방해하며 최종적으로 은행 강도 공범을 선발.
미시 서사	최종 공범 선발 스토리에서의 미시서사 예시. 관람만 한 이들, 참여했지만 실패한 이들, 참여해 성공한 이들은 각각 다른 스토리 경험을 하게 되고 이는 곧 개별적 미시서사를 형성. '동물카니발게임'　　　캐주얼게임　　웹사이트 　　　　　　　　　　참여　　　　관람 　　　　　　　　　　　◀ 적극성 ▶ 　　　　　　　지령과 주소　　　실패 　　　　　　　수령 '케이크 수령 지령'　베이커리를 •현실　웹사이트를 　　　　　　　향해 달려감　　통해 관람 　　　　　　　　◀ 적극성 ▶ 　　　케이크와 •현실　　실패 　　　휴대전화 수령 　　　　• 　　　　• 　　　　•

인터랙티브 스토리텔링 구조　151

4) 창발적 서사

Jenkins는 플레이어들 간 소통에 의해 생성되는 서사인 '창발적 서사'를 강조한다. 공간에 내러티브 정보를 적절히 배치함으로써 최소한의 의도한 플롯에 기반한 창발적 서사가 가능하다[12].

〈Why So Serious?〉는 풍부한 단서에 기반한 실시간 협력으로 그러한 특징이 두드러지며, 이는 협력의 필수성과 사회적 소통으로 구체화된다.

대체현실게임은 혼자서는 해결할 수 없는 문제를 협력을 통해 해결하게 함으로써 참여와 몰입을 극대화한다. 〈Why So Serious?〉에서는 협력이 필수적인 미션이 온·오프라인을 망라해 다양하게 제시되며, 특히 전 세계 75개국에 걸쳐 전개된 만큼 '지역 커뮤니티 기반 협력'이 두드러진다. 이는 오프라인 매개를 특징으로 하는 서사에서 나타날 수 있는 특징으로, 협력과 공유의 속성을 띠는 오프라인의 공간성과 맞닿아있다. 이는 후에 살펴볼 〈포켓몬GO〉가 지역성에 기반한 팀전 요소 등을 도입하는 것과 무관하지 않다.

표 5. ⟨Why So Serious?⟩의 협력의 필수성 예시

가상세계	가상세계-현실세계	현실세계
플레이어들이 각자 메일로 받은 좌표를 웹사이트에 입력 시 픽셀이 하나씩 벗겨짐. 최종적으로 조커의 사진 등장.	미국 내 49개 장소의 좌표를 공개하며 사진을 찍어 올리도록 유도. 각 장소 알파벳을 조합하면 전체 문장 완성.	사진 콘테스트 개최. 조커처럼 분장한 뒤 세계 명소를 배경으로 그룹을 지어 촬영한 사진을 응모.

협력의 필수성은 사회적 소통을 수반한다. 온라인상에는 대체현실게임 장르 자체에 대한 팬덤이 형성되어 있어 관련 커뮤니티가 활성화되어 있고, 실시간 정보 공유와 지식 확산이 필수적인 특성상 SNS를 통한 소통 또한 두드러진다. 특히 ⟨Why So Serious?⟩는 그 서사가 방대해 플레이어들이 자발적으로 위키를 형성하기도 한다. 캠페인 기간 동안에는 오프라인 공간에서도 플레이어들 간 적극적인 실시간 소통이 이루어진다.

3. AR게임의 스토리텔링 구조: 〈포켓몬GO〉를 중심으로

이어 성공적인 온·오프라인 매개 인터랙티브 스토리텔링 사례를 살펴봄으로써 시사점을 도출한다. 대상으로는 AR게임의 유일무이한 성공 사례인 〈포켓몬GO〉를 선정하였다.

〈포켓몬GO〉는 닌텐도의 자회사 포켓몬컴퍼니와 나이언틱이 2016년 7월 출시한 GPS(Global Positioning System)와 AR 기반 모바일 게임이다. 〈포켓몬GO〉는 출시 한 달 만에 다운로드 건수와 매출 등 5개 항목에서 기네스 세계기록을 달성했고[23] 현재까지도 독보적인 인기와 매출을 기록하고 있다(2021년 4월 4일 기준 Google Play 어드벤처 게임 순위 4위). 1996년 닌텐도 비디오게임으로 등장한 포켓몬은 이후 20여 년간 애니메이션, 장난감 등으로 OSMU(One Source Multi Use)를 거치며 글로벌 브랜드로 정착되어왔다[24]. 〈포켓몬GO〉는 이러한 포켓몬 IP(Intellectual Property)에 기반한다.

나이언틱이 밝힌 〈포켓몬GO〉의 목표는 다음과 같다[25]. ① 피트니스(Fitness): 포켓몬의 육성이라는 보상으로 사용자를 움직이게 함. ② 모험(To see world with new eyes): 주변의 랜드마크나 역사적인 장소를 플레이에 포함시켜 게이머들에게 모험의 경험을 선사. ③ 커뮤니티(Breaking the ice): 여럿이 함께 도전해야 하는 미션을 주어 게이머들이 사람들과 함께 시간을 보내도록 함. 이렇듯 〈포켓몬GO〉는 가상세계에 머물던 플레이어들을 현실세계로 나오도록 해 온·오프라인의 경계를 허물었다.

사실 〈포켓몬GO〉에 적용된 기술은 초보적 수준으로, 2011년 KT에서도 〈올레 캐치캐치〉라는 AR게임을 서비스했다는 사실이 이를 입증한다[26]. 이는 GPS와 AR을 활용해 몬스터를 잡으면 캐시가 쌓이는 마케팅 플랫폼이었는데, 기술적으로는 앞서갔음에도 불구하고[23] 2년 만에 사업을 중단했다. 성패를 가른 것은 스토리텔링이었다. 〈올레 캐치캐치〉에 적용된 기술은 스토리와는 무관한 부가 수단일 뿐이었고, 캐릭터는 생소했으며 별다른 스토리텔링도 없었다. 즉 AR의 매체적 특징을 살린 스토리텔링에 실패한 것이다. 이를 통해 〈포켓몬GO〉의 성공 요인을 보다 명확히 이해할 수 있다.

1) 환기적 공간

'환기적 공간'은 이미 존재하거나 알려진 서사의 차용을 통해 형성된다. 〈포켓몬GO〉는 신화적 원형, 포켓몬 IP, 현실의 시공간 공유라는 측면에서 환기적 공간을 구현한다.

포켓몬 콘텐츠는 동아시아에서 가장 오래된 신화집인 『산해경(山海経)』을 문화적 원형으로 차용한다. 포켓몬들의 형태적 모티브를 『센가이교(せんがいきょう, 山海経)』에서 따왔는데 이는 중국 신

화집 『산해경』의 번역본이다. 『산해경』은 기원전 3~4세기경 무속인들에 의해 쓰인 책으로, 중국과 변방 지역의 기이한 사물, 인간, 신들에 대한 기록이 그림과 함께 실려있다[24]. 그 서사 자체가 대중적으로 알려진 서사는 아니기에 친숙감을 느끼게 하기에는 무리가 있으나, 기존에 존재하는 서사를 차용함으로써 보다 견고한 세계관을 구축할 수 있었고 이는 플레이어들이 가상세계에 보다 몰입할 수 있는 기반을 형성하였다.

[그림 1] 〈포켓몬GO〉의 『산해경』 캐릭터 차용[27]

〈포켓몬GO〉에 있어 결정적으로 환기적 공간을 조성하는 것은 20여 년간 형성되어온 포켓몬의 친숙한 IP이다. 〈포켓몬GO〉는 포켓몬 IP 세계관인 '포켓몬 유니버스'의 트랜스미디어적 변형으로, 플레이어들은 원본 서사의 연장선에서 이를 이해한다. 이 때문에 Jenkins가 언급한 '자체적 이야기(self-contained stories)'를 많이 하지 않고도 상대적으로 용이하게 서사성을 획득한다. 온·오프라인을 넘나드는 포켓몬 IP가 양 공간 모두에서 환기적 공간을 조성하며 가상과 현실을 매개하고, 결과적으로 보다 몰입할 수 있는 환경을 제공한다.

더불어 〈포켓몬GO〉에서는 현실의 시공간 공유를 통한 실재성 강화가 두드러진다. 이는 AR의 매체적 특성에 따른 것으로, 경험적 맥락을 통해 서사 공간을 구성하는 환기적 공간으로 기능한다. 〈포켓몬GO〉는 분화된 가상과 현실을 시간, 날씨, 공간과 같은 현실 정보를 반영함으로써 매개한다. 예를 들어, 비가 오는 밤에 〈포켓몬GO〉를 실행할 경우 게임 속 배경화면도 비가 오는 밤이고, 게임에 필요한 아이템을 얻을 수 있는 '포켓스탑'이나 배틀이 일어나는 '체육관' 등은 모두 현실의 공간 정보에 기반한다. 이를 통해 플레이어는 서사와 공존하는 듯한 느낌을 받게 되고 보다 높은 몰입을 경험할 수 있다. 이는 앞서 대체현실게임이 라이브이벤트 등을 통해 현실의 시공간을 공유함으로써 실재성을 강화하는 것과 유사하다.

나아가 〈포켓몬GO〉는 사회적 이슈를 서사에 반영하기도 한다. 일례로 2016년 일본 동북지역에 쓰나미 피해가 발생했을 때 경제적 도움을 주기 위해 희귀 포켓몬인 '라프라스'와 '잠만보'를 출현시켜 방문을 유도했고 약 20억 엔 정도의 경제효과를 발생

시켰다[9]. 이는 현실의 이슈가 게임에, 게임 활동이 현실에 영향을 미칠 수 있음을 보여줌으로써 가상과 현실의 경계를 허문다. 나아가 이는 헨리 젠킨스가 구분한 '상호작용'과 '참여'[28]에서, 단순히 피드백에 잘 반응하게끔 기술이 적용된 방식인 '상호작용'이 아니라 사회문화적 상호작용인 '참여'로의 전환 가능성을 보여준다.

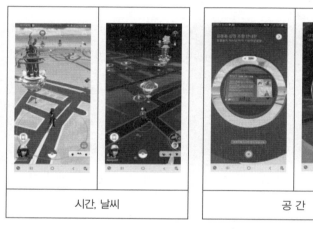

[그림 2] 〈포켓몬GO〉의 현실의 시공간 공유

2) 내재적 서사

공간에 오브젝트 등을 통해 정보를 삽입해 서사 전개와 관련된 단서를 제공하는 것을 '내재적 서사'라고 이해할 때, 〈포켓몬GO〉에서는 이러한 특징을 찾아보기 어렵다. 플레이어는 가상에서 현실의 랜드마크에 기반한 '체육관'과 '포켓스탑', AR로 현실 소환이 가능한 '포켓몬'을 만나게 된다. 가상과 현실의 매개를 강화하는 이러한 오브젝트들은 플레이어로 하여금 배틀을 하거나 아이템을 수집하거나 포켓몬을 포획하게는 하지만 이미 일어났거나 벌어질 일에 대해 어떠한 추가적인 서사 정보도 제공하지 않는다.

〈표 6〉〈포켓몬GO〉의 오브젝트

오브젝트		체육관	포켓스탑	포켓몬
서 사	원 인	방문, 배틀	방문, 회전	발견, 포획
	결 과	승리/패배	아이템 수집	성공/실패

〈포켓몬GO〉와 같은 어드벤처 성격의 서사는 승리/패배, 성공/실패와 같은 인과적 보상에 초점이 맞춰져 있다. 이 때문에 단서 제공을 통한 서사 전개, 즉 '밝혀져야 하는 스토리'가 부재하는 경우가 일반적이다. 이는 앞서 대체현실게임이 온·오프라인을 망라하는 단서 배치를 중심으로 스토리를 전개해 나가는 것과 대비되는 지점이며, 보다 강한 몰입적 서사 환경을 구축하기 위해 보완의 여지가 있다.

3) 발생적 이야기

이동성과 상호작용성에 기반해 생성되는 개별적 미시서사를 '발생적 이야기'로 이해할 때, 〈포켓몬GO〉는 최소한의 플롯에 기반하기는 하나 철저히 플레이어들이 생성하는 미시서사에 의존해 내러티브를 형성한다. 〈포켓몬GO〉는 GPS의 이동성에 기반할 뿐만 아니라 AR을 활용해 높은 정도의 상호작용성을 제공한다. 이를 통해 플레이어들은 온라인과 오프라인을 망라하는 풍부한 미시서사를 생성하고 경험한다.

이는 앞서 〈올레 캐치캐치〉의 실패 사례에서 알 수 있듯 비단 기술적 특징 때문만은 아니다. 양 공간 모두에 당위성 있게 부여된 스토리가 플레이어들로 하여금 적극적인 개별 서사를 생성하도록 유도하는 것이다. 예를 들어 물 근처에서는 '라프라스' 등 물 관련 포켓몬이, 산에서는 바위, 나무 속성의 포켓몬이 출현한다. 현실 랜드마크에 기반한 '포켓스탑'과 '체육관'은 실제 근처가 아니면 방문할 수 없으며 각각은 관련 스토리를 함께 제공해 공간을 환기한다.

따라서 플레이어들은 단순히 현실에 가상이 겹쳐지는 기술적 재미 때문만이 아니라 새롭고 개인적인 스토리의 생성과 체험을 위해 적극적으로 현실세계를 탐험한다. 〈올레 캐치캐치〉가 장소에 따라 배경이 바뀌는 것 외 새로운 스토리 경험을 제공하지

못하는 것과 달리 공간과 상호작용하며 내러티브를 형성하는 것
이다.

<표 7> 〈포켓몬GO〉 스토리텔링의 오프라인 공간성 반영

(1) 공간성을 반영한 출현 포켓몬 변화	(2) 현실 랜드마크 기반의 '포켓스탑', '체육관'

4) 창발적 서사

플레이어들 간의 사회적 소통에 기반해 생성되는 서사를 '창발
적 서사'로 이해할 때, 〈포켓몬GO〉에서는 그러한 특징이 협력성
의 강화와 커뮤니티 형성을 통해 강화되고, 내러티브 정보와 채
팅 기능의 부재를 통해 약화되면서 제한적으로 발현된다.

〈포켓몬GO〉는 협력적 성격이 두드러진다. '여럿이 함께 도전해
야 하는 미션을 주어 게이머들이 사람들과 함께 시간을 보내게
한다'는 목표가 이를 뒷받침한다[25]. 위치정보에 기반하는 특성
상 특히 지역성 기반 협력이 두드러진다. 대표적으로 최대 20명

이 혼자서는 잡을 수 없는 포켓몬과 협력해 대결하는 '레이드 배틀'이 있다. 이는 특정 '체육관', 즉 특정 지역 근처에서만 참여 가능하다는 점에서 지역성 기반 협력에 해당된다. 이외에도 〈포켓몬GO〉는 전 세계 플레이어들이 서로 협력하며 진행하는 '글로벌 챌린지 아레나' 등 지역성 기반 이벤트들을 확충해나가고 있다[29]. 이는 앞서 대체현실게임이 협력을 통해 참여와 몰입을 극대화하는 것과 유사하다.

또한, 〈포켓몬GO〉는 온·오프라인 커뮤니티 형성을 통해 창발적 서사를 생성한다. 게임 내부적으로는 '친구 기능'이 있어 포켓몬을 교환하거나 함께 배틀에 참여하고, 외부적으로는 '인벤' 등 다양한 커뮤니티가 있어 정보를 주고받을 뿐 아니라 멤버 등을 모집하기도 한다. 뿐만 아니라 오프라인 정모(정기모임)를 통해 현실세계에서의 커뮤니티를 구축하기도 한다. 그러나 〈포켓몬GO〉의 창발적 서사는 Jenkins가 창발적 서사 형성의 이상적 환경 조건으로 제시한 공간 내 내러티브 정보가 미미하고, 무엇보다 플레이어 간 직접 소통을 지원하는 채팅 기능이 없어 제한적 양상을 띤다.

III. 분석 결과 요약

1. 대체현실게임과 AR게임의 환경적 스토리텔링 비교

이상을 종합해 〈Why So Serious?〉와 〈포켓몬GO〉의 환경적 스토리텔링 구조를 비교하면 다음 표와 같다. 각각을 가장 성공적인 사례로서 장르 대표성을 상정할 때, 이를 통해 대체현실게임은 AR게임 대비 Jenkins가 제시한 환경적 스토리텔링에 부합하는 스토리 환경을 조성하고 있음을 확인할 수 있다.

〈표 8〉 〈Why So Serious?〉와 〈포켓몬GO〉 환경적 스토리텔링 비교

공간성	환경적 스토리텔링	대체현실게임 〈Why So Serious?〉	AR게임 〈포켓몬GO〉
구조적 공간	환기적 공간 (Evocative Spaces)	1) 배트맨 서사 – 온·오프라인 모두에서 환기적 공간 조성. 2) 현실의 시공간 공유. 3) 현실의 정체성 유지.	1) 신화적 원형 2) 포켓몬 IP – 온·오프라인 모두에서 환기적 공간 조성. 3) 현실의 시공간 공유– 대체현실게임과 유사. 사회적 이슈 공유를 통해 단순 상호작용에서 '참여'로의 전환.
	내재적 서사 (Embedded Narratives)	온·오프라인에 고르게 분포된 내러티브 정보가 가상과 현실 매개. '밝혀져야 하는 스토리'와 '탐정'으로서의 역할놀이 통해 강한 몰입 형성. 상호작용성–서사성 상호 보완적 가능성.	공간에 내러티브 정보 삽입이 없어 '밝혀져야 하는 스토리' 부재. 대체현실게임과 상이 (보완의 여지).

실천적 공간	발생적 이야기 (Enacting Stories)	'정답 찾기 게임'. 이동성과 상호작용성에 기반하나 강한 서사 통제로 온·오프라인 넘나드는 제한적 미시서사.	이동성과 상호작용성을 기반으로 온·오프라인 망라하는 풍부한 미시서사. AR의 매체적 특성을 반영하는 스토리텔링.
	창발적 서사 (Emergent Narratives)	풍부한 내재적 서사 기반 온·오프라인 넘나드는 1) 협력의 필수성– 지역성 기반 2) 사회적 소통– 실시간 소통	1) 협력의 강화 – 지역성 기반. 대체현실게임과 유사. 2) 커뮤니티 형성– 온·오프라인 넘나드는 커뮤니티 형성. 내재적 서사, 채팅 기능 부재로 제한적.

또한, 두 사례 모두 구조적 공간과 실천적 공간이 비교적 균형 있게 형성되어 있음을 확인할 수 있다.

다만, 대체현실게임이 환기적 공간(세계관)에 기반해 내재적 서사(단서)와 창발적 서사(소통) 중심으로 이끌어가는 전개라면, AR 게임은 환기적 공간(세계관)에 기반하되 발생적 이야기(미시서사)를 동력으로 하는 서사이다.

그뿐만 아니라 두 사례 모두 차원별로 온·오프라인 양 공간에 부여된 역할의 균형 또한 두드러졌다.

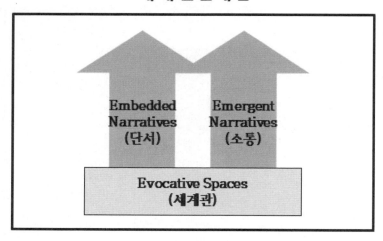

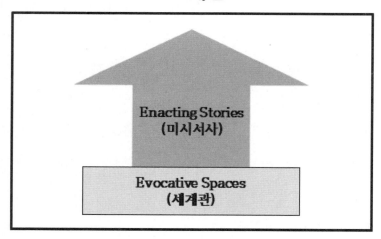

[그림 3] 대체현실게임과 AR게임의 환경적 스토리텔링 구조

이에 온·오프라인 매개 콘텐츠 개발 시 대체현실게임의 특성을 차용함으로써 상호작용성과 서사성 간 조화를 기대할 수 있다. 두 사례의 비교를 통해 대체현실게임으로부터 차용했거나 차용할 여지가 있는 특성을 다음과 같이 도출하였다. 〈포켓몬GO〉로 대표되는 성공적인 AR게임은 대체현실게임의 특성을 차용해 ① 시공간 등 현실 정보를 가상에 반영해 경계를 모호하게 하고 몰입을 강화한다. ② 오프라인 공간성을 반영해 지역 기반 협력을 촉진한다. 나아가 ③ 현실 정체성과의 접점 강화, ④ 내러티브 정보를 담은 오브젝트의 온·오프라인 배치, ⑤ 실시간 커뮤니케이션 수단 확보가 더해진다면 온·오프라인 매개 스토리 환경하에서 참여와 몰입을 동시에 보다 강화할 수 있을 것이다.

2. 온·오프라인 매개 인터랙티브 스토리텔링 구조 제안

이상을 종합해 온라인과 오프라인 매개를 특징으로 하는 상호작용적 서사에서 상호작용성과 서사성 간 조화를 달성하기 위한 스토리텔링 구조를 다음과 같이 제안한다.

•대체현실게임적 특성							
프랜차이즈 IP		내러티브 정보 삽입		공간과 상호작용하는 내러티브		(지역성 기반) 협력 강화	
현실의 시공간 공유						실시간 소통	
현실의 정체성 연계							
온라인	오프라인	온라인	오프라인	온라인	오프라인	온라인	오프라인
환기적 공간 (Evocative Spaces)		내재적 서사 (Embedded Narratives)		발생적 이야기 (Enacting Stories)		장발적 서사 (Emergent Narratives)	
구조적 공간(Stuructured Space)				실천적 공간(Practical Space)			
서사성(Narrativity)				상호작용성(Interactivity)			

[그림 4] 온·오프라인 매개 인터랙티브 스토리텔링 구조 제안

먼저 '구조적 공간'과 '실천적 공간' 간 균형이 이루어져야 한다. 앞서 홍구슬은 창작자에 의해 설계되는 구조적 공간과 플레이어에 의해 생성되는 실천적 공간을 구분하고, Jenkins가 제시한 환경적 스토리텔링의 네 가지 차원을 양 공간으로 구분했다. 몰입적인 스토리 환경 구축을 위해서는 이러한 서사 공간과 상호작용 공간 간 균형이 이루어져야 한다. 나아가 온·오프라인을 매개하는 인터랙티브 스토리텔링에 있어서는 온라인 공간과 오프라인 공간 간의 균형 또한 수반되어야 한다.

즉 스토리 환경 각 차원에서 양 공간에 적절한 역할 분배가 이루어져 함께 서사의 형성에 기여해야 한다. 이렇듯 구조적 공간과 실천적 공간, 온라인 공간과 오프라인 공간 간 균형이라는 전제에 기반해 각 차원에서 대체현실게임의 특성을 접목해 도출한 스토리텔링 요소는 다음과 같다.

먼저 이미 존재하거나 잘 알려진 서사의 차용을 통해 방문 시 친숙함을 느끼고 보다 몰입하게 하기 위한 '환기적 공간'에 있어서는 세 가지 요소를 도출하였다.

첫째, '프랜차이즈 IP' 등 익숙한 서사에 기반하는 것이다. 이 경우 플레이어들은 원본 서사의 연장선에서 서사를 이해하므로 공간, 캐릭터, 상황 등에 대해 미리 정보를 들고 게임 공간에 입장한다. 이 때문에 상대적으로 용이하게 서사성을 획득할 수 있으며 이는 플레이어의 몰입을 향상시킨다. 각 분야 성공작인 〈Why So Serious?〉와 〈포켓몬GO〉가 모두 프랜차이즈 IP에 기반한다는 점은 이를 방증한다. 따라서 온·오프라인 매개 콘텐츠 개발 시에는 새로운 서사의 창작 대비 프랜차이즈 IP의 활용이 우선한다.

둘째, '현실의 시공간을 공유'하는 것이다. 날씨 등의 현실 정보가 가상에 동시에 반영되고, 현실에서 보거나 행한 것이 가상과 연결되면 플레이어들은 가상과 현실이 상호 영향을 주고받는 듯한 체험을 하게 된다. 이를 통해 두 공간의 경계는 모호해지고 플레이어는 보다 높은 몰입을 경험하게 된다. 특히 〈포켓몬GO〉의 쓰나미 피해 복구 사례와 같은 사회적 이슈의 반영은 현실이 가상에 반영될 뿐 아니라 게임 활동이 현실에 파급력을 갖는 것을 목격하게 함으로써 그 경계를 더욱 극적으로 허문다. 나아가 이는 매체를 둘러싼 사회문화적 상호작용의 일환으로 젠킨스가 구분한 '상호작용'과 '참여'에서 '참여'로의 전환 가능성을 보여준다. 따라서 온·오프라인을 매개하는 콘텐츠 개발 시에는 현실 정보의 반영뿐 아니라 사회적 이슈와 연계한 내러티브 형성을 고려할 필요가 있다.

셋째, '현실의 정체성 연계'이다. 오프라인 공간을 매개하는 경우, 현실의 정체성을 유지하는 것은 불신의 자발적 중지를 용이하게 해 가상의 실재성을 강화한다. 별도의 아바타를 상정하는 경우, 온라인과 오프라인에서 각각 분화된 정체성을 통해 두 공간의 분절을 경험하게 될 가능성이 있으며 몰입을 저해하는 결과를 초래할 수 있다. 따라서 온·오프라인 매개 콘텐츠 개발 시, 안면인식을 통한 아바타 생성 지원 등 현실 정체성과의 접점을 늘리기 위한 요소를 반영할 수 있다. 실제 최근 국내외에서 주목받고 있는 네이버Z의 AR 아바타 서비스 〈제페토(ZEPETO)〉의 경우 안면인식 기능을 활용한 아바타 생성을 통해 몰입을 이끌어내고 있다.

이어, 공간에 정보를 삽입해 서사 전개와 관련한 단서를 제공함으로써 플레이어의 몰입 저하 없이 서사를 제어하는 '내재적 서사'에 있어서는 '내러티브 정보의 삽입'이라는 요소를 도출하였다. 단서 배치를 중심으로 한 스토리 전개는 '밝혀져야 하는 스토리'와 '탐정'으로서의 역할 놀이를 통해 강한 몰입을 이끌어낸다. 더불어 이는 참여를 통해 서사를 완성하고 완성한 서사를 통해 다시 참여를 촉발하는 상호보완적 가능성을 제시한다. 따라서 온·오프라인 매개 콘텐츠 개발 시에는, 내러티브 정보를 담은 오브젝트를 온·오프라인 곳곳에 배치함으로써 참여와 몰입을 동시에 강화할 수 있다.

다음으로 이동성, 상호작용성 기반 미시서사를 통해 전체 플롯을 해치지 않으면서 상호작용성을 극대화하는 '발생적 이야기'에 있어서는 '공간과 상호작용하는 내러티브'를 도출하였다. 풍부한 미시서사의 형성은 플레이어의 자발적 이동이 전제되어야 하며 이를 가능케 하는 것은 공간성을 반영하는 서사이다. 온·오프라인 매개 콘텐츠는 그 매체적 특성을 반영해 집에서 플레이할 때와 도심 혹은 바다에서 플레이할 때 단순 시각적 변화뿐 아니라 '전혀 다른 스토리 경험'을 창출할 수 있어야 한다. 이를 통해 기술 기반 서사로서의 당위성을 획득할 수 있다.

예를 들어 〈포켓몬GO〉에서는 플레이 공간에 따라 출현 포켓몬이 달라졌다. 스토리텔링 없이 쓰인 기술, 즉 기술과 콘텐츠의 융합이 실패한 사례는 〈올레 캐치캐치〉에서 확인할 수 있었다. 이는 기술 기반으로 확보된 상호작용성만 있고 서사성은 없는 현시점 대부분의 실감기술 콘텐츠에 시사점을 제공한다.

마지막으로 플레이어들 간 사회적 소통에 기반해 이야기의 상호작용성을 강화하는 '창발적 서사'에 있어서는 다음과 같이 두 가지 요소를 도출하였다.

첫째, 지역성 기반 협력의 강화이다. 협력을 통한 문제 해결은 참여와 몰입을 극대화하며, 특히 물리적 공간에 기반하는 경우 지역성 기반 협력을 통해 효과를 배가할 수 있다. 따라서 온·오프라인 매개 상호작용 서사 개발 시, 지역성 기반 협력 요소를 가미함으로써 보다 적극적인 참여와 몰입을 이끌어낼 수 있다.

둘째, 실시간 소통이다. 소통의 형식은 직접적일수록 보다 강력한 상호작용성을 획득한다. 따라서 온·오프라인 매개 콘텐츠 개발 시, 서비스 내 채팅 기능 등 실시간 커뮤니케이션을 지원하고 촉진하기 위한 수단을 강구해야 한다. 무엇보다 이러한 요소들이 온라인과 오프라인 양 공간 모두에서 균형적으로 나타날 수 있도록 면밀한 설계 및 검토가 수반되어야 한다. 이를 통해 온·오프라인을 넘나드는 상호작용적 서사에서 상호작용성과 서사성을 조화로이 달성해 낼 수 있을 것으로 기대한다.

Ⅳ. 결 론

실감기술의 등장은 상호작용의 영역을 기존 컴퓨터 환경 내에서 오프라인으로 확장했다. 즉, 온라인과 오프라인, 가상과 현실을 넘나드는 상호작용이 등장한 것이다. 향후 수요 증가가 예상됨에 따라 온·오프라인 매개 인터랙티브 스토리텔링에 대한 연구 필요성이 대두되고 있다. 한편 상호작용성과 서사성의 충돌은 인터랙티브 스토리텔링 고유의 난제이다. 이러한 모순의 해결은 온·오프라인 매개 인터랙티브 스토리텔링에 있어서도 여전히 유효한 과제이다. 따라서 본 연구는 상호작용성과 서사성의 조화를 목표로, 온·오프라인 매개를 특징으로 하는 상호작용적 서사에서의 스토리텔링 구조를 제안한다.

이를 위해 기존 온라인 중심 인터랙티브 스토리텔링 연구를 바탕으로 오프라인 기반 상호작용 서사인 대체현실게임의 스토리텔링 구조를 접목하였다. 공간성을 특징으로 하는 Henry Jenkins의 '환경적 스토리텔링' 이론을 분석 틀로 대체현실게임 〈Why So Serious?〉와 대표적인 온·오프라인 매개 콘텐츠인 AR게임의 성공 사례 〈포켓몬GO〉를 함께 비교 분석함으로써, 온·오프라인을 매개하는 상호작용적 서사에서 플레이어의 참여와 몰입을 강화 및 약화시키는 요소를 파악하고, 온·오프라인 매개 콘텐츠 개발 시 대체현실게임으로부터 차용했거나 차용할 여지가 있는 특성을 도출하였다.

그 결과 AR게임과 같이 온·오프라인을 매개하는 인터랙티브 스토리텔링에서 상호작용성과 서사성 간의 균형을 달성하기 위해서는 첫째, 창작자가 의도를 가지고 설계한 구조적 공간과 플레이어의 상호작용에 의해 생성되는 실천적 공간 간 균형이 이루어져야 한다. 둘째, 온라인 공간과 오프라인 공간 간 균형이 이루어져야 한다. 즉 온라인과 오프라인 양 공간에 적절한 역할 분배가 이루어져 함께 서사의 형성에 기여해야 한다. 셋째, 현실의 시공간 공유, 지역성 기반 협력의 강화 등 오프라인의 공간성에 기반해 상호작용성과 서사성을 조화로이 달성해내는 대체현실게임의 특성을 차용할 필요가 있다.

한편, 실감기술의 진화 방향이 혼합현실(Mixed Reality) 등 오프라인 매개를 지향하고 있음에도 불구하고 2020년 전 세계를 강타한 팬데믹 이후 역으로 비대면 콘텐츠의 수요가 증가하고 있는 것이 사실이다. 이에 나이언틱은 실내 활동 요소 강화를 공표했고[30], 〈포켓몬GO〉는 비대면성을 강화하고 지역사회 복구를 지원하는 방향으로 다양한 변화가 수반되고 있다. 이 때문에 그 기술적 가능성과 산업적 매력도에도 불구하고 온·오프라인을 매개하는 콘텐츠의 활성화는 다소간 지연될 것으로 보인다.

그럼에도 불구하고 본 연구는 기존 온라인 내 상호작용을 중심으로 논의되었던 인터랙티브 스토리텔링의 영역을 오프라인으로까지 확장하고, 인터랙티브 스토리텔링에 있어서 상호작용 방식뿐 아니라 영역을 고려 요소로 제언한 데에 그 의의가 있다. 더불어 컨버전스가 가속화되는 가운데 온라인과 오프라인을 매개하는 스토리텔링의 기반연구로서 AR게임 등 향후 수요가 예상되는 실감기술 기반 콘텐츠 즉, 가상과 현실을 매개하는 콘텐츠의 개발에 방향을 제시할 것으로 기대한다. 끝으로 본 연구에서 제안한 스토리텔링 구조의 실제 적용을 통한 콘텐츠 개발 및 검증은 후속 연구를 통해 보완되어야 할 것이다.

I. 서 론
  1. 연구배경 및 연구목적
  2. 연구방법 및 연구범위

II. 이론적 배경
  1. COVID-19 발생의 경제사회 및
     문화적 상황
  2. OTT 플랫폼서비스의 시장동향

III. COVID19의 확산과 OTT 서비스
   의 관심도 관계
  1. 점유율 및 성장률 동향
  2. OTT 플랫폼 소비자의 관심 정도

IV. 연구설계
  1. 분석방법
  2. 조사대상 및 자료수집
  3. 설문지 구성
  4. OTT 플랫폼서비스 이용실태
  5. COVID-19 이후 OTT 플랫폼서
     비스 대체만족도

V. 결 론
  1. 연구의 요약
  2. 연구의 시사점
  3. 연구의 한계

COVID19와
OTT 플랫폼

I. 서 론

1. 연구배경 및 연구목적

COVID-19로 인해 세계는 정치, 경제, 사회, 문화적으로 큰 변화를 겪고 있다. 정치적으로 강대국의 위상은 퇴보하고 세계 주의를 폐기하는 선진국들이 늘고 있으며 경제적인 손실 또한 그 막대하다. 사회문화적으로 대면을 기본으로 하는 전통산업 의 실직은 이미 시작되고 있으며 문화예술계 또한 대면을 기반 으로 하는 박물관, 공연예술, 축제, 영화계까지 그 피해가 확산 되고 있다.

그러나 이러한 상황은 이미 시작된 4차 산업혁명의 변화에 가속력을 더하고 있다고 보는 것이 맞다. 비대면 기술을 기반으로 하는 산업의 급성장을 끌어내고 있는 것이다. 그 대표적인 예로 온라인 화상회의 플랫폼, 사이버보안 분야, 온라인 교육 분야, 온라인 교육 콘텐츠, 온라인 피트니스, 온라인/비디오게임, 엔터테인먼트 스트리밍 서비스(OTT), 배달, 온라인 쇼핑 등이 있고, 전통적인 산업이거나 비대면 서비스와 접목된 전통적인 산업분야 중 개인 보호장비, 오프라인 출판, 유아용 장난감, 대형 슈퍼마켓, 온라인 법률서비스, 제약, 청결제품, 원격의료 서비스, 온라인 원예제품 판매 분야, 전기자동차, 자전거 관련 등도 성장세가 가파르다(McKinsey, 2020).

COVID-19의 영향에 대한 연구로는 COVID-19로 인한 예술정책 동향(김미연, 2020), 글로벌 경제와 사회 전반에 끼친 영향(John Hiscotta, 2020; 한국문화관광연구원, 2020), 산업과 노동의 측면에서의 COVID-19의 영향(한국경제연구원, 2020; ILO, 2020) 등이 있다. 한편 OTT 플랫폼에 대한 연구자로는 Arshan Bhullar, Ritika Chaudhary(2020), Mark Hooper, Andrew Moyler, Richard Nicoll(2010) 등이 있으며 이들은 주로 미디어 소비와 선택요인에 대해 논하였다.

본 연구가 COVID-19와 OTT 플랫폼 시장의 관계에 주목하는 이유는 방송통신위원회가 2일 발표한 '2020년도 방송매체 이용 행태조사'에 따르면 서비스별 국내 OTT 이용률은 유튜브가 62.3%로 가장 높았고, 넷플릭스(16.3%), 페이스북(8.6%), 네이버TV(4.8%), 웨이브(3.2%), 티빙(3%), 아프리카TV(2.6%) 등이 뒤를 이었다. OTT 분야의 성장은 확인되고 있으나 시장성장과 COVID-19와의 상관관계에 대한 데이터 분석이 전무하기 때문이다. 기존에는 OTT에 대한 소비자 관심의 크기가 타 문화생활 대비 비교적 적었던 시장이지만, COVID-19의 발생으로 인하여 소비자 관심이 급증하였다고 볼 수 있는 다수의 데이터는 존재한다. 이는 COVID-19 신규발생 확진자 수의 추이와 OTT 플랫폼

검색트렌드를 비교하였을 때 분명하게 나타난다. 즉 COVID-19 신규발생 확진자 수가 급증하는 시점에 국내 최대 OTT 플랫폼인 넷플릭스에 대한 소비자 관심이 증가하는 현상이 대표적이다.

그러나 예술과 문화생활의 창작과 향유는 온라인에서만 대체 되지 않을 것이라 가정한다. 이에 COVID-19 확산으로 인한 OTT 플랫폼 이용자들의 실질적 만족도를 분석하고자 한다. COVID-19의 발생 전후 OTT 플랫폼에 대한 소비자 관심 정도를 분석하고, 더 나아가 OTT 플랫폼에 대한 기존 문화예술 대체만족도를 분석할 필요성이 있다.

2. 연구방법 및 연구범위

본 연구는 COVID-19로 인한 OTT 플랫폼서비스 문화예술 이용실태 및 대체만족도를 파악하는 데 목적이 있다. 이를 위해 COVID-19 이전 문화예술 이용실태와 OTT 플랫폼서비스 이용실태를 알아보고, COVID-19로 인한 OTT 플랫폼서비스 문화예술 이용실태 및 대체만족도를 알아봄으로써, COVID-19 이후 OTT 플랫폼서비스를 통한 다양한 문화예술 활동 방안을 도출하고자 하였다.

본 연구를 위한 설문지는 크게 4개 영역으로 구성하였다. 먼저 COVID-19 이전 문화예술 이용실태는 COVID-19 이전에 주로 관람하던 문화예술, 문화예술 관람횟수, 문화예술 관람 동반자, 문화예술 관람 지출비용, 문화예술 주 이용 시간대, 문화예술 관련 정보습득 경로, 문화예술 관람 시 가장 중요하게 생각하는 요소, 문화예술 관람 시 가장 큰 어려움, 문화예술 활동에 미치는 영향 여부 등 9문항의 명목척도로 구성하였고, OTT 플랫폼서비스 이용실태는 OTT 플랫폼서비스 이용 여부, COVID-19 이전 OTT 플랫폼서비스 이용 여부, OTT 플랫폼서비스 이용빈도, OTT 플랫폼서비스 이용시간, 주로 이용하는 OTT 플랫폼서비스, 주로 이용하는 OTT 플랫폼서비스 디바이스, OTT 플랫폼서비스 월 평균 지출비용, OTT 플랫폼서비스 이용방법 등 8문항의 명목척도로 구성하였다.

본 연구의 대상은 OTT 플랫폼서비스 이용경험이 있는 10-50대 이상 남녀 300명으로, 2021년 10월 14일부터 10월 28일까지 설문조사를 실시하였다. 조사방법은 연구의 취지를 설명한 후 자기기입식 설문조사방법(self-administered questionnaire survey method)을 채택하였으며, 구조화된 설문지를 통해 설문조사자가 현장에서 직접 방문자들에게 연구의 취지를 설명한 후 자료를 수집하였다. 배포된 설문지는 총 300부로 이 중 271부가 회수되었고, OTT 플랫폼서비스 이용경험이 없거나 주요 측정항목에 대해 불완전한 응답지 44부를 제외한 227부가 유효 설문지로 간주되었다.

분석방법은 조사된 설문지의 통계 분석을 위해 SPSS 21.0 통계 프로그램을 이용하여 분석을 실시하였다. 구체적으로 다음과 같은 분석을 실시하였다.

첫째, 조사대상자의 인구통계학적 특성을 파악하기 위해 빈도분석을 실시하였다. 둘째, COVID-19 이전 문화예술 이용실태를 알아보고, 조사대상자의 인구통계학적 특성에 따라 차이가 있는지를 알아보기 위하여 교차분석을 실시하였다. 셋째, OTT 플랫폼서비스 이용실태를 알아보고, 조사대상자의 인구통계학적 특성에 따라 차이가 있는지를 알아보기 위하여 교차분석을 실시하였다. 넷째, COVID-19 이후 OTT 플랫폼서비스 대체만족도를 알아보고, 조사대상자의 인구통계학적 특성에 따라 차이가 있는지를 알아보기 위하여 교차분석, 독립표본 t-test 및 일원변량분석(One way ANOVA)을 실시하였으며, 사후검정 방법으로는 Duncan test를 실시하였다.

다음 [그림 1-1]은 연구흐름을 구성한 것이다.

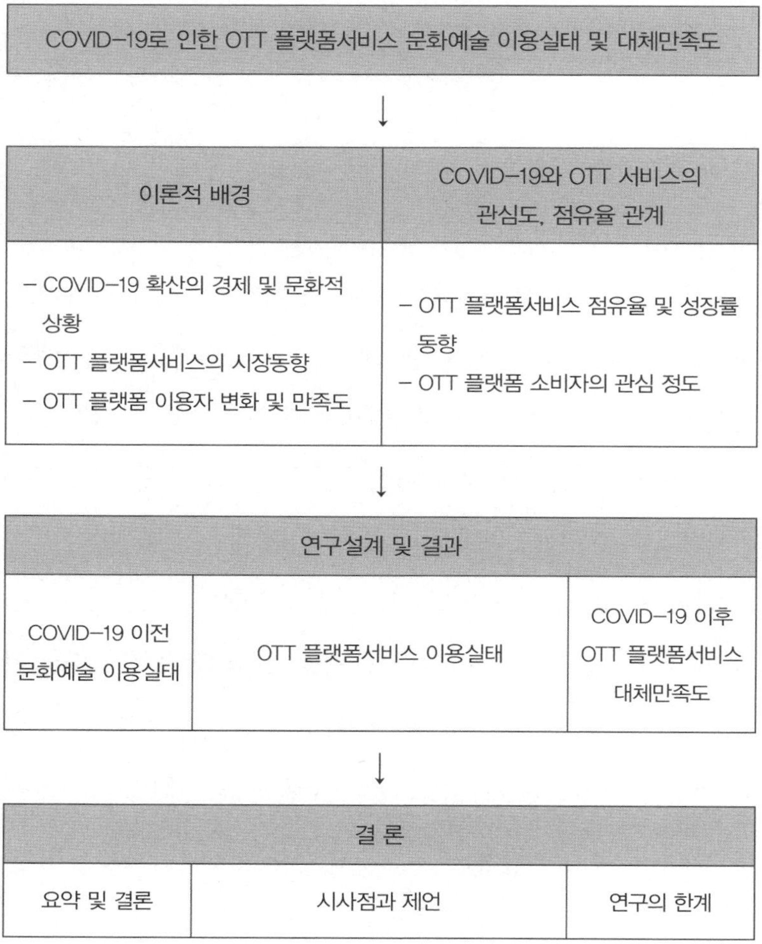

COVID-19로 인한 OTT 플랫폼서비스 문화예술 이용실태 및 대체만족도

↓

이론적 배경	COVID-19와 OTT 서비스의 관심도, 점유율 관계

– COVID-19 확산의 경제 및 문화적
  상황
– OTT 플랫폼서비스의 시장동향
– OTT 플랫폼 이용자 변화 및 만족도
	– OTT 플랫폼서비스 점유율 및 성장률
	  동향
	– OTT 플랫폼 소비자의 관심 정도

↓

연구설계 및 결과		
COVID-19 이전 문화예술 이용실태	OTT 플랫폼서비스 이용실태	COVID-19 이후 OTT 플랫폼서비스 대체만족도

↓

결 론		
요약 및 결론	시사점과 제언	연구의 한계

[그림 1-1] 연구흐름

II. 이론적 배경

1. COVID-19 발생의 경제사회 및 문화적 상황

2019년 12월 말 중국 후베이 성에서 시작된 COVID-19에 대해 WHO는 2020년 2월 23일, 감염병 위기경보 단계를 '경계'에서 최고단계인 '심각'으로 격상했고 3월 11일 세계적 대유행, '팬데믹(Pandemic)'을 선언하기에 이르게 된다. 그러나 COVID-19로 야기된 팬데믹 상황이 경제적 사회적으로 전 세계에 끼친 영향은 아직 연구 결과가 나오기 힘들 정도로 막대하고 광범위하다. 단순한 수치로만 비교를 해도 팬데믹으로 인해 세계 주요 국가들은 2019년 글로벌 GDP(국내 총생산)에서 2.4% 이상의 손실을 기록한 것으로 예상되고 있으며, 2020년 세계 경제 성장률을 -3.0~-8.1% 정도로 전망되고 있다(한국문화관광연구원, 2020). 그리고 경제학자들은 2019년 약 86.6조 달러로 추산되는 세계 GDP를 기준으로 2020년 글로벌 경제 성장률이 최소 0.4% 이상 감소하고 이로 인한 경제손실이 최소 3.5조 달러에 이를 것으로 예상하고 있다(John Hiscotta, 2020).

사회적 거리두기의 영향으로 대면을 기본으로 하는 전통적인 산업은 위기를 맞은 반면 온라인쇼핑, 증강가상현실, OTT, 원격의료 등 비대면 산업이 부상하고, 전통 제조업들도 IoT, 빅데이터, 인공지능, 로봇 등을 접목하여 모든 공정을 4차 산업혁명 기술로 제어하는 생산방식으로의 전환을 가속화하고 있다(한국경제연구원, 2020). 그리고 이로 인한 2021년 노동 인구는 1/4분기 4.5%(1.3억 명), 2/4분기 10.5%(3.05억 명) 감소할 것으로 예측되고 있다(ILO, 2021).

이와 같은 상황은 국내도 크게 다르지 않아서 경제, 사회, 문화적으로 광범위한 피해가 발생하고 있으며 경제적으로는 실물경제의 위축이 자금경색, 기업부도, 금융위기, 실물위기로 이어지는 복합 경제위기가 지속될 우려가 이어지고 있고, 경제성장률도 −0.1%(블룸버그)~−1.2%(IMF)로 예측되고 있다. 그리고 노동 시장 또한 COVID−19로 인한 비대면 상황과 4차 산업혁명 가속화에 따라 일자리 대체, 플랫폼 노동 증가, GIG 노동의 가속화 등의 우려가 현실화 되어가고 있다(한국노동연구원, 2020).

문화예술 분야도 예외는 아니다. COVID−19는 현장성을 필수로 하는 작품개발, 창작, 유통, 소비 등 문화예술생태계의 가치사슬 전반에 영향을 크게 미치고 있다. 먼저, COVID−19로 인한 전 세계적인 봉쇄조치, 사회적 거리두기, 격리, 방역지침은 문화시설의 휴관, 공연·전시·축제 등의 취소로 이어져 문화예술활동의 중단과 심대한 위축을 가져왔다(김미연, 2020).

문화체육관광부가 예술활동 증명완료자를 대상으로 2020년 4

월에 조사한 결과[26]에 따르면 COVID-19로 예술활동이 취소·연기된 예술인은 87.4%이며, 일방적 계약해지(40.5%), 계약기간 축소(20%), 임금 미지급(14%), 기타(25.5%, 계약연장 거절 등) 등의 고용피해가 발생하고 있는 것으로 나타났다(한국문화관광연구원, 2020).

〈표 2-1〉 공연 및 전시 분야 매출액 피해 추정(2020.1월~6월)

(단 위: 건, 백만 원)

구 분	공 연	전 시
2017.1~6월	9,298	7,435
2018.1~6월	10,128	7,611
2019.1~6월(p)	11,032	7,791
2020.1~6월(p)	12,017	7,076
코로나 피해율 반영(p)	5,560	6,451
취소된 건수(p)	6,457	1,525
건당 매출액(백만 원)	20.3	43.7
코로나19 피해금액(백만 원)	82,258	66,598

(출처: 한국문화관광연구원 2020, COVID-19가 문화예술 분야에 미친 영향과 향후 과제)

---

01) 문체부의 조사는 예술활동 증명완료자 76, 201명에 대해 2020.4.20.~4.26.에 걸쳐 온라인설문으로 이루어졌으며, 24, 330명이 응답했다.

이러한 문화예술계의 상황은 관객 유튜브 같은 소셜미디어와 OTT와 같은 비대면 콘텐츠 시장으로 유입이 나타나고 있다(과학기술정보통신부, 2020).

2. OTT 플랫폼서비스의 시장동향

1) OTT 서비스의 국내외 시장동향

미국 연방통신위원회(FCC)는 OTT 플랫폼에 대해 "인터넷을 통해 소비자에게 비디오 프로그래밍 콘텐츠를 전달하는 온라인 비디오 유통"으로 규정하고 있으며 OTT 서비스를 다중채널 비디오 프로그래밍 배포자(MVPD)와 온라인 비디오 배포자(OVD) 두 그룹으로 분류하고 있다(FCC, 2016).

그리고 사용자는 OTT 플랫폼을 통해 콘텐츠를 직접 선택하는 것부터 보고 싶은 스마트 기기를 선택하는 것까지 미디어 소비를 제어할 수 있게 되었다(Arshan & Bhullar & Ritika Chaudhary, 2020).

글로벌 OTT 시장은 2019년 851억 6,000만 달러로 평가됐으며, 2019~2025년의 기간 동안 13.87%의 CAGR을 기록해 2025년에는 1,942억 2,000만 달러 규모에 이를 것으로 예상된다(Businesswire.com, 2021).

그러나 이는 COVID-19로 야기된 OTT 시장의 폭발성을 감안하지 않은 예측으로 실제로 어느 정도의 성장세를 이어갈지 현 단계에서 정확한 예상은 불투명하다.

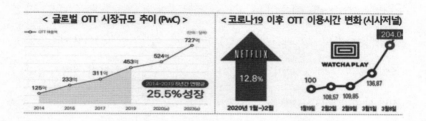

[그림 2-1]

(출처: 과학기술정보통신부, 2020글로벌 OTT 시장규모 추이 및 COVID-19 이후
OTT 이용시간 변화)

OTT 시장의 주요 성장요인은 스마트 기기의 성장과 인터넷 환경개선에 기반하고 있다(Mark Hooper, Andrew Moyler, Richard Nicoll, 2010). 최근에 소비자의 OTT 플랫폼 주요 선택요인은 사용자 편의성, 콘텐츠 품질, 인지된 즐거움[27](Perceived enjoyment, PEN) 및 사용자 인터페이스 등으로 연구되고 있다(Arshan Bhullar, Ritika Chaudhary, 2020). 또한, OTT 업체들은 OTT 앱을 통해 수집된 고객 정보를 통해 콘텐츠의 현지화를 이루었고 이를 통해 글로벌 수익의 폭을 더욱 늘리고 있는 상황이다

---

027) 인지적 즐거움(PEN)은 예상할 수 있는 성능 결과와 별도로 기술을 사용하는 활동이 그
자체로 즐거움으로 인식되는 정도를 의미한다(Davis, Bagozzi, & Warshaw, 1992)

(Financial Express, 2020). 그러나 글로벌 OTT 시장의 성장이 국내업체에도 그대로 적용되는 것만은 아니다.

2019년 대비 2020년의 국내 동영상 서비스 이용률은 81.2%에서 92.7%로 11.5%p(포인트) 증가했고, 같은 기간 하루에 1회 이상 동영상 서비스를 이용하는 비율은 73.7%에서 75.7%로, 일주일 평균 이용시간도 4.5시간에서 6.0시간으로 늘었다. 특히 10대의 일주일 평균 동영상 서비스 이용시간이 가장 크게 증가하여 7.9시간(전년 대비 3.1시간 증가)을 기록했다(과학기술정보통신부, 2020).

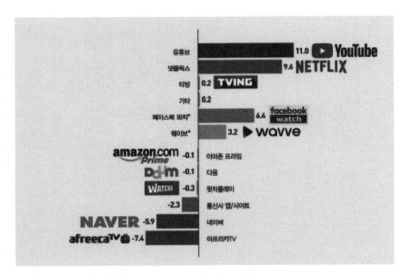

[그림 2-2] 동영상 서비스 이용 앱/사이트, 출처: 과기정통부
[그림 2-3] (1+2+3 순위, 2019년 대비 2020년 응답률의 증감, %p).

[그림 2-2]와 같이 COVID-19로 인해 국민들의 인터넷 이용시간과 이용률의 증가하는 동안 유튜브와 넷플릭스는 이용자를 각각 11.0%, 9.6%로 늘었다. 이는 COVID-19로 미술관, 영화관, 연극, 전시, 영화관 대면 문화예술 관람이 힘들어진 관객이 비대면 OTT 콘텐츠 이용으로 옮겨간 것으로 해석이 가능하다.

Ⅲ. COVID19의 확산과 OTT 서비스의 관심도 관계

1. 점유율 및 성장률 동향

본 연구는 COVID19의 확산과 OTT 서비스의 관심도 관계를 검증하기 위해 네이버 검색량을 기준으로 국내 소비자의 관심 정도를 분석하였다. 분석 대상 플랫폼 전체의 합을 시장 전체로 정의하여, 각 OTT 플랫폼의 점유율을 분석하였다. 또한, COVID-19의 최초 발생 시점인 2019년 12월 31일을 기점으로, 2019년 검색량과 2020년 검색량을 비교·분석하여 소비자 관심 정도 변화를 분석하였다.

먼저, 네이버에서 OTT 플랫폼 전체 검색 총량은 2019년 38,377,695건에서 2020년 74,324,800건으로 94% 증가된 것으로 나타났으며, 전반적으로 모든 OTT 플랫폼의 검색량이 증가됨에 따라 OTT 플랫폼에 대한 소비자 관심 정도가 향상된 것으로 볼 수 있다.

또한, 2019년과 2020년 각각 OTT 플랫폼 점유율 분석결과를 시각화하면 [그림 3-1]과 같다. 2019년과 2020년 모두, 여전히 점유율 1, 2위를 보이는 것은 넷플릭스와 티빙이다. 그러나 주목할 점은 이들의 점유율 파이(Pie)는 줄어들었고, 그 외 플랫폼들의 점유율이 증가하였다는 점이다. 그렇다면 플랫폼별로 얼마나 변화하였는지 소비자 관심 정도를 상세 분석하도록 하겠다.

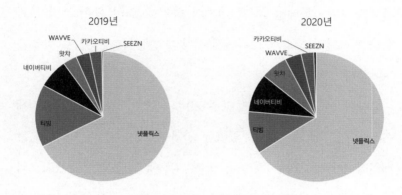

[그림 3-1] 2019, 2020년 OTT 플랫폼 점유율 분석 결과

(출처: 네이버 데이터랩 데이터 분석)

OTT 플랫폼별 소비자 관심 정도 분석 결과는 〈표 3-1〉과 같이 정리된다. 2019년과 2020년 모두, 시장 내 검색량 대부분을 차지하는 것은 넷플릭스와 티빙이다. 넷플릭스와 티빙이 국내 OTT 시장의 80%를 견인한다고 볼 수 있다.

따라서 본 연구에서 이들을 상위 80%라고 정의한다. 그 외 플랫폼을 하위 20% 플랫폼으로 정의한다. 이에 해당하는 플랫폼은 네이버티비, 왓챠, WAVVE, 카카오티비, SEEZN이다.

그러나 2019년 대비 2020년 점유율의 변화를 살펴보면 넷플릭스와 티빙의 점유율은 마이너스(-) 변화가 있는 반면, 그 외

20%에 해당하는 OTT 플랫폼들은 플러스(+)의 변화를 보인다. 점유율 변화가 가장 큰 것은 왓챠(3.1%p)와 네이버티비(2.4%p)인데, 이들은 시장 전체에서 각각 점유율 3위, 4위에 위치한 플랫폼이다. 이는 롱테일법칙에 의하여 하위 20%의 합이 소비자 관심을 받으면서 장기적으로 전체 시장의 성장에 기여할 수 있음을 보여준다.

성장률 분석 결과에서도 하위 20%의 합이 장기적으로는 전체 시장의 성장에 기여할 수 있다는 결과를 보여주는데 이 역시 롱테일법칙에 부합하는 것이다. 상위 80%에 해당하는 넷플릭스와 티빙의 성장률은 각각 89%와 31%로, 각각의 성장률이 100%가 되지 않는다.

OTT 플랫폼	2019년 검색량 (점유율)	2020년 검색량 (점유율)	점유율 변화	성장률
넷플릭스	25, 856, 719 (67.4%)	48, 922, 400 (65.8%)	−1.6%p	89%
티 빙	6, 010, 648 (15.7%)	7, 866, 400 (10.6%)	−5.1%p	31%
네이버티비	2, 761, 515 (7.2%)	7, 152, 400 (9.6%)	2.4%p	159%
왓 챠	1, 269, 981 (3.3%)	4, 779, 100 (6.4%)	3.1%p	276%
WAVVE	1, 272, 250 (3.3%)	2, 911, 900 (3.9%)	0.6%p	129%
카카오티비	1, 107, 792 (2.9%)	2, 253, 200 (3.0%)	0.1%p	103%
SEEZN	98, 790 (0.3%)	439, 400 (0.6%)	0.3%p	345%
전 체	38, 377, 695	74, 324, 800	−	93.7%

(출처: 네이버 데이터랩 데이터 분석)

반면, 하위 20%에 해당하는 플랫폼들의 성장률은 각각 100% 이상을 기록하고 있다. 그중 성장률이 가장 큰 플랫폼은 SEEZN(345%), 왓챠(276%)이다. 하위 20%의 플랫폼들의 성장률이 상위 80%의 플랫폼의 성장률보다 월등히 높은 것은 장기적으로 보면 하위 20%의 플랫폼들의 합이 전체 시장의 성장을 견인할 수 있다고 볼 수 있다.

이와 같이 2019년 대비 2020년 점유율 변화 및 성장률을 분석하였을 때, 하위 20%의 플랫폼들이 두드러진 성장을 보이고 있다. COVID-19의 발생 전후를 연계분석하였을 때, 발생 전인 2019년 대비 발생 후인 2020년에 플랫폼 점유율이 하위 20%에도 분산되는 추세를 보였으며, 성장률 또한 이를 뒷받침한다.

이는 COVID-19 발생으로 인해, 소비자들이 영화, 공연 등 문화생활을 즐길 수 있는 공간이 온라인 서비스인 OTT로 제한되면서, OTT 플랫폼 시장에 대한 소비자 관심 정도가 증가한 것으로 보여진다.

2. OTT 플랫폼 소비자의 관심 정도

본 연구는 국내 COVID-19 확진자 수에 따른 OTT 플랫폼에 대한 소비자 관심의 변화를 알아보기 위하여, COVID-19

확진자 수 데이터는 중앙안전대책본부 데이터를 활용하였다. COVID-19 일자별 확진자 수와 OTT 플랫폼 일자별 검색량에 대해 상관분석 및 회귀분석을 진행하여 상관성과 영향 정도를 분석하였다.

우선, 국내 COVID-19 확진자 수와 OTT 플랫폼 소비자 관심 정도의 상관분석 결과는 〈표 3-2〉와 같이 정리되며, 이때 COVID-19 확진자 수는 신규 발생 확진자 수를 기준으로 분석하였다.

분석 결과 국내 COVID-19 확진자 수는 전체 OTT 플랫폼 소비자 관심 정도(r=.356, p<.001)와 통계적으로 의미 있는 정(+)의 상관관계가 있는 것으로 나타났다.

또한, OTT 플랫폼별 살펴보면 국내 COVID-19 확진자 수는 티빙(r=.335, p<.001), 왓챠(r=.467, p<.001), WAVVE(r=.165, p<.01), 카카오티비(r=.222, p<.001), SEEZN(r=.203, p<.01) 등으로 통계적으로 유의미한 정(+)의 관계가 있는 것으로 나타났다.

즉, 국내 COVID-19 확진자 수가 늘어날수록 전체 OTT 플랫폼 소비자 관심 정도는 높게 나타나는 경향을 보였고, OTT 플랫폼별 티빙, 왓챠, WAVVE, 카카오티비, SEEZN에 대한 관심 정도도 높은 것으로 볼 수 있다.

〈표 3-2〉 COVID-19 확진자 수와 OTT 플랫폼 소비자 관심 정도의 상관관계

구 분		코로나19 확진자 수	OTT플랫폼							
			넷플릭스	티 빙	네이버티비	왓 챠	WAVVE	카카오티비	SEEZN	전 체
국내 코로나19 확진자 수		1								
O T T 플 랫 폼	넷플릭스	-.032	1							
	티 빙	.335***	.265***	1						
	네이버티비	.034	-.127*	-.002	1					
	왓 챠	.467***	.312***	.235***	-.044	1				
	WAVVE	.165**	.026	-.006	.013	.080	1			
	카카오티비	.222***	-.110	.043	-.067	.064	-.012	1		
	SEEZN	.203**	-.061	.250***	.029	.036	-.004	.098	1	
	전 체	.356***	.630***	.391***	.011	.519***	.254***	.590***	.085	1

*p<.05, **p<.01, ***p<.001

(출처 : 연구자 자체분석)

내 COVID-19 확진자 수가 OTT 플랫폼 소비자 관심 정도에 미치는 영향을 파악하기 위하여 단순회귀분석을 수행한 결과는 〈표 3-3〉과 같다. 먼저 전체 OTT 플랫폼 소비자 관심 정도에 있어 회귀모형의 설명력은 12.7%이고 통계적으로 유의미한 것으로 확인되었다(F=37.018, p<.001). 즉, 국내 COVID-19 확진자 수(β=.356, p<.001)는 전체 OTT 플랫폼 소비자 관심 정도에 유의미한 정(+)의 영향을 끼치는 것으로 나타났다. 따라서 국내 COVID-19 확진자 수가 늘어날수록 전체 OTT 플랫폼 소비자 관심 정도도 높아지는 것으로 볼 수 있다.

〈표 3-3〉 국내 COVID-19 확진자 수가 OTT 플랫폼 소비자 관심 정도에 미치는 영향

종속변수	독립변수	β	t	p	F(p)	R^2 (Adj. R^2)
전 체	(상수)		59.774	.000	37.018*** (.000)	.127 (.123)
	국내 코로나19 확진자 수	.356	6.084***	.000		
넷플릭스	(상수)		65.545	.000	.259 (.611)	.001 (−.003)
	국내 코로나19 확진자 수	−.032	−.509	.611		
티 빙	(상수)		40.117	.000	32.327*** (.000)	.113 (.109)
	국내 코로나19 확진자 수	.335	5.686***	.000		
네이버 티비	(상수)		44.005	.000	.299 (.585)	.001 (−.003)
	국내 코로나19 확진자 수	.034	.547	.585		
왓 챠	(상수)		14.379	.000	71.227***	.218 (.215)
	국내 코로나19 확진자 수	.467	8.440***	.000		
WAVVE	(상수)		6.547	.000	7.096**	.027 (.023)
	국내 코로나19 확진자 수	.165	2.664**	.008		
카카오 티비	(상수)		.887	.376	13.167***	.049 (.045)
	국내 코로나19 확진자 수	.222	3.629***	.000		
SEEZN	(상수)		28.849	.000	10.968**	.041 (.037)
	국내 코로나19 확진자 수	.203	3.312**	.001		

**p<.01, ***p<.001

(출처: 연구자 자체분석)

또한, 국내 COVID-19 확진자 수와 OTT 플랫폼별 소비자 관심 정도 F를 살펴보면 티빙(β=.335, $p<.001$), 왓챠(β=.647, $p<.001$), WAVVE(β=.165, $p<.01$), 카카오티비(β=.222, $p<.001$), SEEZN(β=.203 $p<.01$) 등으로 나타나 모든 플랫폼에서 유의미한 정(+)의 영향을 끼치는 것으로 나타났다.

Ⅳ. 연구설계

1. 분석방법

조사된 설문지의 통계 분석을 위해 SPSS 21.0 통계 프로그램을 이용하여 분석을 실시하였다. 구체적으로 다음과 같은 분석을 실시하였다.

첫째, 조사대상자의 인구통계학적 특성을 파악하기 위해 빈도분석을 실시하였다.

둘째, COVID-19 이전 문화예술 이용실태를 알아보고, 조사대상자의 인구통계학적 특성에 따라 차이가 있는지를 알아보기 위하여 교차분석을 실시하였다.

셋째, OTT 플랫폼서비스 이용실태를 알아보고, 조사대상자의 인구통계학적 특성에 따라 차이가 있는지를 알아보기 위하여 교차분석을 실시하였다.

넷째, COVID-19 이후 OTT 플랫폼서비스 대체만족도를 알아보고, 조사대상자의 인구통계학적 특성에 따라 차이가 있는지를 알아보기 위하여 교차분석, 독립표본 t-test 및 일원변량분석(One way ANOVA)을 실시하였으며, 사후검정 방법으로는 Duncan test를 실시하였다.

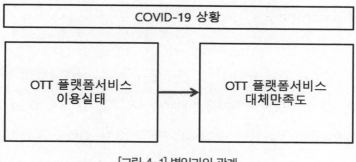

[그림 4-1] 변인과의 관계

2. 조사대상 및 자료수집

본 연구의 대상은 OTT 플랫폼서비스 이용경험이 있는 10-50대 이상 남녀 300명으로, 2021년 10월 14일부터 10월 28일까지 설문조사를 실시하였다. 조사방법은 연구의 취지를 설명한 후 자기기입식 설문조사방법(self administered questionnaire survey method)을 채택하였으며, 구조화된 설문지를 통해 설문조사자가 현장에서 직접 방문자들에게 연구의 취지를 설명한 후 자료를 수집하였다. 배포된 설문지는 총 300부로 이 중 271부가 회수되었고, OTT 플랫폼서비스 이용경험이 없거나 주요 측정항목에 대해 불완전한 응답지 44부를 제외한 227부를 유효 설문지로 간주하였다.

3. 설문지 구성

본 연구를 위한 설문지는 크게 4개 영역으로 구성하였다. 먼저 COVID-19 이전 문화예술 이용실태는 COVID-19 이전에 주로 관람하던 문화예술, 문화예술 관람횟수, 문화예술 관람 동반자, 문화예술 관람 지출비용, 문화예술 주 이용 시간대, 문화예술 관련 정보습득 경로, 문화예술 관람 시 가장 중요하게 생각하는 요소, 문화예술 관람 시 가장 큰 어려움, 문화예술 활동에 미치는 영향 여부 등 9문항의 명목척도로 구성하였고, OTT 플랫폼서비스 이용실태는 OTT 플랫폼서비스 이용 여부, COVID-19 이전 OTT 플랫폼서비스 이용 여부, OTT 플랫폼서비스 이용빈도, OTT 플랫폼서비스 이용시간, 주로 이용하는 OTT 플랫폼서비스, 주로 이용하는 OTT 플랫폼서비스 디바이스, OTT 플랫폼서비스 월평균 지출비용, OTT 플랫폼서비스 이용방법 등 8문항의 명목척도로 구성하였다.

또한, COVID-19 이후 OTT 플랫폼서비스 대체만족도는 COVID-19 이후 OTT 플랫폼서비스의 이용량 증가 정도, COVID-19 이후 OTT 플랫폼서비스를 통한 문화예술 활동의 장점, COVID-19 이후 OTT 플랫폼서비스의 문화예술 활동 대체 가능 정도, COVID-19 이후 OTT 플랫폼서비스의 문화예술

활동 대체만족도, COVID-19 이후 OTT 플랫폼서비스의 장르불문 전체적 만족도, COVID-19 이후 OTT 플랫폼서비스의 문화예술 활동 대체에 대한 기대충족 정도, COVID-19 종식 후 OTT 플랫폼서비스 지속이용의향, COVID-19 종식 후 OTT 플랫폼서비스 지속이용 이유 등 25문항의 명목척도, Likert 5점 척도로 구성하였고, 인구통계학적 변수들은 성별, 연령, 결혼 여부, 최종 학력, 직업, 월평균 소득 등 6문항의 명목척도로 구성하였다. 이상의 내용을 바탕으로 설문지를 구성하여 다음 〈표 4-1〉과 같다.

<표 4-1> 설문지 구성

구 분	변수 내용	문항수	척 도	출 처
COVID-19 이전 문화 예술 이용실태	− 주로 관람하던 문화예술 − 문화예술 관람횟수 − 문화예술 관람 동반자 − 문화예술 관람 지출비용 − 문화예술 주 이용 시간대 − 문화예술 관련 정보습득 경로 − 문화예술 관람 시 중요 요소 − 문화예술 관람 시 가장 큰 어려움 − 문화예술 활동에 미치는 영향 여부	9	명목 척도	문화 관광부, 한국문화 관광정책 연구원 (2006), 장보라 (2009)

OTT 플랫폼 서비스 이용실태	− OTT 플랫폼서비스 이용 여부
	− COVID-19 이전 OTT 플랫폼서비스
	  이용 여부
	− OTT 플랫폼서비스 이용빈도
	− OTT 플랫폼서비스 이용시간
	− 주로 이용하는 OTT 플랫폼서비스
	− 주로 이용하는 OTT 플랫폼서비스
	  디바이스
	− OTT 플랫폼서비스 월평균 지출비용
	− OTT 플랫폼서비스 이용방법
		8	명목
			척도
				김민주
				(2018),
				안선주
				(2021)

구 분	변수 내용	문항 수	척 도	출 처
COVID-19 이후 OTT 플랫폼 서비스 대체만족도	- COVID-19 이후 OTT 플랫폼서비스 의 이용량 증가 정도 - COVID-19 이후 OTT 플랫폼서비스 를 통한 문화예술 활동의 장점 - COVID-19 이후 OTT 플랫폼서비스 의 문화예술 활동 대체 가능 정도 - COVID-19 이후 OTT 플랫폼서비스 의 문화예술 활동 대체만족도 - COVID-19 이후 OTT 플랫폼서비스 의 장르 불문 전체적 만족도 - COVID-19 이후 OTT 플랫폼서비스 의 문화예술 활동 대체에 대한 기대 충족 정도 - COVID-19 종식 후 OTT 플랫폼서비스 지속이용의향 - COVID-19 종식 후 OTT 플랫폼서비스 지속 이용 이유	25	명목 척도 ikert 5점	문화체육 관광부 (2018), 김효석 (2020), 이장석 (2020), 안선주 (2021)
인구 통계 학적 특성	- 성별 - 연령 - 결혼 여부 - 최종 학력 - 직업 - 월평균 소득	6	명목 척도	-
전 체		48		

4. OTT 플랫폼서비스 이용실태

다음은 OTT 플랫폼서비스 이용실태를 알아보고, 조사대상자의 인구통계학적 특성에 따라 차이가 있는지를 알아보기 위하여 교차분석을 실시한 결과이다.

1) COVID-19 이전 OTT 플랫폼서비스 이용 여부

COVID-19 이전 OTT 플랫폼서비스 이용 여부에 대해 분석한 결과는 〈표 5-11〉과 같다. 분석 결과 전체적으로 볼 때, 178명(78.4%)은 COVID -19 이전부터 OTT 플랫폼서비스를 이용한 것으로 나타났고, 49명(21.6%)은 COVID-19 이후부터 OTT 플랫폼서비스를 이용한 것으로 나타났다.

조사대상자의 인구통계학적 특성에 따라서는 통계적으로 유의미한 차이가 나타나지 않았다(p>.05).

2) OTT 플랫폼서비스 이용빈도

OTT 플랫폼서비스 이용빈도에 대해 분석한 결과는 〈표 5-12〉와 같다. 분석 결과 전체적으로 볼 때, '매일' 79명(34.8%), '주 2~4회' 81명(35.7%), '주 1회' 31명(13.7%), '2주 1회' 12명(5.3%), '월

1회' 24명(10.6%)으로 나타나 대체로 주 2~4회 정도 OTT 플랫폼 서비스를 이용하는 것으로 볼 수 있다.

조사대상자의 인구통계학적 특성에 따라서는 연령, 직업에 따라 통계적으로 유의미한 차이가 나타났다(p<.01). 먼저 연령에 따라서는 30대의 경우 대체로 매일 이용하는 것으로 나타났으나 20대 이하나 40대의 경우 주 2~4회 정도 이용하는 것으로, 50대 이상의 경우 월 1회 정도 이용하는 것으로 나타나 차이를 보였고, 직업에 따라서는 전문직, 공무원, 회사원의 경우 대체로 매일 이용하는 것으로 나타났으나 학생, 자영업, 프리랜서의 경우 주 2~4회 정도 이용하는 것으로 나타났다.

3) OTT 플랫폼서비스 이용시간

OTT 플랫폼서비스 이용시간에 대해 분석한 결과는 〈표 5-13〉과 같다. 분석 결과 전체적으로 볼 때, '2시간 미만' 126명(55.5%), '2~4시간 미만' 81명(35.7%), '4~6시간 미만' 16명(7.0%), '6시간 이상' 4명(1.8%)으로 나타나 대체로 하루 평균 2시간 미만 OTT 플랫폼서비스를 이용하는 것으로 볼 수 있다.

조사대상자의 인구통계학적 특성에 따라서는 결혼 여부에 따라 통계적으로 유의미한 차이가 나타났으며(p<.05), 다소 차이는 있으나 미혼이나 기혼 모두 40% 이상이 하루 평균 2시간 미만

OTT 플랫폼서비스를 이용하는 것으로 나타났다.

4) 주로 이용하는 OTT 플랫폼서비스

주로 이용하는 OTT 플랫폼서비스에 대해 분석한 결과는 〈표 5-14〉와 같다. 분석 결과 전체적으로 볼 때, '넷플릭스'가 169명 (74.4%)으로 가장 높게 나타났고, 'WAVVE' 20명(8.8%), '티빙' 19명 (8.4%), '왓챠' 9명(4.0%), '네이버 티비'와 'SEEZN'이 각 3명(1.3%), '카카오 티비' 2명(0.9%) 순으로 나타나 대체적으로 넷플릭스를 이용하는 것으로 볼 수 있다.

조사대상자의 인구통계학적 특성에 따라서는 성별에 따라 통계적으로 유의미한 차이가 나타났으며(p<.05), 다소 차이는 있으나 남성과 여성 모두 60% 이상이 넷플릭스를 이용하는 것으로 나타났고, 이 외에 남성의 경우 WAVVE, 네이버 티비 또는 왓챠 순으로, 여성의 경우 티빙, WAVVE, 왓챠 순으로 이용하는 것으로 나타나 차이를 보였다.

5) OTT 플랫폼서비스 이용 시 주로 이용하는 디바이스

OTT 플랫폼서비스 이용 시 주로 이용하는 디바이스에 대해 분석한 결과 전체적으로 볼 때, '스마트폰'이 106명(46.7%)으로 가장

높게 나타났고, 'TV' 50명(22.0%), '태블릿' 38명(16.7%), 'PC' 29명
(12.8%) 순으로 나타나 대체로 OTT 플랫폼서비스 이용 시 스마트
폰을 이용하는 것으로 볼 수 있다.

6) OTT 플랫폼서비스 이용 시 월평균 지출비용

OTT 플랫폼서비스 이용 시 월평균 지출비용에 대해 분석 결
과 전체적으로 볼 때, '월 5,000원' 58명(25.6%), '월 10,000원' 93
명(41.0%), '월 15,000원' 39명(17.2%), '월 20,000원' 14명(6.2%),
20,000원 이상' 23명(10.1%)으로 나타나 대체로 월 10,000원 정
도를 지출하는 것으로 볼 수 있다.

7) OTT 플랫폼서비스 이용방법

OTT 플랫폼서비스 이용방법에 대해 분석한 결과는 전체적으
로 볼 때, '월, 년 정액제로 이용' 193명(85.0%), '보고 싶은 콘텐
츠가 있을 때 해당 콘텐츠를 유료로 구매' 34명(15.0%) 순으로 나
타나 대체로 월, 년 정액제로 이용하고 있는 것으로 볼 수 있다.

5. COVID-19 이후 OTT 플랫폼서비스 대체만족도

다음은 COVID-19 이후 OTT 플랫폼서비스 대체만족도를 알아보고, 조사대상자의 인구통계학적 특성에 따라 차이가 있는지를 알아보기 위하여 교차분석, 독립표본 t-test 및 일원변량분석(One way ANOVA)을 실시한 결과이다. 사후검정 방법으로는 Duncan test를 실시하였다.

1) COVID-19 이후 OTT 플랫폼서비스의 이용량 증가 정도

COVID-19 이후 OTT 플랫폼서비스의 이용량 증가 정도에 대해 분석한 결과는 〈표 5-17〉과 같다. 분석 결과 전체적으로 볼 때, '전혀 그렇지 않다' 13명(5.7%), '그렇지 않다' 25명(11.0%), '보통이다' 50명(22.0%), '그렇다' 95명(41.9%), '매우 그렇다' 44명(19.4%)으로 나타나 전체 61.3%가 COVID-19 이후 OTT 플랫폼서비스의 이용량이 증가한 것으로 볼 수 있다.

조사대상자의 인구통계학적 특성에 따라서는 최종학력에 따라 통계적으로 유의미한 차이가 나타났으며(p<.05), 비교적 최종학력이 높을수록 COVID-19 이후 OTT 플랫폼서비스의 이용량이 증가한 것으로 나타났다.

2) COVID-19 이후 OTT 플랫폼서비스를 통한 문화예술 활동의 장점

COVID-19 이후 OTT 플랫폼서비스를 통한 문화예술 활동의 장점에 대해 분석한 결과는 〈표 5-18〉과 같다. 분석 결과 전체적으로 볼 때, '내가 원하는 시간과 장소에 구매 받지 않고 콘텐츠 소비 가능'이 161명(70.9%)으로 가장 높게 나타났고, '기존 플랫폼 대비 다양한 콘텐츠 시청 가능' 30명(13.2%), '2개 이상의 디바이스(기기) 활용' 22명(9.7%), '자유로운 커뮤니케이션(댓글, 실시간 평가 등)' 7명(3.1%), '나에게 맞는 동영상 추천 시스템' 4명(1.8%), '저렴한 가격' 2명(0.9%) 순으로 나타나 대체로 내가 원하는 시간과 장소에 구매 받지 않고 콘텐츠 소비 가능한 점이 가장 큰 장점인 것으로 볼 수 있다.

조사대상자의 인구통계학적 특성에 따라서는 결혼 여부, 직업에 따라 통계적으로 유의미한 차이가 나타났다(p<.05). 먼저 결혼 여부에 따라서는 다소 차이는 있으나 미혼이나 기혼 모두 60% 이상이 내가 원하는 시간과 장소에 구매 받지 않고 콘텐츠 소비 가능한 점이 가장 큰 장점인 것으로 나타났고, 직업에 따라서도 다소 차이는 있으나 각 직업 모두 50% 이상이 내가 원하는 시간과 장소에 구매 받지 않고 콘텐츠 소비 가능한 점이 가장 큰 장점인 것으로 나타났다.

3) COVID-19 이후 OTT 플랫폼서비스의 문화예술 활동 대체 가능 정도

COVID-19 이후 OTT 플랫폼서비스의 문화예술 활동 대체 가능 정도에 대해 분석한 결과는 〈표 5-20〉과 같다. 먼저 OTT 플랫폼서비스의 문화예술 활동 대체 가능 정도는 '매우 그렇다' 5점, '그렇다' 4점, '보통이다' 3점, '그렇지 않다' 2점, '전혀 그렇지 않다' 1점의 Likert 5점 척도로 측정하였으며, 평균 점수가 높을수록 OTT 플랫폼서비스를 통한 각 문화예술 활동 대체 가능 정도가 높은 것으로 평가하였다.

분석 결과 전체적으로 볼 때, '영화'(M=4.00)에 대한 대체 가능 정도가 가장 높게 나타났고, '대중가요'(M=3.43), '문학'(M=2.86), '연극'(M= 2.57), '전통예술'(M=2.56), '클래식, 오페라'(M=2.54), '무용'(M=2.43), '미술'(M=2.26) 순으로 나타났으며, 전반적인 OTT 플랫폼서비스의 문화예술 활동 대체 가능 정도는 평균 2.83점으로 나타났다.

조사대상자의 인구통계학적 특성에 따라 차이가 있는지를 분석한 결과 성별에 따라서는 하위 활동별 영화에 대해 통계적으로 유의미한 차이가 나타났으며(p<.05), 여성의 경우 남성에 비해 상대적으로 OTT 플랫폼서비스를 통한 영화 대체 가능 정도가 높은 것으로 나타났다.

최종 학력에 따라서는 하위 활동별 영화에 대해 통계적으로 유의미한 차이가 나타났으며($p<.05$), 고졸 이하의 경우 2년제 재/졸, 4년제 재/졸, 대학원 재/졸의 경우 상대적으로 OTT 플랫폼 서비스를 통한 영화 대체 가능 정도가 높은 것으로 나타났다.

이 외에 연령, 결혼 여부, 직업, 월평균 소득에 따라서는 통계적으로 유의미한 차이가 나타나지 않았다($p>.05$).

〈표 5-1〉 COVID-19 이후 OTT 플랫폼서비스의 문화예술 활동 대체 가능 정도

구 분		COVID-19 이후 OTT 플랫폼서비스의							
		문 학		미 술		클래식, 오페라		영 화	
		M	SD	M	SD	M	SD	M	SD
성 별	남 성	2.80	1.199	2.32	1.109	2.59	1.159	3.84	1.062
	여 성	2.91	1.204	2.21	1.022	2.50	1.038	4.15	.851
	t-value(p)	-.686(.493)		.797(.426)		.642(.522)		-2.413*(.017)	
연 령	20대 이하	2.99	1.215	2.20	1.055	2.44	1.128	4.14	.954
	30대	3.07	1.200	2.26	1.237	2.61	1.201	4.11	1.016
	40대	2.60	1.184	2.35	1.023	2.52	1.008	3.81	.987
	50대 이상	2.82	1.074	2.24	.831	3.00	1.000	3.82	.728
	F-value(p)	2.043(.109)		.292(.831)		1.326(.267)		2.024(.111)	
결혼 여부	미 혼	2.96	1.227	2.22	1.068	2.44	1.110	4.01	1.041
	기 혼	2.71	1.151	2.33	1.061	2.69	1.068	3.98	.867
	t-value(p)	1.549(.123)		-.778(.437)		-1.734(.084)		.220(.826)	
최종 학력	고졸이하	2.48	1.056	2.24	.951	2.38	1.083	3.45a	1.121
	2년제 재/졸	3.03	1.298	2.47	1.276	2.50	1.082	4.03b	1.183
	4년제 재/졸	2.90	1.186	2.14	1.014	2.50	1.135	4.07b	.910
	대학원 재/졸	2.87	1.225	2.40	1.062	2.74	1.041	4.11b	.751
	F-value(p)	1.233(.299)		1.252(.292)		.821(.483)		3.707*(.012)	

문화예술 활동 대체 가능 정도								전 체	
연 극		대중가요		전통예술		무 용			
M	SD	M	SD	M	SD	M	SD	M	SD
2.51	1.170	3.49	1.131	2.58	1.190	2.44	1.161	2.82	.854
2.63	1.119	3.37	1.047	2.54	1.037	2.43	1.009	2.84	.685
−.828(.408)		.810(.419)		.278(.781)		.079(.937)		−.204(.839)	
2.76	1.248	3.32	1.186	2.55	1.179	2.40	1.166	2.85	.764
2.61	1.183	3.67	.967	2.67	1.266	2.54	1.206	2.94	.874
2.36	.972	3.42	1.056	2.48	.926	2.31	.907	2.73	.718
2.47	1.125	3.41	1.004	2.65	1.169	2.82	1.015	2.90	.761
1.700(.168)		1.063(.365)		.325(.807)		1.243(.295)		.824(.482)	
2.61	1.211	3.37	1.151	2.55	1.171	2.43	1.137	2.82	.785
2.52	1.044	3.52	.992	2.57	1.032	2.44	1.011	2.85	.755
.569(.570)		−1.043(.298)		−.170(.865)		−.052(.959)		−.224(.823)	
2.34	1.078	3.07	1.033	2.31	.930	2.21	.940	2.56	.657
2.64	1.246	3.39	1.202	2.50	1.183	2.19	1.064	2.84	.860
2.56	1.190	3.45	1.058	2.51	1.102	2.50	1.135	2.83	.764
2.68	1.015	3.62	1.078	2.83	1.156	2.58	1.046	2.98	.761
.579(.629)		1.660(.176)		1.639(.181)		1.478(.221)		1.863(.137)	

구분		COVID-19 이후 OTT 플랫폼서비스의							
		문 학		미 술		클래식, 오페라		영 화	
		M	SD	M	SD	M	SD	M	SD
직 업	학 생	3.02	1.371	2.21	1.226	2.56	1.007	3.98	1.144
	전문직	2.78	1.126	2.30	.974	2.43	1.161	3.96	1.065
	공무원	3.00	1.283	2.28	1.018	2.33	1.029	4.00	1.085
	회사원	2.89	1.108	2.21	1.030	2.47	1.146	4.09	.830
	자영업	2.76	1.300	2.62	1.161	3.10	.995	3.57	1.207
	프리랜서	2.80	1.207	2.47	1.060	2.47	1.125	4.27	.594
	기 타	2.10	1.101	1.90	.738	2.70	1.059	3.70	.823
	F-value(p)	.893(.501)		.742(.616)		1.148(.336)		1.195(.310)	
월 평균 소득	100만원 미만	3.00	1.357	2.23	1.135	2.54	.996	4.10	1.021
	100~200만원 미만	2.80	1.157	2.10	.960	2.50	1.196	3.83	1.053
	200~300만원 미만	2.96	1.122	2.15	1.008	2.29	1.133	4.20	.989
	300~400만원 미만	2.84	1.151	2.45	1.058	2.66	1.097	3.76	1.051
	400~500만원 미만	2.74	1.228	2.37	1.115	2.74	1.130	4.00	.877
	500만원 이상	2.71	1.250	2.34	1.146	2.68	1.042	3.95	.769
	F-value(p)	.371(.868)		.601(.699)		.973(.435)		1.210(.305)	
합 계		2.86	1.200	2.26	1.065	2.54	1.098	4.00	.971

| 문화예술 활동 대체 가능 정도 | | | | | | | | 전 체 | |
| 연 극 | | 대중가요 | | 전통예술 | | 무 용 | | | |
M	SD	M	SD	M	SD	M	SD	M	SD
2.65	1.232	3.33	1.229	2.70	1.225	2.56	1.240	2.88	.880
2.35	1.229	3.57	1.121	2.48	1.123	2.26	1.137	2.77	.858
2.56	1.097	3.78	1.166	2.61	1.037	2.39	.916	2.87	.689
2.60	1.161	3.36	1.072	2.47	1.137	2.29	1.050	2.80	.756
2.57	1.028	3.43	.978	2.62	.865	2.76	1.044	2.93	.699
3.00	.926	3.60	1.056	2.87	1.187	2.93	.961	3.05	.770
1.90	.876	3.40	.699	2.30	.949	2.30	.949	2.54	.543
1.120(.352)		.552(.768)		.517(.795)		1.377(.225)		.580(.746)	
2.59	1.292	3.44	1.165	2.64	1.158	2.56	1.209	2.89	.830
2.47	1.106	3.27	1.143	2.13	1.167	2.13	1.167	2.65	.740
2.69	1.136	3.45	1.168	2.62	1.130	2.36	.969	2.84	.677
2.55	1.179	3.63	.913	2.58	1.081	2.50	1.007	2.87	.763
2.44	1.050	3.41	1.152	2.63	1.006	2.52	1.087	2.86	.871
2.58	1.106	3.34	.994	2.66	1.097	2.50	1.133	2.85	.826
.237(.946)		.448(.815)		1.036(.397)		.704(.621)		.384(.860)	
2.57	1.144	3.43	1.088	2.56	1.113	2.43	1.084	2.83	.771

*p<.05 Duncan : a<b

4) COVID-19 이후 OTT 플랫폼서비스의 문화예술 활동 대체 만족도

COVID-19 이후 OTT 플랫폼서비스의 문화예술 활동 대체만족도에 대해 분석한 결과는 〈표 5-21〉과 같다. 먼저 OTT 플랫폼서비스의 문화예술 활동 대체만족도는 '매우 만족' 5점, '만족' 4점, '보통이다' 3점, '불만족' 2점, '매우 불만족' 1점의 Likert 5점 척도로 측정하였으며, 평균 점수가 높을수록 OTT 플랫폼서비스를 통한 각 문화예술 활동 대체만족도가 높은 것으로 평가하였다.

분석 결과 전체적으로 볼 때, '영화'(M=3.71)에 대한 대체만족도가 가장 높게 나타났고, '대중가요'(M=3.14), '문학'(M=2.74), '무용'(M=2.62), '연극'(M= 2.61), '전통예술'(M=2.60), '클래식, 오페라'(M=2.49), '미술'(M=2.47) 순으로 나타났으며, 전반적인 OTT 플랫폼서비스의 문화예술 활동 대체만족도는 평균 2.80점으로 나타났다.

조사대상자의 인구통계학적 특성에 따라서는 통계적으로 유의미한 차이가 나타나지 않았다(p>.05).

V. 결 론

본 연구는 COVID-19로 인해 OTT 플랫폼서비스를 이용한 문화예술의 비중이 증대되고 있음에 따라 COVID-19 이후 OTT 플랫폼서비스 문화예술 이용실태 및 대체만족도를 알아보는 데 목적이 있다.

이를 위해 OTT 플랫폼서비스 이용경험이 있는 10-50대 이상 남녀 300명으로, 2021년 10월 14일부터 10월 28일까지 설문조사를 실시하였다. SPSS 21.0 프로그램을 이용하여 분석하였다. 또한, 분석방법으로는 조사대상자의 인구통계학적 특성에 대해 알아보기 위한 빈도분석과 COVID-19 이전 문화예술 이용실태, OTT 플랫폼서비스 이용실태, COVID-19 이후 OTT 플랫폼서비스 대체만족도에 대해 조사대상자의 인구통계학적 특성에 따라 차이가 있는지를 알아보기 위하여 교차분석, 독립표본 t-test 및 일원변량분석(One way ANOVA)을 실시하였다.

1. 연구의 요약

첫째, COVID-19 이전 문화예술 이용실태를 분석한 결과 COVID-19 이전 주 관람 문화예술은 주로 영화를 관람한 것으로 나타났고, COVID-19 이전 문화예술 관람횟수는 대체적으로 COVID-19 이전에는 연 5~6회 정도 문화예술을 관람한 것으로 나타났다.

또한, COVID-19 이전 문화예술 관람 동반자는 대체로 가족, 친지와 함께 문화예술을 관람한 것으로 볼 수 있고, COVID-19 이전 문화예술 관람 지출비용은 대체로 월평균 3~5만 원 미만 정도 지출하는 것으로 나타났다.

COVID-19 이전 문화예술 주 이용 시간대는 주로 주말 낮 시간에 문화예술을 이용하는 것으로 나타났고, COVID-19 이전 문화예술 관련 정보습득 경로는 대체로 소셜미디어(SNS)를 통해서 관련 정보를 얻은 것으로 나타났다. COVID-19 이전 문화예술 관람 시 중요 요소로는 대체로 문화예술의 내용 및 수준을 가장 중요하게 생각하는 것으로 나타났다. COVID-19 이전 문화예술 관람 시 가장 큰 어려움으로는 시간이 좀처럼 나지 않는 점을 꼽았다.

마지막으로 COVID-19가 문화예술 활동에 미치는 영향 여부는 85.5%가 COVID-19가 문화예술 활동에 영향을 미쳤다고 생각하는 것으로 나타났다.

둘째, OTT 플랫폼서비스 이용실태를 분석한 결과 COVID-19 이전 OTT 플랫폼서비스 이용 여부는 전체 78.4%가 COVID-19 이전부터 OTT 플랫폼서비스를 이용한 것으로 나타났으며 OTT 플랫폼서비스 이용빈도는 대체적으로 주 2~4회 정도였다. 또한, OTT 플랫폼서비스 이용시간은 대체적으로 하루 평균 2시간 미만 OTT 플랫폼서비스를 이용하는 것으로 나타났고, 주로 이용하는 OTT 플랫폼서비스은 주로 넷플릭스를 이용하는 것으로 나타났다.

OTT 플랫폼서비스 이용 시 주로 이용하는 디바이스는 대체로 스마트폰을 이용하는 것으로 나타났고, OTT 플랫폼서비스 이용 시 월평균 지출비용은 대체로 월 10,000원 정도를 지출하는 것으로 나타났으며, OTT 플랫폼서비스 이용방법은 주로 월, 년 정액제로 이용하고 있는 것으로 나타났다.

셋째, COVID-19 OTT 플랫폼서비스 대체만족도를 분석한 결과 COVID-19 이후 OTT 플랫폼서비스의 이용량 증가 정도는 전체 61.3%가 증가한 것으로 나타났고, OTT 플랫폼서비스를 통한 문화예술 활동의 장점은 대체로 내가 원하는 시간과 장소에 구매 받지 않고 콘텐츠 소비 가능한 점이 가장 큰 장점인 것으로 조사되었다.

넷째, COVID-19 OTT 플랫폼서비스의 문화예술 활동 대체

가능 정도는 전체적으로 볼 때, '영화'(M=4.00)에 대한 대체 가능 정도가 가장 높게 나타났고, '대중가요'(M=3.43), '문학'(M=2.86), '연극'(M= 2.57), '전통예술'(M=2.56), '클래식, 오페라'(M=2.54), '무용'(M=2.43), '미술'(M=2.26) 순으로 나타났으며, 전반적인 OTT 플랫폼서비스의 문화예술 활동 대체 가능 정도는 평균 2.83점으로 나타났다.

조사대상자의 인구통계학적 특성에 따라 차이가 있는지를 분석한 결과 성별에 따라서는 여성의 경우 남성에 비해 상대적으로 OTT 플랫폼서비스를 통한 영화 대체 가능 정도가 높은 것으로 나타났고, 최종학력에 따라서는 고졸 이하의 경우 2년제 재/졸, 4년제 재/졸, 대학원 재/졸의 경우 상대적으로 OTT 플랫폼서비스를 통한 영화 대체 가능 정도가 높은 것으로 나타났다.

다섯째, COVID-19 OTT 플랫폼서비스의 문화예술 활동 대체만족도는 전체적으로 볼 때, '영화'(M=3.71)에 대한 대체만족도가 가장 높게 나타났고, '대중가요'(M=3.14), '문학'(M=2.74), '무용'(M=2.62), '연극'(M= 2.61), '전통예술'(M=2.60), '클래식, 오페라'(M=2.49), '미술'(M=2.47) 순으로 나타났으며, 전반적인 OTT 플랫폼서비스의 문화예술 활동 대체만족도는 평균 2.80점으로 나타났다.

또한, COVID-19 OTT 플랫폼서비스의 장르 불문 전체적 만족도에 대해 분석한 결과 전체 35.7%만이 COVID-19 이후

OTT 플랫폼서비스에 대해 장르 불문 전체적으로 만족하는 것으로 나타났다.

여섯째, COVID-19 이후 OTT 플랫폼서비스의 문화예술 활동 대체에 대한 기대충족 정도에 대해 분석한 결과 전체적으로 볼 때, '이용결과에 대한 기대충족'(M=3.37)이 가장 높게 나타났고, '서비스 수준에 대한 기대충족'(M=3.31), '이용혜택에 대한 기대충족'(M=3.29), '이용경험에 대한 기대충족'(M=3.25) 순으로 나타났으며, 전반적인 OTT 플랫폼서비스의 문화예술 활동 대체에 대한 기대충족 정도는 평균 3.31점으로 나타났다.

일곱째, COVID-19 종식 후 OTT 플랫폼서비스 지속이용의향은 전체 78.4%가 COVID-19 종식 후에도 OTT 플랫폼서비스를 지속적으로 이용할 의향이 있는 것으로 나타났고, COVID-19 종식 후 OTT 플랫폼서비스 지속이용의향은 대체적으로 시간과 장소에 제약이 없어서 COVID-19 종식 후에도 OTT 플랫폼서비스를 지속적으로 이용하고자 하는 것으로 나타났다.

2. 연구의 시사점

COVID-19 이후 문화예술 현장은 그 어떤 때보다 힘든 시기를 보냈다. 그리고 아직도 진행형이다. 문화예술 향유활동, 예술

창작 활동에 대한 욕구는 온라인 플랫폼으로 옮겨갔고 OTT 플랫폼 가입자의 증가와 관심은 폭발적으로 늘었다. 즉, OTT 플랫폼이 영화, 미술 전시, 연극, 콘서트가 일반 문화생활을 대체해서 얼마만큼 만족을 주고 있는지에 대한 구체적 수치상의 결과를 도출했다. 연구결과는 포스트 코로나를 준비하고 또 다른 유행병이나 유사시기에 문화생활, 예술창작활동에 대한 지원의 정책, 대비 정책 수립 시 기초자료로 활용할 수 있다. 예술 창작활동과 향유활동이 온라인 플랫폼을 이용해 향유되거나 창작의 매개체가 될 수 있어도, 예술이 가지는 현장성에 대한 갈망을 대체할 순 없다는 것을 확인할 수 있는 연구 결과이다.

3. 연구의 한계

OTT 플랫폼이 온라인 서비스인 만큼, 시간과 공간의 제한을 받지 않는 영화와 같은 영상예술 분야에서는 대체만족도가 어느 정도 대체 할 수 있다는 수치는 나왔지만, 미술관, 박물관, 연극과 같은 현장성이 예술 장르의 기본적 요소인 경우는 대체만족도가 낮게 나왔다. 이번 연구는 팬데믹 상황의 문화예술 향유의 대체적 수단으로 만족도를 측정하는 것에 국한되어 있다. 언택트 시대, 포스트 코로나 시대의 문화예술 향유활동, 창작활동에 대

한 방향성이나 대안을 제시하지 못하는 것은 향후 계속 연구되
어야 할 주제로 남는다.

Ⅰ. 서 론

Ⅱ. 선행연구 고찰

Ⅲ. 뉴노멀시대 국가별 예술정책 동향
  1. 국내 예술정책 동향
  2. 해외 예술정책 동향

Ⅳ. 연구설계

1. 연구문제 및 분석대상
2. 연구방법 및 절차

Ⅴ. 실증분석 결과
  1. 주제어 빈도분석 결과
  2. 주제어 중심성 분석 결과
  3. 언어네트워크의 시각화 분석
     결과

Ⅵ. 결론 및 시사점

뉴노멀 예술정책
동향

* 이 글은 예술경영연구, Vol.58 [2021]에 실린 글입니다.

I. 서론

세계는 저성장이 일상화되는 '뉴노멀(New Normal)' 시대로 진입하는 시점에서 어느 때보다 새로운 문화정책이 필요한 시기다. 예술정책 또한 예외가 아니다. 코로나19로 인한 사회적 거리 두기가 일상화되면서 예술의 소통방식의 변화와 함께 예술생태계가 붕괴되는 위기의 상황에서 새로운 일상과 기준, 즉 뉴노멀 시대에 대응하는 예술정책은 그 어느 때보다 중요하다.

우리나라에서 예술정책에 관한 연구는 1980년대 중반 이후부터 대두되기 시작하여 그동안 많은 연구들이 이루어져 왔으나 주로 문제해결 지향적인 실용적 연구에 치중하였으며, 경험적이고 이론적인 연구들은 상대적으로 적었다.

이는 1980년대부터 정부가 적극적으로 예술정책을 추진하면서 정책 현장의 문제를 파악하고, 이를 해결하기 위한 다양한 정책수단을 개발할 필요가 한층 더 커졌기 때문이라고 할 수 있다 (임학순, 2000).

1990년에는 문화부가 독립부처로 출범하면서 제대로 된 예술정책의 시행이 가능해졌으며, 예술 활동이 고도로 창의적으로 발전하기 시작하는 단계로서 문화예술활동이 고부가가치로 창출되는 신산업의 한 영역으로 인정받기 시작했다(이관희, 2020). 우리나라 예술정책이 시작된 이후 민간예술단체는 정부 의존적인 경향을 나타내고 있으며, 예술정책은 단기간에 급격한 변화보다는 장기간에 걸쳐 점진적이고 누적적인 변화를 통하여 초기의 정책과는 다른 모습으로 확장·변화되어 왔다(금성희, 남재걸, 2017).

코로나19의 세계적 대유행은 경제사회 전반에 충격을 가져왔으며, 문화예술계도 큰 피해와 변화를 가져왔다. 공연예술과 시각예술뿐만 아니라 대부분의 국내외 대면 행사와 프로그램들이 취소 또는 연기되었고, 공연장, 미술관 등 문화시설의 휴관으로 예술활동의 심대한 위축을 가져왔다.

이는 가뜩이나 열악한 예술 분야 종사자들의 경제적 사정을 더욱 악화시켜 소득감소와 고용불안정으로 생계에 큰 타격을 주었다(양혜원, 2020). 한편, 코로나19로 인한 '사회적 거리두기'의 일상화는 기존의 '대면 문화예술 활동' 대신 '온라인·비대면 콘텐츠'의 급격한 부상을 가져왔고, 전례 없는 위기상황에서도 문화예술계는 드라이브인 버스킹, 발코니 콘서트, 가상 전시, 온라인 공연, 웹 기반 축제 등과 같이 다양한 시도를 통해 코로나로 인해 고립되고 소외된 이들에게 위로와 희망, 새로운 성찰을 부여하고 있기도 하다. 이에 문화체육관광부(2020)는 위기를 기회로 전환하고 지속 가능한 예술성장 기반을 만들기 위해 '코로나 일상 속의 비대면 예술지원 방안'을 발표하였다. 하지만 예술 현장에서는 정책이 현장을 제대로 반영하지 못하고 있다는 평가도 있다.

이와 같이 코로나19로 인해 기존의 현장기반의 예술생태계가 온라인·비대면 콘텐츠의 급격한 부상으로 전환되면서 전통적인 방식의 정책과 제도 등은 전면적인 재검토 내지는 보완이 이루어져야 할 상황에 직면하고 있다. 이와 관련하여 코로나19에 대응하는 각종 정책들과 뉴노멀시대에 대응하는 정부 차원의 정책연구들이 다양한 분야에서 진행되고 있으나 피해가 극심한 예술분야는 담론이나 논의 과정에 그치는 등 예술정책에 관한 연구는 미흡하다.

이에 본 연구는 코로나19로 촉발된 뉴노멀시대의 사회적 변화와 이에 대응한 예술정책 동향과 그 현상을 살펴보고 예술정책 방향을 실증적으로 분석할 수 있는 언어네트워크 분석(Semantic Network Analysis) 기법을 활용하였다.

이를 위해 2020년 3월부터 9월까지의 '코로나'와 '예술'의 키워드가 들어간 자료를 구글(Google) 뉴스와 웹(Web) 문서에서 수집하여 227개의 정제된 주제어를 추출하여 주제어 빈도수와 연결관계를 통해 예술정책 방향 연구를 입체적으로 분석하였다. 단순히 핵심 단어들의 빈도를 분석하여 중요도 순위를 정하는 전통적인 내용분석에서 더 나아가, 언어네트워크 분석을 사용함으로써 단어와 단어 간의 관계와 역할을 분석할 수 있으며, 특정 단어들 간의 패턴을 찾아내어 의미구조를 파악(Paranyushkin, 2010)하여 정책 방향을 파악할 수 있을 것이다.

II. 선행연구 고찰

본 연구에서는 코로나로 인한 사회적 변화, 예술정책의 지향가치 그리고 코로나 시대 예술의 경제적 가치와 예술정책에 관한 연구를 위해 선행 연구자의 코로나19 시기 정책 관련 문헌, 그리고 문화체육관광부 산하기관에서 진행한 예술정책 연구보고서, 토론회 자료 등을 중심으로 살펴보고자 한다.

'뉴노멀'이란 코로나로 인한 장기 저성장 국면을 설명하는 새로운 경제 질서를 일컫는 용어다. 일반적으로는 시대 변화에 따라 새롭게 부상하는 표준을 뜻하는 이 단어는 과거를 반성하고 새로운 질서를 모색하는 시점에 자주 등장해 왔다(시사경제용어사전, 2017).

코로나19는 전 세계로 급속한 속도로 퍼지면서 감염자와 사망자가 기하급수적으로 늘어나고 정치, 경제, 사회 등 인류의 삶 전반에 막대한 영향을 미치고 있다. 각 정부는 코로나19 감염 확산을 억제하기 위해 강력한 '사회적 거리두기'를 시행함에 따라 비대면 문화가 사회 전 분야로 급속히 확산되고 있다. 박원재(2020)는 최근 증가하고 있는 재택근무, 온라인 수업, 미디어 콘텐츠, e-커머스 등이 대표적인 사례라고 하면서 비대면은 사실 코로나로 인해 없던 것이 생겨난 현상이 아니라 그간 디지털화를 통해 진행돼 온 결과라고 하였다. 코로나19 팬데믹으로 '사회적 거리두기' 확산에 따라, '언택트(Untact) 소비'가 일상화되면서 '언택트 사회'는 새로운 패러다임으로 등장했고, 언택트는 배달앱으로 대표되는 소매·유통뿐 아니라 원격의료, 원격학습, 원격근무 등 사회 전반으로 확산되고 있다(배영임·신혜리, 2020).

한국문화관광연구원(2020)에 따르면 전 세계의 많은 석학, 언론, 단체, 기업들이 코로나19 이후의 사회경제적 변화에 따라 문화예술과 콘텐츠, 관광 부문의 영향도 불가피하여, 창작자와 종사자의 고용안전망과 일자리 위협은 심화되고, 관광산업과 콘텐츠산업의 가치사슬과 생태계는 온라인을 중심으로 재편될 것이며, 문화예술과 여가, 여행의 소비와 향유도 공간과 방식이 바뀔 전망이라고 한다. 이에 따라 충북연구원(2020)은 "토머스 프리드먼(Thomas L. Friedman)이 뉴욕타임스에 기고한 'Our New Historical Divide: B.C. and A.C.'에서 "인류사는 이제 B.C.(Before COVID-19)와 A.C.(After COVID-19), 즉 코로나 이전과 이후로 나뉠 것"이라 하였고, 이스라엘의 역사학자 유발 하라리 또한 "현재 일어나는 변화들, 비상 대책들이 우리 삶에 고착화되어 근본적이고 장기적인 변화를 가져올 것"이라 말한 것처럼 새로운 기준이 필요한 시대라고 강조하고 있다.

한편, 코로나19는 기존에 직접적 대면을 특징으로 하는 문화예술의 창제작, 유통 그리고 소비와 향유 등 예술생태계의 가치

사슬에 영향을 크게 미치고 있다.

즉, 코로나19로 인한 전 세계적인 봉쇄조치, 격리, 방역지침 그리고 사회적 거리두기는 예술활동의 중단과 심대한 위축을 가져왔다. 예술활동의 위축은 가뜩이나 열악한 예술 분야 종사자들의 경제적 지위를 더욱 악화시키고 있다(양혜원, 2020). 코로나19 확산에 따른 사회적 거리두기의 일상화와 방역지침에 따라 온라인으로 집에서 즐기는 비대면 공연·전시가 매우 증가했다. 양혜원(2020)은 비대면 콘텐츠는 경제적·시간적·공간적 한계를 극복하고 무대와 관객 간의 거리를 축소하여 생생한 관람을 가능케 하며, 유통 플랫폼의 확장을 통해 새로운 관객기반을 형성하여 새로운 수익모델을 창출할 수 있을 것이라는 기대를 받고 있다고 하였다.

코로나19를 계기로 향후 비대면 콘텐츠의 제작과 유통이 확대되고 이를 위한 지원이 필요한 것도 사실이지만, 예술적 경험을 특별하게 만드는 것은 바로 '현장성'과 '유일성'이라는 점에서 비대면 콘텐츠는 기존 오프라인 예술의 대체재가 아니라 '또 하나의 보완재'라는 점을 확실히 할 필요가 있을 것이며, 제작비용의 문제로 일정 수준 자본력을 갖춘 콘텐츠만 생산될 수 있다는 점, 플랫폼의 지배력 확대 문제, 무료 스트리밍으로 인한 문제, 저작권 문제, 문화적 표현의 다양성 침해 가능성과 같이 비대면 콘텐츠의 확산이 내포하고 있는 한계에 대해 명확히 인식하고 이에 대한 대응 방안을 마련해 나가야 할 것이라고 강조했다.

또한, 코로나 시대, 예술의 경제적 가치에 관한 연구로는 김연재(2020)는 코로나 시대 뮤지엄 운영환경의 위기상황 진단 방법으로서 시설 폐쇄로 인한 경제적 파급효과를 중장기적, 단기적 영향이라는 범주로 나누어 분석하였다. 뮤지엄, 갤러리의 폐쇄로 인해 수익구조의 불안정성과 기관의 생존이 즉각적으로 위협받고, 이 과정에서 구성원들의 임금삭감 및 계약해지를 감행할 가능성이 높다.

이에 뮤지엄은 지속 가능한 운영 모델을 유지하고자 수익원의 다각화는 물론 정부 및 관련 기관으로부터 정책적 지원을 요청하면서 관람객과의 소통을 온라인 콘텐츠를 통해 회복하고 있다. 연구자는 이를 '참여'의 관점에서 수용하되 신규 관람객을 유입하는 패러다임의 새로운 구축 측면에서 주목해야 한다고 하였다.

그리고 예술정책에 관한 선행연구로 이관희(2020)는 한국의 문화예술 정책 현황과 정책 운영기관 고찰에서 4차 산업혁명 시대와 코로나바이러스 전염병 시대에 '문화예술이 경제'라는 토대에서 연구하였다.

4차 산업혁명 시대에 대비한 디지털기술을 접목한 새로운 문화예술 융합 장르(融合 genre), 디지털기술에 적응하지 못하는 문화예술가를 위한 종합적이고 체계적인 지원대책의 시급성,

K-pop, K-culture, K-film 등 세계적으로 수월(秀越)한 한류 콘텐츠 개발과 지원, 그리고 언택트(Untact) 비대면(非對面) 시대를 대비하여 문화예술인들은 디지털에 익숙해져야 하며, 이를 위해 정부는 물론 문화예술 운영기관의 심층적이고 장기적인 관심과 지원이 요청된다고 제안하였다.

특히, 4차 산업혁명으로 인한 융합장르의 출현이 예상되며 문화적 다양성이 함의된 혼합된 문화예술 영역이 확대될 수 있다고 강조하였다. 백선혜와 이정현 그리고 조윤정(2020)은 포스트 코로나 시대 공연예술의 전망에서 코로나19와 같은 재난 상황의 주기적 발생 및 디지털기술 발전은 공연예술 생태계에 큰 변화를 가져다줄 것으로 예측되는 상황에서 미래사회의 공연예술 창작과 소비방식에 대해 적극적이고 능동적인 대비와 예술인을 위한 디지털 교육프로그램, 저작권과 같은 관련 제도 정비 등이 시급하다고 하였다.

한편, 주요 기관들의 예술정책 연구 동향을 살펴보면 한국문화관광연구원(2020)이 주관하는 제1회 토론회(포럼)가 '일상적 위기의 시대, 예술의 가치와 회복력'을 주제로 유네스코가 제안한 '예술의 회복력 운동(리질리아트 무브먼트, ResiliArt[28] movement)'과

---

28) 리질리아트(ResiliArt, 2020.4.15.), 회복력·탄력성을 의미하는 'Resilience'와 예술 'Art'를 합친 조어로, 예술인 및 창작자를 지원하기 위해 유네스코(UNESCO)에서 제안한 운동

연계해 개최되었으며, 코로나19 세계적 대유행 시대에 예술이 지니는 의미와 가치, 위기에 직면한 예술의 회복을 위해, 또는 예술을 통한 회복을 위해 우리가 해야 하는 일과 정책적 지원 등을 논의하였고, 코로나19의 어려움 속에서도 예술인을 지키고 예술의 가치를 확산하기 위한 새로운 시도와 노력을 공유하였다. 그리고 이용자의 기기 이용방식이나 활용 방식에 관한 연구가 필요하며, 그런 점에서 이용자 중심의 접근이 필요하다고 강조하였다.

또한, 본 포럼에서 권용민 한국문화예술위원회 정책혁신부 책임연구원은 온라인 플랫폼의 비중이 점점 더 커질 것으로 예측하면서 미래의 재난에 대처할만한 체계적이고 본질적인 논의가 필요하다고 제안했다. 아울러, 양혜원 한국문화관광연구원 예술정책연구실장은 '현장성'을 기반으로 하는 예술의 속성상 온라인 콘텐츠는 몰입의 경험을 완벽하게 줄 수 없는 한계가 있으며, 완성도 있는 콘텐츠 제작과 유통을 위해서는 상당한 제반 노력과 비용이 수반된다고 지적했다.

지금까지 관련된 선행연구 검토를 볼 때 많은 연구자들이 코로나19로 변화되는 일상의 변화를 토대로 시대전환을 예비하기 위한 논의가 숙성되고 있다. 하지만 아직까지는 분야별, 장르별 전문가의 주관적 관점이나 성향에 따라 접근하고 있거나 논의하는 단계에 머물고 있는 등 뉴노멀 시대를 대응하는 전반적인 예술정책을 주제로 한 논의가 부족한 것이 현실이다. 따라서 본 연구는 코로나바이러스 전염병으로 급변하는 세계정세 속에서 우리가 처한 예술 환경을 이해하고, 이러한 현상에 관하여 뉴노멀시대의 예술정책 연구 방향에 관한 고찰과 언어네트워크 방법론을 통해 뉴노멀시대 예술정책 방향을 수립하는데 기초자료로 제공하고자 한다.

III. 뉴노멀시대 국가별 예술정책 동향

1. 국내 예술정책 동향

우리나라는 코로나19 발병 초기부터 '강력한' 사회적 거리두기 실시로 코로나19 확산을 막기 위해 공공 문화시설들을 휴관했으며, 단계적으로 재개관을 시작한 이후에도 정부의 방역지침에 따라 제한적으로 운영하고 있다.

한국문화관광연구원(2020)이 공연 및 전시 분야 2020년 상반기(1~6월) 피해액[29]을 추정한 결과 공연예술 분야는 823억 원, 시각예술 분야는 666억 원으로 공연 및 시각예술 분야에서 총 1,489억 원의 매출액 피해가 발생한 것으로 추산되었다. 문화체육관광부 2020년 국정감사 업무보고자료에 따르면 문화체육관광부(2020)는 코로나19로 인해 어려운 예술계를 위해 예술인 긴급생활자금 융자, 창작준비금 지급, 대규모 일자리 지원 등 예술인 생계지원을 중점으로 문화예술 분야 중 가장 큰 타격을 입은 예술인과 공연업계에 대한 긴급지원(2020.2.20., 3.18)을 하였으며, 3차 추경(2020.7.3.) 등으로 2,500억 원 규모를 지원한 것으

---

29) 각 년도 문예연감의 월별/분기별 예술활동 현황 자료와 문화예술분야 신용카드 지출액 자료를 활용해 추정

로 나타났다. 또한, 2021년도 문체부 예산을 6조 8,637억 원으로 전년 대비 5.9% 증액하여 코로나19에 지친 국민들의 안전한 문화생활을 위해 비대면·온라인 사업을 적극적으로 확대하고, 코로나19 피해 업계의 조기 회복을 지원하는 예산을 대폭 반영하였다.

또한, 문화체육관광부(2020)는 코로나 위기 속에서도 예술의 지속 가능성을 높이기 위한 '코로나19 시대 비대면 예술지원 방안'을 발표하여 예술의 경계를 확장하는 실험의 다양한 지원, 온라인 기반체계 구축, 미래형 혁신기업 및 일자리 육성, 예술향유 비대면 기반 확대를 추진하기로 하였다. 각 지자체에서도 코로나19가 확산되자 중앙정부와 마찬가지로 코로나19의 지역 확산을 막고 차단을 위한 지역방역 관리에 집중하면서, 지역경제 악영향의 최소화를 위해 적극적으로 대응해 오고 있다. 전국 17개 광역 시·도 및 문화재단은 해당 지역 예술인의 생계유지를 위한 자금 지원부터 창작 활동과 일자리 지원까지 코로나19 대응책으로 약 53개 사업에 235억 원(서울 60억, 경기 50억, 부산 31억, 인천 20억, 대전 16.6억 등) 규모의 긴급 예산을 편성하고 다양한 프로젝트를 추진하고 있다(원준호, 2020).

2. 해외 예술정책 동향

코로나19 위기가 팬데믹으로 전개되면서 이 위기의 경험이 이제 세계 예술계 모두와 공유되면서 함께 해결해야 할 과제가 되었다. UNESCO에 의하면 코로나19의 확산방지를 위해 세계 128개국에서 문화시설이 폐쇄되었다. 베를린 필하모닉오케스트라, 뉴욕 메트로폴리탄 오페라하우스, 브로드웨이 등의 공연이 중단되었고, 루브르박물관, 뉴욕현대미술관 등 대부분의 문화시설 휴관이 결정되었다. 에든버러 페스티벌, 아트바젤 홍콩, 베니스 비엔날레 국제미술전 등 세계적인 축제와 행사 등도 취소 또는 무기한 연기되었다(백선혜, 이정현, 조윤정, 2020).

한편, 코로나19로 인해 온라인 스트리밍 서비스로 공연예술을 가정에서 감상할 수 있는 '랜선공연'이 확대됨에 따라, 전 세계 문화예술 기관들은 온라인 홈페이지, 소셜미디어를 활용하여 문화예술 콘텐츠를 무료로 제공하고 있다. 베를린 필하모닉 오케스트라, 뉴욕 메트로폴리탄 오페라 등은 높은 품질의 유료 라이브 스트리밍 및 VOD 서비스를 운영해오면서, 코로나19로 유례없는 공연중단 사태를 맞아 한시적으로 무료로 전환하여 공연 콘텐츠를 제공하고 있다.

코로나19 확산방지를 위한 여러 나라의 문화예술 활동이 중단됨에 따라 문화예술계 종사자들의 극심한 피해가 예상되나 전체적인 규모는 확인되지 않고 있다. 무엇보다도 프리랜서로 활동하고 있는 문화예술인과 소규모 문화시설, 문화예술 관련 중소기업의 피해가 막대할 것으로 예상된다. 미국, 유럽 등 세계 각국은 코로나19의 확산으로 경기침체가 가시화됨에 따라 막대한 규모의 경기부양책을 발표했다(이재윤, 김준현, 2020). 미국은 약 2조 달러가 넘는 규모로, 독일, 영국, 프랑스는 각각 7,560억 유로, 3,600억 파운드, 3,450억 유로 규모의 경기부양책을 발표했다. 주요국들의 대부분은 고용유지를 위한 임금보조나 실업수당, 소상공인 보조금 지급 등 사회안전망 확충과 취약기업에 대한 지원계획을 밝히고 있다. 팬데믹 초기의 각국 정부의 문화예술지원 대책 발표 이후에 업계의 특수한 생태를 고려한 고용보험 미가입자 및 독립예술가, 프리랜서 예술종사자들을 위한 대책이 부족하다는 지적이 계속되었다. 이에 따라 2, 3차 발표로 공공기관들이 기금을 재배정하고 지역 파트너 및 민간기관들과 협력하여 조금 더 세부적인 직업군의 의견에 귀를 기울이기 시작했다. 독일은 7,500억 유로(약 1,001조 3,625억 원)의 대규모 지원패키지를 제공한 가운데 500억 유로(약 66조 6,900억 원)를 예술가와 복지사들을 포함한 프리랜서와 소상공인들을 위한 지원을 선 분류하여 발표했다. 영국의 경우 1억 6천만 파운드(약 2,435억 원)를 긴급조성하며 보조금의 기금 조건을 완화하고 현금 유동성에 대한 문제를 해결하고자 했다. 음악, 연극, 무용, 시각예술, 문학, 미술,

거리예술 등의 예술가 및 예술종사자들에게 2천만 파운드(약 306억 원)를 지원하여 1인당 최대 2,500파운드(약 380만 원)를 현금으로 지원했다(장수혜, 2020).

미국, 유럽 국가 등은 동아시아 지역보다 코로나19의 확산이 뒤늦게 시작된 상황임에도 비교적 이른 시기에 관련 지원정책들이 구체적으로 제시되었다. 그 지원정책에는 예술인 사회안전망 확충 및 취약 예술단체·기관 지원에 초점을 맞추어 긴급지원금을 통한 실업수당 지급, 고용유지를 위한 임금보조, 긴급생활자금 지원, 융자 혜택, 세금 납부 기한 연장 등이 다양한 형태로 담겨 있고, 각국은 엄중하고 급박한 시기인 만큼 정책의 참신성보다는 가능한 많은 예술인에게 빠르게 혜택이 돌아갈 수 있도록 하는 데 집중하고 있다. 무엇보다 현장의 목소리를 정책에 실질적으로 반영할 수 있는 소통 채널을 구축하고 지금의 위기를 예술가 및 문화예술계 종사자의 '연대'와 미래를 위한 투자와 연구를 통해 미래정책 방향을 모색하고 있다는 점에서 시사적 의미가 있다고 할 수 있다.

이와 같이 국내와 해외의 지원정책은 모두 예술생태계의 붕괴를 막기 위한, 예술인 사회 안전망 확충 및 예술단체·기관 지원을 위한 예산지원 문제에 집중하고 있음을 알 수 있다.

Ⅳ. 연구설계

1. 연구문제 및 분석대상

본 주제연구는 뉴노멀 시대의 예술정책에 관한 이론과 동향에 관한 문헌조사를 바탕으로 언어네트워크 분석을 활용하여 주제어들에 대한 분석을 시도하였다. 이를 위하여 2020년 3월부터 9월까지 구글 뉴스와 웹 문서에서 본 연구주제와 관련된 2개의 핵심키워드 '코로나'와 '예술'로 검색하여 관련 자료를 수집하였다. 2회 이상 추출된 주제어 중 불명확한 언어, 유사언어, 중복언어 등 본 연구에 적합하지 않은 주제어는 제외하여 227개의 정제화된 주제어를 분석대상으로 삼았다. 특히, 분석 키워드를 '코로나'로 정한 이유는 본 연구 주제어인 '뉴노멀'의 사전분석 결과 상징적인 의미로 사용되고 있어 본 연구 동향을 분석하기에 한계가 있다고 판단되어 관련어인 '코로나'로 한정하였다. '코로나'로 촉발된 연관어로 '팬데믹', '비대면', '언택트', '온택트', '포스트코로나' 등이 있으나 본 연구에서는 사건의 중심어인 '코로나'와 연구목적의 중심어인 '예술'만을 선정하였다. 본 연구는 코로나19로 촉발된 뉴노멀시대 예술정책의 변화와 이에 대응하는 예술정책 동향을 살펴보고, 이를 토대로 언어네트워크 분석을 통해 앞으로의 연구에 대한 시사점을 예측해 보았다. 이와 같은 연구목적을 위해서 다음과 같이 연구문제를 설정하였다.

연구문제 1: 2020년 3월부터 9월까지 예술정책에 관한 구글(google)의 뉴스, 웹 문서상에서 주제어 중심성(빈도분석과 중심성 분석)과 주제어 간의 관계(언어네트워크 분석을 통한 워드클라우드, 밀도, 근접 중심성, 고유벡터 중심성, 커뮤니티 분석)는 어떠한가?
연구문제 2: 뉴노멀 시대의 예술정책 방향은 어떠할 것인가?

2. 연구방법 및 절차

본 연구는 뉴노멀 시대의 예술정책에 관한 이론과 동향을 바탕으로 언어네트워크 분석을 활용하여 주제어를 분석하였다. 언어네트워크 분석에 활용한 프로그램은 텍스톰을 이용하였다. 텍스톰은 ㈜더아이엠씨가 개발한 빅데이터 일괄처리 서비스 솔루션으로 실시간 대용량 자료수집에서부터 데이터 처리 및 정제, 분석 데이터 생성 및 데이터 시각화 기능을 제공해준다.

언어네트워크 분석은 다음과 같은 단계로 수행하였다. 첫째, 빅데이터 수집은 2020년 3월부터 9월까지의 '코로나'와 '예술'

의 키워드가 들어간 자료를 텍스톰을 이용하여 구글 뉴스와 웹 문서에서 수집하였다. 둘째, 데이터 추출은 수집된 자료에서 2회 이상 추출된 주제어로 선정하였고, 본 연구에 적합하지 않은 주제어는 제외하였다. 셋째, 데이터로 추출된 주제어 중 불명확한 언어, 유사언어, 중복언어 등을 정리하여 언어네트워크에서 분석할 수 있도록 정제화하여 227개의 주제어로 재구성하였다. 넷째, 정제화된 주제어를 언어네트워크 분석 프로그램인 넷 마이너 프로그램을 통해 주제어 빈도 분석과 중심성 분석을 통해 언어의 빈도와 중심성을 크기로 예술정책 동향을 분석하였다. 다섯째, 언어네트워크의 시각화 분석을 위하여 워드클라우드(Wordcloud) 분석, 밀도 분석(Degree centrality), 근접 중심성(Closeness centrality) 분석, 고유벡터 중심성(Eigenvector centrality) 분석, 커뮤니티(Community) 분석을 통해 주제어가 사용된 빈도수나 중심성을 제시하는 수준을 넘어 주제어와 주제어 사이의 관계를 시각적으로 밝혀줌으로써 입체적으로 예술정책 방향을 유추하고 관련 시사점을 도출하였다.

V. 실증분석 결과

1. 주제어 빈도분석 결과

분석대상인 주제어 227개 중에서 주제어 빈도수가 높은 20개 순위를 보면 〈표 1〉과 같다. 가장 높은 빈도 주제어는 '코로나'(빈도수=74, In-Degree=22, Out-Degree=52)[30], '문화예술'(빈도수=47, In-Degree=22, Out-Degree=25), '예술'(빈도수=46, In-Degree=18, Out-Degree=28), '공연'(빈도수=26, In-Degree=12, Out-Degree=14), '온라인'(빈도수=21, In-Degree=8, Out-Degree=13), 그리고 '지원'(빈도수=20, In-Degree=12, Out-Degree=8) 등이 가장 많이 언급되었다.

이는 코로나19 확산 방지를 위한 사회적 거리 두기에 따라 문화예술시설의 휴관 등으로 가장 타격을 받은 분야가 현장성을 기반으로 한 예술 분야 중에서도 공연으로 볼 수 있으며, 이에 대한 정부 지원이 필요하고 온라인이 새롭게 부각되고 있음을 보여주고 있다.

---

30) In-Degree: 한 언어로 들어오는 선의 개수, Out-Degree: 한 언어로 나가는 선의 개수

빈도 순위 8~9위는 '시대'(빈도수=18, In-Degree=4, Out-Degree=14), '이후'(빈도수=14, In-Degree=4, Out-Degree=10)가 주목을 받고 있다. 이는 코로나19가 언제 종식될 것인지 예측할 수 없는 불투명한 상황에서 코로나 이후, 다시 말해 뉴노멀시대는 어떤 상황이 전개될 것인지에 대한 시간적 언어에 관심이 높다는 것을 엿볼 수 있다.

〈표 1〉 핵심어 빈도분석 결과

순 위	변수명	In-Degree	Out-Degree	빈도수
1	코로나	22	52	74
2	문화예술	22	25	47
3	예 술	18	28	46
4	공 연	12	14	26
5	온라인	8	13	21
6	지 원	12	8	20
7	예술가(인)	10	10	20
8	시 대	4	14	18
9	이 후	4	10	14
10	지 역	6	7	13
11	문 화	8	4	12
12	비대면	6	4	10
13	정 책	5	4	9
14	취 소	5	4	9
15	가 치	5	3	8
16	휴 관	4	4	8
17	중 단	3	3	6
18	예술지원	3	2	5
19	예술활동	3	2	5
20	확 대	3	1	4

그 밖에 순위를 보면, '지역'(빈도수=13, In-Degree=6, Out-Degree=7), '비대면'(빈도수=10, In-Degree=6, Out-Degree=4) 등과 '정책'(빈도수=9, In-Degree=5, Out-Degree=4)과 '가치'(빈도수=8, In-Degree=5, Out-Degree=3) 등이 코로나19로 주목받는 주제어로 나타났다.

이러한 현상은 코로나19로 인한 사회적 거리두기와 비대면의 일상화로 지역화 현상, 정부의 역할 증대에 따른 정책 등이 수반됨을 보여주고 있다. 또한, 주제어 빈도 순위 14위~20위를 보면 현재 코로나19로 인한 예술계의 어려움을 유추해 볼 수 있다.

2. 주제어 중심성 분석 결과

중심성 분석은 빈도수뿐만 아니라 각 주제어 간의 연결된 선까지를 포함한 인기도를 의미한다. 중심성 분석을 위하여 앞서 정제된 언어 227개의 주제어를 대상으로 고유벡터 중심성 분석(ECV: Eigenvector Centrality Value)을 하였다. 고유벡터 중심성(V_i)은 아래 식으로 표현할 수 있다.

$$Vi = \sum_{j=1}^{N} CjZij$$

Cj:노드 j의 중요도, Zij:노드 i에서 j로의 연결

고유벡터 중심성 값은 해당 주제어에 연결된 선과 중심성 값의 합에 비례하여 결정한다. 고유벡터 중심성 값이 크다는 것은 주제어 간의 연결 관계뿐만 아니라 주제어 간의 연결에서 인기가 높다는 것을 의미한다(곽기영, 2017).

즉, ECV가 높을수록 조사된 주제어 중에서 중심성이 높다는 것이다. 주제어에 관한 고유벡터 중심성 분석 결과, 상위 ECV 20개의 언어는 다음과 같다.

가장 높은 중심성 주제어는 '코로나'(ECV= .633)로 나타났으며, 앞서 주제어 빈도분석과 같이 예술정책 동향을 분석하기 위한 범위를 한정하는 중심성 주제어 빈도 순위 5 '예술'(ECV= .246), 순위 6 '문화예술'(ECV= .147), 순위 10 '문화'(ECV= .089) 등으로 주제어 중심성 순위 10위안에 모두 포함되어 있음을 확인하였다.

주제어 중심성 순위 2~4위를 보면, '시대'(ECV= .430), '이후'(ECV= .391), '포스트'(ECV= .278)가 인기가 높은 주제어로 나타냈다. 앞서 주제어 빈도분석에서는 '시대'와 '이후'가 8~9위였으나

중심성 순위에서는 2~3위로 나타났으며, 4위인 '포스트'도 함께 나타남에 따라 코로나19로 지금의 불확실성의 시대가 언제까지 지속할 것인지에 관한 관심과 포스트코로나의 현상도 관심이 높다는 것을 증명하였다.

주제어 중심성 순위 7~9위, 순위 14, 순위 19~20을 보면, '온라인'(ECV= .140), '극복'(ECV= .134), '공연'(ECV= .098), '공연예술'(ECV= .077), '예술가'(ECV= .058), '언컨택트'(ECV= .057)가 인기가 높은 주제어로 나타냈다. 일부 예술가는 온라인 또는 언컨택트 공연(공연예술)을 통해 코로나19로 극복하고자 하는 모습을 유추해 볼 수 있다.

주제어 중심성 순위 11~13, 순위 15~18을 보면 '해고'(ECV= .088), '지역'(ECV= .089), '장기화'(ECV= .079), '상황'(ECV= .072), '피해'(ECV= .071), '침체'(ECV= .068), '블루'(ECV= .059)가 인기가 높은 주제어로 나타났다. 코로나19는 사회적 거리두기 장기화로 예술 분야의 경제침체에 따른 관련 종사자의 해고, 예술가들의 정신적 충격과 코로나 블루(쉬운 우리말: 코로나 우울) 등의 상황이 지역 기반으로 퍼져있음을 유추해 볼 수 있다.

상위 20순위 기준으로 주제어 빈도분석과 중심성 분석에서 공통적으로 나타나는 주제어는 '코로나', '예술', '문화예술', '문화', '시대', '이후', '온라인', '공연', '예술가' 등의 주제어로 나타났다. 이중 '온라인'은 뉴노멀 시대의 핵심 주제어가 될 것으로 유추해 볼 수 있다. 상위 20순위 기준으로 주제어 중심성 분석에 없는 주제어가 주제어 빈도분석에 포함되는 주제어로 '지원', '정책', '비대면', '취소', '가치', '휴관', '중단', '예술지원', '예술활동', '확대' 등이 나타났고, 이와 반대로, 주제어 중심성 분석에서만 나타나는 주제어는 '극복', '해고', '장기화', '공연예술', '상황', '피해', '침체', '블루'가 나타났다. 그 외 주제어는 공통적으로 나타남을 알 수 있었다.

특히, 주제어 빈도 분석에서 '지원'과 '정책'이 높은 순위로 관심은 높았지만, 주제어 중심성 분석에서는 '극복'이 높은 순위로 나타나 사람들은 코로나19 극복에 관한 주제어가 인기가 높음을 알 수 있다.

〈표 2〉주제어 중심성 분석 결과

순 위	변수명	ECV
1	코로나	.633
2	시 대	.430
3	이 후	.319
4	포스트	.278
5	예 술	.246
6	문화예술	.147
7	온라인	.140
8	극 복	.134
9	공 연	.098
10	문 화	.089
11	해 고	.088
12	지 역	.083
13	장기화	.079
14	공연예술	.077
15	상 황	.072
16	피 해	.071
17	침 체	.068
18	블 루	.059
19	예술가	.058
20	언컨택트	.057

3. 언어네트워크의 시각화 분석 결과

앞에서 분석한 주제어 분석이 주제어의 빈도수를 찾아내어 반복된 빈도수나 주제어와 주제어 간의 인기도를 양적으로 제시하는 다소 평면적인 분석이라면, 언어네트워크의 시각화 분석은 주제어와 주제어 사이의 관계를 시각적으로 밝혀줌으로써 입체적인 예술정책 동향을 분석하고 시사점을 도출할 수 있다. 언어네트워크의 시각화 분석을 위하여 워드 클라우드(Wordcloud) 분석, 밀도 분석(Degree Centrality), 근접 중심성(Closeness Centrality) 분석, 고유벡터 중심성(Eigenvector Centrality) 분석, 커뮤니티(Community) 분석지표를 활용하였다.

언어네트워크의 시각화 분석에서는 대부분 '코로나', '문화', '문화예술', '지원', '시대' 그리고 '이후' 등이 중요한 위치를 차지하고 있다. 이는 주제어 분석에서 자주 나타나거나 관심을 받은 주제어들과 비슷하게 나타나고 있음을 알 수 있다.

1) 워드클라우드(Wordcloud) 분석

워드클라우드 분석은 주제어 빈도분석 결과의 단순 수치를 기반으로 시각화되었으며, [그림 1]과 같이 가장 크게 도출된 주제어로 '문화'가 보이며, 이와 관련된 '프로젝트', '예술인', '상황', '비

장애', '장애', '동행', '매출', '세계', '평화', '활동', '상징', '융합' 등 다
양한 주제어가 있다.

[그림 1] 워드클라우드 분석

2) 밀도(Degree centrality) 분석

워드클라우드의 시각화 분석을 조금 더 입체적으로 분석하기
위하여 밀도 분석을 실시하였다. 밀도 분석은 연결 정도의 중심
성이라고 하며, 한 주제어가 연결망 내에서 연결된 다른 주제어
의 합을 말한다. 이를 통해 한 주제어가 얼마나 많은 주제어와
관계를 맺고 있는지를 파악할 수 있으며, 해당 주제어가 얼마나
많은 관계에 관여하는지도 파악할 수 있다. 밀도가 높은 주제어
는 다른 주제어들과의 관계성이 높고, 네트워크 내에 핵심 주제
어일 가능성이 크다.

밀도 분석결과 '코로나', '예술', '문화예술' 3개의 주제어가 전체 네트워크에서 삼각형 형태로 중심을 잡고 위치하고 있으며, 이를 중심으로 주변에 주제어들이 존재하고 있다. 앞서 주제어 빈도분석이나 중심성 분석에서 논의하였듯이 예술정책 동향을 분석하기 위한 범위를 한정하는 주제어로 볼 수 있다.

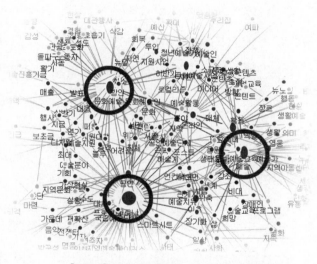

[그림 2] 밀도 분석(코로나, 문화예술, 예술)

예를 들면, '코로나'의 위치를 중심으로 밀도가 높은 주제어(고밀도 노드)는 [그림 2]와 〈표 3〉과 같이 주변에 있는 주제어로 '공연', '국립예술단체', '프로젝트' 등이 존재하고 있다. 이는 코로나19로 인해 현장성을 전제한 공연분야의 피해가 크다는 것을 보여주고 있다.

고밀도 노드	관련 언어
코로나	예술, 문화예술, 문화, 공연, 국립예술단체, 프로젝트
예술	예술교육, 예술가, 문화예술교육
문화예술	문화예술인, 방안, 문화, 시민, 대응, 지원, 대책, 위기, 침체, 직격탄

〈표3〉와 같이 고밀도노드와 관련 언어 분석결과, 현재의 어려움을 극복하고 뉴노멀시대를 대응하기 위해서는 국립예술단체를 중심으로 다양한 프로젝트의 새로운 시도와 지원이 필요하다는 것을 보여주고 있다.

3) 근접 중심성(Closeness centrality) 분석

근접 중심성은 각 주제어(노드) 간의 근접도를 기준으로 정의한다. 노드가 얼마나 중앙에 위치하느냐에 따라 각 노드 간의 중심성이 가까울수록 자원과 정보를 신속하게 영향을 받는다는 것을 의미한다. 본 연구의 근접 중심성 분석에서 가장 높은 주제어 순위는 [그림 4]과 같이 '문화예술'로 나타났으며, 그다음으로는 '코로나'와 '지원'으로 나타나 코로나19시대에는 '지원'이 매우 중요하다는 것을 보여주고 있다.

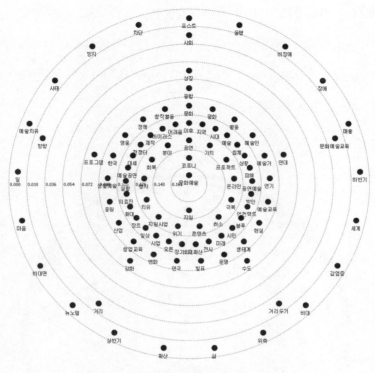

[그림 3] 근접 중심성 분석

4) 고유벡터 중심성(Eigenvector centrality) 분석

본 연구에서 고유벡터 중심성 분석은 연결된 노드의 개수뿐만 아니라 연결된 노드가 얼마나 중요한지도 함께 고려하였다. 또한, 연결된 다른 노드의 중심성을 가중치(weighted centrality)로 하여 계산된 연결 관계 정도까지 분석하였다.

고유벡터 중심성 분석에서 가장 높은 주제어 순위는 [그림 5]와 같이 '코로나', '시대', '이후', '포스트' 등 시대적 불확실성이 언제까지 지속할 것인지에 관한 주제어가 높은 것으로 나타났다. 이는 코로나가 언제 종식될지 알 수 없는 불확실함과 두려움과 언제부터 정상적인 예술 활동이 가능한지 등 시점에 대한 관심도 자연스럽게 보여준다.

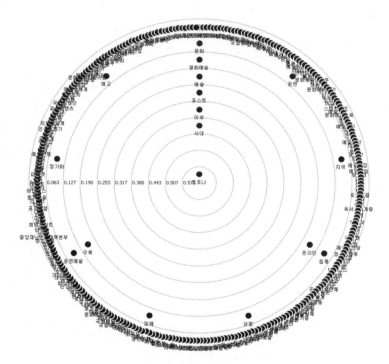

[그림 4] 고유벡터 중심성 분석

5) 커뮤니티(Community) 분석

마지막으로 커뮤니티 분석은 네트워크 내 그룹화된 연결망을 명명하는 작업이다. 이 커뮤니티 내에 존재하는 노드들은 외부보다 이들 커뮤니티 노드끼리 조밀한 연결 관계를 맺고 있다. 이러한 관계를 맺게 된 원인은 그들이 가진 속성 또는 유사성에 기인하고 있어 그 의미가 중요하다.

본 연구에서는 '코로나'와 '예술'에 관한 관련된 언어에 따라 커뮤니티를 분석한 결과는 10개의 그룹(Group)으로 나타났고 〈표 4〉와 같이 그룹 1에 속한 주제어로 '코로나', '포스트', '언컨택트', '문화', '지역', '침체', '상징', '예술인', '극복', '블루', '수도', '장기화', '사태', '전쟁터', '창작활동', '바이러스', '어려움' 등으로 나타나 코로나19로 촉발된 예술계는 부정적인 사회적 현상과 이를 극복하고자 하는 긍정적인 주제어가 함께 공존하고 있음을 보여주고 있다.

<표 4> 커뮤니티 분석결과

그룹	주제어	그룹	주제어
1	코로나, 포스트, 언컨택트, 문화, 지역, 침체, 상징, 예술인, 극복, 블루, 수도, 장기화, 사태, 전쟁터, 창작활동, 바이러스, 어려움	2	정책, 프로젝트, 동행, 예술공연, 문화예술, 행사, 비장애, 장애, 매출, 피해, 콘텐츠, 위기, 상반기, 마음, 치유, 장르, 제작
3	사회, 감염증, 비대면, 확산, 문화예술교육, 일, 예술치유, 방지, 방향, 차단	4	예술, 융합, 삶, 평화, 활동, 생태계, 변화, 응원
5	지원, 하반기, 사업, 발표, 확대, 방안, 시민	6	공연, 취소, 연기, 미래, 전시, 실황, 대세, 한국
7	뉴노멀, 온라인, 이후, 시대, 생활예술	8	상황, 가치, 예술교육, 프로그램
9	예술가, 예술인, 세계, 연대, 위축, 강화	10	공연예술, 운명, 연극

<표 1-2>

이상과 같이 언어네트워크 분석을 통해 가장 새롭게 부각되고 있는 주제어는 '온라인'을 비롯하여 '지원'과 '정책'으로, 코로나19가 전통적인 예술 생태계의 가치사슬을 온라인으로 전환하는 결정적인 역할을 하고 있고, 새로운 정책환경에 대응하는 뉴노멀시대의 예술정책 지원이 중요함을 보여주고 있다고 할 수 있다.

VI. 결론 및 시사점

본 연구는 코로나19로 촉발된 뉴노멀시대 예술정책의 변화와 이에 대응하는 예술정책 동향을 살펴보고, 이를 토대로 언어네트워크 분석을 통해 앞으로의 예술정책 방향에 대한 시사점을 찾고자 하였다. 분석을 통해 도출한 시사점과 제언을 간추리면 다음과 같다.

첫째, 최근 연구동향분석기법으로 활용되고 있는 언어네트워크 분석을 통하여 새로운 시각에서의 뉴노멀시대 예술정책 동향과 방향을 분석함으로써 비록 탐색적인 의미였지만 뉴노멀시대 예술정책 방향 연구에 기여한다고 볼 수 있다. 앞으로 언어네트워크 분석과 같은 다양한 연구동향분석기법을 활용하여 뉴노멀시대에 대응하는 예술정책 방향 분석을 더욱 입체적으로 규명하는 노력이 필요하다.

둘째, 주제어 빈도수와 중심성 분석에서 공통으로 상위를 차지한 주제어는 '온라인'이다. 이는 코로나19로 인해 사회적 거리두기의 일상화에 따라 온라인 전환이라는 새로운 정책환경변화에 대응을 위한 예술정책 방향이 중요하고, 특히 문화체육관광부(2020), 한국문화관광연구원(2020), 김연재(2020), 김규진, 나윤빈(2020) 등 여러 연구에서도 '온라인'이라는 주제어가 자주 등장하고 있는 바와 같이 뉴노멀시대의 예술정책의 핵심 주제어는 '온라인'임을 유추해 볼 수 있다.

셋째, 주제어 빈도수의 중요성도 간과해서는 안 되겠지만, 여기서 중심성을 고려한 주제어에 대한 심층 분석도 주목해 볼 필요가 있다. 예를 들면, '극복', '해고', '장기화', '공연예술', '상황', '피해', '침체', '블루' 등은 빈도수에서는 볼 수 없었지만, 네트워크상 중심성이 높은 주제어들로서 앞으로 예술정책 방향 연구에 있어 중요한 주제어로 다루어질 것으로 보인다.

넷째, 언어네트워크 분석을 통해 가장 새롭게 부각되고 있는 주제어는 '온라인'을 포함하여 '지원'과 '정책'으로, 코로나19가 전통적인 예술 생태계의 가치사슬을 온라인으로 전환하는 결정적인 역할을 하게 됨에 따라 새로운 정책환경에 대응하는 뉴노멀시대의 예술정책의 전략과 지원의 전환이 필요함을 보여주고 있다.

이를 위해서는 코로나19로 인해 어려움을 겪고 있는 예술계에 대한 긴급지원 등 단기적 처방뿐만 아니라 그야말로 비대면과 온라인시대라 할 수 있는 새로운 일상과 기준에 대응하는, 새로운 예술생태계의 조성을 위한 예술정책에 관한 중·장기적인 연구가 시급하다 할 수 있다. 또한, 온라인 기반의 예술창작 여건 마련과 현장성에 익숙한 예술인이나 관련 종사자를 위한 디지털 교육 활성화 지원뿐만 아니라 온·오프라인 연계를 위한 분야별 전문가와 현장과의 충분한 논의가 필요해 보인다. 그리고 뉴노멀 시대의 문화예술 정책에는 예술을 중심으로 디지털기술 등과 융합을 통해 예술의 영역을 새롭게 확장될 수 있도록 다각적인 방안과 지원이 수반되어야 할 것이다.

I. 서 론

II. 국내·외 음악교육플랫폼의 특성
    1. 국내 음악교육플랫폼의 특성
    2. 미국 음악교육플랫폼의 특성

III. 음악교육플랫폼의 구조

IV. 통합 온라인 커뮤니케이션 전략
    1. 온라인 커뮤니케이션 전략
    2. 온라인 커뮤니케이션 실행구조

V. 플랫폼 구조와 온라인 커뮤니케이션 전략의 융합방안

VI. 결론 및 제언

음악교육플랫폼 커뮤니케이션 전략

* 이 글은 문화와 융합, 2020년 제42권 11호에 실린 글입니다.

I. 서 론

국내의 웹 기반 음악교육플랫폼의 경우, 웹사이트와 교육시스템의 낙후성과 마케팅 전략의 부재로 인해 타 교육플랫폼에 비해 경쟁력이 약화되어 있는 상태이다. 이러한 상황은 국내의 음악교육플랫폼인 도약닷컴(김현경, 2018)과 미국의 Udemy의 비교를 통해서도 확인된다(udemy.com, 2020). 도약닷컴의 경우 소비자 맞춤형 웹사이트 구축(website personalization)이 이루어져 있지 않으며 1:1 레슨을 위한 기술적 지원도 이루어지고 있지 않다. 나아가 교육콘텐츠 구성의 체계성과 단계별 학습등급 관리 시스템 등이 확보되어 있지 않다. 또한, 마케팅 분야에서도 마케팅 커뮤니케이션 채널의 통합과 관리시스템 그리고 전략이 미흡한 상태이다.

이와 같은 상황은 온라인 음악교육플랫폼과 콘텐츠 분야뿐만 아니라 마케팅 개념과 경험이 부족한 소기업이나 개인 콘텐츠 제작자들에게도 콘텐츠가 사장되는 현실로 이어지게 된다(Gal Oestreicher-Singer, Lior Zalmanson, 2013). 이 점은 음악교육뿐만 아니라 모든 온라인 교육 분야에서도 마찬가지로 적용되고 있다(Heidi Partti, Sidsel Karlsen, 2010). 그런 연유로 기업이나 브랜드 또는 개인으로 하여금 기존의 대중매체와는 다른 새로운 커뮤니케이션 전략의 모색을 불가피하게 하였다(Lievrouw, Leah A., Livingstone, Sonia, 2006).

이에 본 연구는 한국과 미국의 대표적인 음악교육플랫폼인 도약닷컴과 Udemy의 특성을 분석하고 이미 대학에서 상용화되어 있는 LMS(Learning Management System)의 구성요인들을 도출하여 음악교육플랫폼과의 융합구조를 제시하고자 한다. 또한, 기존 연구된 온라인 마케팅 커뮤니케이션 전략을 분석하고 음악교육플랫폼을 위한 온라인 커뮤니케이션 전략을 제시하고자 한다. 온라인 커뮤니케이션 전략은 플랫폼 구조 모델과 마케팅 커뮤니케이션 전략이 융합된 구조모형으로 제시하고자 한다.

음악교육플랫폼 구성의 융합방안을 제시하기 위하여 먼저 기존 음악교육플랫폼의 구성요소와 요소 간 프로세스를 분석하고자 한다. 이를 위해 국내외의 일반인 대상 온라인 음악교육 사이트와 대학을 중심으로 하는 온라인 음악교육 시스템을 분석하고, 특히 한·미 양국의 대표적인 음악교육 사이트인 도약닷컴과 Udemy의 교육콘텐츠와 플랫폼 구성요소 등을 분석하고자 한다. LMS(Learning Management System) 분석은 선행연구를 바탕으로 진행하여 이를 일반인 대상 플랫폼 구조에 융합하기 위한 근거로 활용하고자 한다.

플랫폼 구조를 위한 온라인 마케팅 커뮤니케이션 전략은 Dmitry Dragilev(2019)가 제시한 통합 마케팅커뮤니케이션 전략

(IMC) 6단계와 Calin Gurau(2008)의 통합 온라인 마케팅 커뮤니케이션 모델을 기반으로 분석하여 융합방안을 제시할 것이다. 이를 바탕으로 본 연구결과물인 온라인 음악교육 플랫폼의 구성요소와 마케팅 커뮤니케이션 전략을 통합한 일반인 대상 음악교육 플랫폼 구성과 운용의 융합방안을 제시할 것이다.

II. 국내·외 음악교육플랫폼의 특성

1. 국내 음악교육플랫폼의 특성

국내의 음악 관련 온라인 교육 형태는 미디존, 스쿨뮤직, 뮤직 필드, 도약닷컴과 같은 일반인을 대상으로 하는 사이트와 정규 학위를 수여하는 각 대학의 사이버 대학들로 나누어 볼 수 있다.

국내의 음악교육사이트 중 뮤직필드와 도약닷컴은 악기와 그 교육을 위한 동영상 콘텐츠에 중점을 두고 있으며 클래식, 국악, CCM 및 대중음악까지 대부분의 음악장르 및 다양한 악기들을 다루고 있어, 대표적인 악기 교육 및 음악 기초 교육 사이트로 자리를 잡고 있다. 그 중 도약닷컴은 강좌별 맞춤 교재를 판매하고 있으며 이용자가 텍스트뿐만 아니라 동영상으로도 질문을 올리고 강사의 튜터링을 맞춤형으로 제공받을 수 있도록 차별성을 두고 있다(김현경, 2018).

그러나 현재도 국내 대부분의 음악교육을 위한 웹 기반 영상 플랫폼들은 초창기의 문제점을 여전히 유지하고 있다. 그 문제점은 크게 3가지로 나뉠 수 있다.

첫 번째, 전체 콘텐츠의 구성이 교육이론에 맞게 설계되어 있지 않다는 점이다. 두 번째, 이론 교육에 있어서 학생의 단계별 학습 정도를 확인하는 시스템도, 강사의 노력도 없다는 점이다. 이는 온라인의 장점인 상호작용성을 전혀 적용시키지 않는 일방향의 전달에 그치고 있다는 것이다. 세 번째, 모든 온라인 교육 분야에서의 어려움이지만, 특히 악기 교육에 있어서 면대면 학습을 진행하지 못하는 한계를 극복하려는 시도가 보이지 않는다는 것이다. 미국에 비해 상대적으로 영세한 규모와 작은 시장이라는 한계가 존재하지만 실시간 악기 교육을 위한 교육 시스템 구축을 통한 시장 확장성 확보가 필요해 보인다.

그리고 2020년 기준 실용음악관련학과를 운영하고 있는 사이버대학교는 총 6개이고, 그중 클래식 분야 중 성악과와 피아노과를 운영하고 있는 곳은 서울사이버대학교가 유일하다. 음악 부문에서의 나머지 5개학과는 모두 실용음악학과이다. 그중 경희사이버대학교, 세종사이버대학교, 디지털서울문화예술대학교, 서울디지털대학교, 서울사이버대학교만이 정규 4년제 학사학위를 수여하고 있다.

국내 대학의 온라인 음악교육에 대한 선행 연구는 이정아(2009)의 악기연주, 음악이론, 학교 음악교육 중심으로 분류를 통한 현황 분석과 개선 방안, 정은실(2011)의 요구분석, 교수설계, 학습내용 설계, 교수학습 전략, 상호작용성, 평가 및 피드백, 지원체계 및 저작권 등의 7개의 평가기준을 통한 웹사이트의 비교분석, 박명숙(2014)의 학습자의 학습만족도와 학습지속의도에 대한 인지적 실재감, 자기효능감, 자기주도학습의 영향 등에 대해 이루어져 왔으나 온라인 음악교육 플랫폼의 방향성을 제시하기 위한 연구는 부족한 것이 현실이다.

2. 미국 음악교육플랫폼의 특성

미국의 경우, 일반인을 대상으로 하는 대표적인 온라인 음악교육 사이트는 Udemy과 Linkedin Learning 등이 있다. 온라인 음악교육 프로그램을 통해 정규 학위를 수여하는 대표적인 대학은 웨스트조지아대학교, 버클리음악대학, 텍사스주립대학교, 밸리시티주립대학 등이 있다. 그중 버클리음악대학은 실기를 제외한 대부분의 강의를 온라인으로도 운영하고 있다(류은주, 2019). 미국의 Udemy와 Linkedin Learning은 음악교육보다는 IT 등 기술 관련 교육 사이트로 더욱 유명하나 음악교육 콘텐츠 분야에서도 가장 큰 규모를 기록하고 있다.

Udemy는 2010년 5월에 개발된 제도권 교육 밖에서 이루어지는 성인 및 학생을 대상으로 하는 방식의 온라인 학습플랫폼이다(Tamar Lewin, 2012). 2020년 1월 현재, 이 플랫폼에는 5천만 명 이상의 학생과 57,000명의 강사가 65개 이상의 언어로 강의를 진행하고 있으며 2020년 1월까지 총 2억 9천 5백만 명 이상이 코스에 등록했다(Wikipedia, 2020).

이처럼 미국의 경우 일자리 창출 면에서 플랫폼 구축모델의 고용효과가 매우 높다고 할 수 있다. Udemy는 강사가 선택한 주제에 대한 온라인 코스를 구축할 수 있는 플랫폼 역할을 한다. 강사에게 Udemy의 자체 코스개발 도구를 이용하여 비디오, 파워포인트 프레젠테이션, PDF, 오디오파일, zip파일 및 라이브 클래스를 업로드하여 코스를 만들 수 있게 제공되고 있다.

또한, 강사는 온라인 토론게시판을 통해 1:1 교습이 가능하도록 교류할 수 있게 설계되어 있다(Udemy, 2020). 그리고 음악교육과 관련해서는 음악이론, 뮤직프로덕션, 작곡, 뮤직 비즈니스, 마케팅, 그리고 악기 등과 관련된 4,000개 이상의 코스를 운영하고 있으며, 유튜브에서 검색되는 Udemy의 음악교육 관련 비디오는 218,000개로 집계된다. Udemy로 대표되는 최신의 개방형 온라인 강좌들(MOOCs: Massive Open Online Courses)은 원격 접속으로 더욱 많은 음악학습 기회를 제공하고 있으며 이것은 전통적인 학습 기법에 비해 낮은 가격으로 온라인 음악학습 강좌에 대한 수요를 강하게 촉진시키고 있다(Globe News Wire, 2019).

또한 개방형 온라인 강좌들의 유튜브 교육 동영상들과 이와 유사한 여러 어플리케이션들은 교육과정들의 상호작용성으로 인해 기존의 강의들과 차별성을 확보하고 있다. 교육콘텐츠는 오디오, 비디오 및 기타 그래픽의 사용으로 더욱 간결하면서 풍부한 표현이 가능하게 되었다. 이런 점은 장소와 관련된 편리함과 시간에 대한 융통성과 비용 그리고 시간적 측면의 유용함으로 인해 온라인 음악교육시장의 수요 증가를 이끌고 있다(Knowledge Sourcing Intelligence, 2020).

III. 음악교육플랫폼의 구조

온라인 교육은 인터넷을 통해 이루어지는 모든 종류의 학습을 포괄하는 유연한 교육 제공 시스템이다. 그리고 온라인 교육은 학습자 위주의 다원적이고 상호작용성이 필수인 원격교육 형태라고 할 수 있다(Sherry, 1996). 특히 라이브 스트리밍과 VR, AR 기술 등은 이러한 시간과 공간의 제약을 뛰어넘는 필수요건이 되고 있다. 코로나로 촉발된 언택트 상황과 온라인 음악교육에서 외면당해왔던 1:1 레슨과 앙상블 수업을 극복할 수 있는 대안으로 플랫폼 구성요소를 지원하는 기술로 필수적이라 할 수 있다.

이에 본 연구자는 국내외의 일반인 대상 온라인 음악교육 플랫폼에 대한 분석과 국내 선행연구자들의 대학 음악교육 중심의 이러닝 또는 LMS(Learning Management System)에 대한 연구를 기반으로 하였다. 현재 실시간 소통이 가능해진 통신 기술을 기반으로 일반인 대상 온라인 음악교육 플랫폼 구축을 위한 구성요소를 목표대상 분석(소비자/학습자), 코스설계/코스제작(콘텐츠), 교수자/학습자 관리를 위한 시스템, 콘텐츠 전달을 위한 시스템, 과제 관리 시스템, 학습등급관리 시스템, 1:1 레슨 시스템, 온라인 협업 시스템, 토론 시스템 등 9가지로 설정하였고 그에 따른 프로세스를 다음의 〈그림 1〉과 같이 도식화하였다.

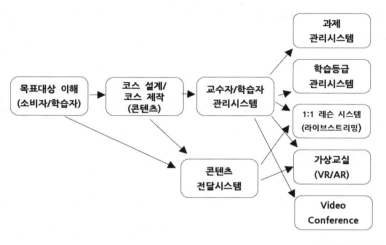

주: 연구자 구성

〈그림 1〉 온라인음악교육 플랫폼 구조모델(요소 간의 관계도)

9가지 플랫폼 구성요소 중 첫 번째 단계인 목표 대상 분석(소비자/학습자)은 사전 조사에 해당되며 이 단계에서는 학습자의 인구 통계학적, 심리학적 분석과 학습자들의 해당 과목에 대한 이해 수준 그리고 컴퓨터 스킬과 적절한 학습시간에 대한 정보 수집과 분석을 통해 학습자에 대해 파악한다. 그리고 또한 일반적 네트워크 상황과 사용자 컴퓨터의 사양 등에 대해 파악하고 다음 단계에 정보를 제공하며 콘텐츠 전달을 위한 기술적 기준을 마련해야 한다. 그리고 이 단계에서 학습자들의 수준을 등급별로 구별할 기준을 마련해야 한다. 이는 다음 단계인 코스설계/코스제작을 위한 기준이 된다.

그다음 두 번째 코스설계/코스제작(콘텐츠) 단계에서는 1단계인 목표 대상 분석을 통해 파악된 사용자 수준별 코스를 디자인하고 코스별 교육과정 디자인 및 교육 주제와 목표를 설정한다. 그리고 교육과정별 수업 내용을 정립하고 영상콘텐츠와 수업보조 자료를 제작한다.

세 번째 단계인 교수자/학습자 관리를 위한 시스템 구축 단계는 관리자입장의 교수자 및 학습자 지원 및 관리를 위한 것이다. 이 요소는 교수자에게 코스전략에 대한 조언/기술지원/콘텐츠 편집 등의 지원을, 학습자에겐 기술적 지원과 여러 편의적 관점의 지원으로 지속적인 학습 참여를 위한 동기부여의 역할을 한다.

네 번째 콘텐츠 전달 시스템 구축을 위한 단계는 영상콘텐츠와 더불어 전달되어야 할 파워포인트와 악보 등의 수업보조 자료와 사용자 가이드 등의 전달시스템 구축을 위한 것이다. 이는 교수자의 수업집중도를 높이고 학습자의 학습 만족도를 높이는 역할을 한다.

다섯 번째 과제 관리시스템 구축을 위한 단계는 교수자/학습자 간의 과제 전달 및 처리 시스템 구축을 위한 것이다. 적절한 과제와 그에 상응하는 교수자의 관리는 학습자에게 학습지속을 위한 동기부여가 된다.

여섯 번째 학습등급관리시스템 구축을 위한 단계는 학습자의 학습목표달성에 따른 등급 관리를 위한 것이며 이는 학습자의 단계별 학습 목표달성을 고무하여 학습 지속의지를 강화시킨다.

일곱 번째 1:1 레슨 시스템 구축을 위한 단계는 기존의 온라인 음악교육 플랫폼의 단점을 보안하기 위한 것으로 특히 악기교육에 있어서 반드시 필요한 실시간 1:1 레슨을 위한 시스템 구축을 위해서이다. 이를 통해 언택트 시대의 온라인 콘서트를 가능하게 한 양방향 또는 다중 라이브스트리밍 기술을 활용한 1:1 또는 다자간 악기 레슨이 가능하다. 이미 많은 온라인과 모바일 플랫폼들이 라이브스트리밍 서비스를 제공하고 있으며 이들 서비스와 연계 또는 자체 시스템 구축은 이제 필수적인 온라인 음악학습 도구가 될 것으로 예상된다.

여덟 번째 가상교실 시스템은 교수자와 학습자 또는 학습자와 학습자 간의 동일한 학습 이슈에 대한 협업과 토론을 위한 시스템으로 라이브스트리밍과 VR, AR기술이 결합된 가상 교실이다. 이는 오프라인 교실의 대안으로 학습 지속을 위한 동기부여과 학습 만족도에 긍정적인 영향을 줄 것으로 기대된다.

아홉 번째 Video Conference 시스템은 타 수업 또는 타 등급 학습자 간의 대화와 토론을 위한 화상회의 시스템으로 학습자 간 의견 교환을 통해 소속감을 고취하고 학습 지속의도를 고무시키는 역할을 한다.

이와 같이 〈그림 1〉의 온라인음악교육 플랫폼 구조모델은 플랫폼 구성을 위한 요소들의 구조와 단계별 수행 내용 그리고 요소 간의 관계를 설명하고 있다. 이는 맞춤형 웹사이트 구축(website personalization)을 위해 플랫폼 구성요소의 정립과 그 실현을 위한 라이브스트리밍, VR, AR 등의 기술요소들의 도출을 유도하며 웹 사이트의 구성과 설계를 위한 전략적 개념을 제공한다. 이와 같은 플랫폼 구성요소를 국내의 일반인 대상 음악교육 플랫폼인 도약닷컴, 미국의 Udemy 그리고 미술교육을 위한 온라인 미술교육플랫폼인 Schoolism과 비교하면 다음의 〈표 1〉과 같다.

〈표 1〉 본 연구자 제안 음악교육플랫폼과 타 플랫폼의 구성요소 비교

플랫폼 요소	본 저자 제안 플랫폼	도약닷컴	Udemy	미술교육 플랫폼 (Schoolism)
목표 대상 이해 (소비자 분석)	O	X	X	X
영상콘텐츠 중심	O	O	O	O
교수자/학습자 관리	O	O	O	O
과제 관리	O	X	X	O
학습등급 관리	O	X	X	X
1:1 레슨 (실시간)	O	X	△ (강사 재량)	X
가상교실	O	X	X	X
Video Conference	O	X	X	X

주: 연구자 구성

〈표 1〉과 같이 온라인 음악교육에 있어서 실시간 악기교육을 위해 반드시 갖춰져야 할 1:1 레슨 시스템, 가상교실, 화상회의 시스템 등이 온라인 미술교육 플랫폼에는 존재하지 않는다. 이는 실시간으로 소리를 전달해야 하는 음악교육 플랫폼과 달리 온라인 미술교육 플랫폼 사용자들은 실시간 전달의 필요성을 크게 느끼지 못하고 있는 것으로 해석된다. 또한, 학습자이자 소비자인 목표대상에 대한 분석이 이루어져 있지 않아 코스설계와 코스별 콘텐츠 제작에 있어서 체계적인 과정이 부족한 상태이며 이는 학습자의 학습만족도에 부정적인 영향을 끼칠 것으로 예상된다.

IV. 통합 온라인 커뮤니케이션 전략

1. 온라인 커뮤니케이션 전략

마케팅 예산이 적고 인지도 면에서 불리한 중소기업이나 개인은 기존의 마케팅 매체를 사용하는 고비용의 Push 마케팅 전략을 사용하기 어렵다(Thomas Harris, Patricia Whalen, 2006). 이러한 관점에서 볼 때, 중소기업이나 개인은 저비용으로 온라인과 소셜미디어를 통해 잠재구매자를 끌어당기는 전략(Pull 전략)을 구사해야 한다. 온라인 마케팅 커뮤니케이션은 기업이나 개인들이 소비자와 소통하기 위해 사용하는 방법이며, 광고, 홍보, 개인 판매, 판매 촉진, 인터넷 마케팅, 직접 마케팅 등의 형태로 전체 마케팅 도구들을 활용함으로써 목표 고객에게 최대의 영향을 미치도록 전략적으로 설계 돼야 한다(EnuSambyal, Taranpreet Kaur, 2017).

디지털 시대는 웹사이트, 온라인 광고와 비디오, 모바일 광고와 앱, 블로그에서부터 트위터, 페이스북, 유튜브, 인스타그램, 그리고 핀터레스트와 같은 주요 소셜미디어에 이르기까지 일련의 새로운 고객 관계 구축을 위한 마케팅 커뮤니케이션 도구를 만들어냈다. 그리고 디지털 시대의 새로운 마케팅은 소비자가 기업 또는 브랜드와 소통하고 경험하며 참여하는, 고객의 직접적이고 지속적인 참여를 촉진하는 고객 참여 마케팅이다(Kotler, et al., 2017). 이는 이미 많은 마케팅 전문가들이 마케팅의 트렌드가 일방향에서 상호작용으로 넘어가 있다는 것과 상호작용 안에서 수집된 사용자와 소비자 정보의 분석과 활용의 중요성을 이해하기 시작했다는 것이다.

디지털 마케팅 커뮤니케이션, 즉 온라인 마케팅 커뮤니케이션의 핵심 키워드는 입소문(EWOM: Electronic Word of Mouth)이다. 따라서 기업의 첫 번째 마케팅 목표는 입소문(EWOM: Electronic Word of Mouth)이 고객에게 전달되게 하는 것이다. 그리고 그 소문을 기반으로 브랜드 가치를 올리거나 상품 또는 서비스의 구매를 유도하는 것이 두 번째 마케팅 목표이다. 여기까지는 전통적인 방식의 마케팅 커뮤니케이션과 매체만 다를 뿐 유사하다 할 수 있다. 그러나 온라인 마케팅 커뮤니케이션의 대표적인 특징은 세 번째 목표에서 선명하게 나타난다. 온라인 마케팅 커뮤니케이션의 세 번째 목표는 마케팅 커뮤니케이션 활동을 통해 수집된 소비자 반응 정보를 측정하고 분석하여 추후 진행될 마케팅 활동에서 소비자나 이용자를 더욱 강하게 끌어당겨서(Pull 전략) 재구매를 유도하기 위한 정보로 활용하는 것이다. Calin Gurau(2008)의 연구도 본 연구자가 제시한 온라인 마케팅의 세 번째 목표인 소비자 반응의 분석과 축적의 중요성을 뒷받침한다.

즉 〈그림 2〉와 같이 기업 또는 홍보 담당자는 소비자 분석을 통해 획득된 기업의 상품 또는 브랜드의 가치를 담은 메시지를 소셜미디어나 온라인 매체 같은 마케팅 커뮤니케이션 채널들을 통해 전달한다. 그다음 소비자 또는 이용자의 반응을 측정, 분석하여 기업 또는 마케팅 담당자에게 전달한다. 이렇게 전달된 정보는 다음 마케팅 메시지와 전략을 수정하거나 새로운 전략을 수립하는 데 이용된다.

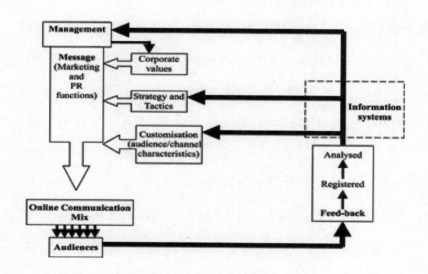

〈그림 2〉 통합 온라인 마케팅 커뮤니케이션 모델: 적용과 관리

[출처: Calin Gurau(2008)]

마케팅 커뮤니케이션 전략은 기업 또는 브랜드 또는 개인이 다양한 유형의 커뮤니케이션을 통해 목표시장에 도달하기 위한 것

이다. 여기에는 메시지(내용), 매체(수단), 대상(메시지가 도달하는 대상: 소비자)이 포함된다(Dimitry Dragilev,2019). 따라서 통합 마케팅 커뮤니케이션 전략(Integrated Marketing Communication Strategy)에는 바로 통합된 메시지라는 전제 조건이 붙는다. 마케팅 구조와 전략이 구성되어 있어도 전달하고자 하는 메시지가 부재하거나 메시지 전달을 위한 통합된 전략이 준비되어 있지 않다면 마케팅 커뮤니케이션은 성공할 수 없다. 즉 각각의 마케팅 채널에서 전달하는 메시지가 다르다면 마케팅 채널의 믹스는 존재의 근거가 없다. 다시 말하면 매체가 블로그이든 인플루언서이든 동일한 메시지 또는 동일한 이미지를 전달해야 한다는 것이다. Robert Allen(2017)은 이에 대해, 일관되고 중심이 되는 메시지가 모든 커뮤니케이션 매체를 통해 통일되게 전달될 때 그렇지 못한 경우보다 브랜드 인지도, 친밀도, 호감도 그리고 구매의도의 상승효과를 가져온다고 지적한다.

기업이나 브랜드 혹은 개인이 사전 소비자 분석을 통해 마케팅 커뮤니케이션 채널을 효과적으로 믹스하고 측정과 분석을 위한 시스템을 구축하였다 하더라도 메시지 프레이밍이 적용된 일관되고 중심이 되는 메시지가 존재하지 않는다면 전체 마케팅 전략은 실패할 가능성이 높다. 즉 성공적으로 잠재 구매자 또는 소비자를 잠시 끌어들였다(Pull전략) 해도 그들의 기억 속에 아무것도 남기지 못할 가능성이 높기 때문이다. 따라서 기업이나 브랜

드는 메시지 프레이밍 전략을 통해 완성된 한 장의 이미지 또는
한 줄의 문구로 표현되는 메시지, 그리고 그것의 전달을 위한 커
뮤니케이션 채널의 믹스, 그리고 마케팅 결과에 따른 나머지 3가
지 요소(측정, 분석, 반영)의 유기적인 운영을 위한 통합적인 전략
이 필요하다.

2. 온라인 커뮤니케이션 실행구조

일반적인 통합 마케팅 커뮤니케이션 전략(IMC)의 구성은 목표
대상 소비자 이해(Understand Your Target Audience), 고유한 판
매 제안(USP: Unique Selling Proposition), 마케팅 커뮤니케이션
믹스(Marketing Communication Mix), 브랜딩 요소 정의(Define
Branding Elements), 업무수행목표의 계량적 정립, 실행 및 측정
등의 여섯 단계로 정의된다(Dmitry Dragilev, 2019).

Dmitry Dragilev(2019)가 제시한 통합 마케팅 커뮤니케이션
전략(IMC) 6단계를 기반으로 본 연구에서 제안하는 온라인 마케
팅 커뮤니케이션 전략의 실행 모형은 다음의 〈그림 3〉과 같다.

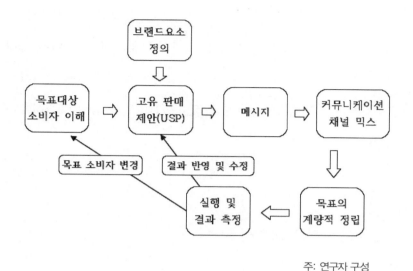

주: 연구자 구성

〈그림 3〉 온라인 마케팅 커뮤니케이션 전략 구조도

본 연구에서 제시하는 〈그림 3〉의 온라인 마케팅 커뮤니케이션 전략 구조도는 3장의 음악교육플랫폼의 구조와 마찬가지로 목표대상, 즉 잠재소비자(잠재 학습자)에 대한 이해에서 시작한다. 이렇게 정의된 소비자(학습자)와 자사가 추구하는 브랜드 목표를 반영한 고유 판매 제안이 작성되면 이를 기반으로 모든 커뮤니케이션 채널을 통해 전달될 메시지 작성이 이루어진다. 그다음 기업이나 브랜드의 상품이나 서비스의 특성과 이미 파악된 소비자 특성을 고려한 커뮤니케이션 채널의 선택 과정을 거쳐 각 커뮤니케이션 매체별 목표를 수치화해 정립한다. 이어 메시지를 전달하는 실행과정을 거쳐 그 결과를 측정하고 기존 제시된 커뮤니케이션 목표와 비교 분석을 통해 고유 판매 제안이나 커뮤니케이션 전략을 수정하거나 대상 고객 분석부터 다시 시작하게 된다. 만약 측정 결과 소비자에 대한 이해의 오류로 목표를 달성하지 못한 것으로 파악되면 마케팅 전략 중 시장 세분화(segmentation) 작업을 다시 수행하고 소비자 특성에 대한 이해단계를 재수행해야 하며 나머지 순차적인 요소들의 수정 또한 거쳐야 한다.

단계별 수행 방법을 살펴보면 첫 번째 목표 대상 소비자 이해(understand your target audience)는 STP전략[31]의 첫 번째 단계인 '시장세분화(segmentation)'와 동일한 방법을 따른다. 즉 인구통계학적, 지역적, 심리학적 분류와 소비자행동 등을 기준으로 삼는다.

그리고 두 번째 '고유 판매 제안(unique selling proposition)'은 대상 고객의 관점에서, 왜 소비자가 경쟁사의 제품이나 서비스 대신 자사의 것을 선택해야 하는지, 그리고 타사에 비해 부족한 점은 무엇인지 등을 파악하고 정의되어야 한다. 이는 홍보, 판매 또는 콘텐츠 마케팅 등 모든 커뮤니케이션 채널에서 브랜드가 보내는 모든 메시지에 반영되어야 한다.

세 번째 '메시지 수립'은 4C(Clarity, Credibility, Consistence, Competitive)를 기반으로 작성되어야 하며(David Jobber, John

---

31) STP전략: 시장 세분화(Segmentation), 표적 시장 선정(Target-ing), 위상 정립(Positioning)의 첫자를 딴 마케팅 전략중 하나이다.

Fahy, 2009), 작성된 메시지는 온/오프라인 광고를 비롯해 웹사이트를 포함하는 모든 커뮤니케이션 매체에 일관되고 명료하게 전달돼야 하며 마케팅 담당자는 새로운 메시지가 기존의 메시지를 방해하지 않도록 각 채널들을 지속적으로 관찰하고 관리하여 일관성을 유지해야 한다.

네 번째 '마케팅 커뮤니케이션 믹스'는 잠재 고객에게 다가가기 위한 마케팅 채널의 조합이라 할 수 있다. 웹사이트, SEM, SEA(검색엔진광고: Search Engine Advertizing), 블로그, 인스타그램, 유튜브, 인플루언서 마케팅 등을 제외하고도 다이렉트 이메일, 구글의 AdWords나 페이스북 등을 통한 온라인 광고, 제휴 마케팅 등을 예산과 상황에 따라 전통적인 커뮤니케이션 채널과 혼합하여 사용할 수도 있다.

다섯 번째 '브랜딩 요소 정의'는 기업이나 브랜드 또는 개인의 핵심 정체성에 관한 것들이다. 브랜딩은 무엇을 의미하는지 그리고 인정받기 원하는 것에 관한 모든 것이기 때문에(Enakshi Sharmajuly, 2015) 브랜드 정체성, 브랜드 이미지, 브랜드 포지셔닝, 브랜드 개성 등의 요소들이 정의되어야 하며 이를 기반으로 자사 브랜드가 목표하는 개념과 이미지를 정의해야 한다.

온라인 마케팅 커뮤니케이션의 목표는 트래픽과 전환율 그리고 수익의 개선이다. 따라서 여섯 번째 '마케팅 목표의 계량적 제시' 단계에서는 트래픽과 전환율 그리고 수익의 개선에 대한 '계량적 제시와 추적 및 측정'이 이루어져야 하며 이는 마케팅 커뮤니케이션의 결과 측정 및 추후 목표 제시의 기본 자료가 된다 (Ian Blair, 2020).

일곱 번째 '실행 및 마케팅 효과 분석'은 KPI(Key Performance Indicator), 즉 핵심성과지표에 대한 평가이며 기업의 목표를 달성하기 위한 성과지표이다(Carolyn Edgecomb, 2017). 마케팅 효과의 평가를 위한 KPI 측정요소는 판매수익, 리드당 비용, 고객 총가치[32], 인바운드 마케팅 ROI, 트래픽의 리드 전환율, 리드의 고객화 비율, 랜딩 페이지 전환율, 무비용 트래픽, 소셜미디어 트래픽과 전환율, 모바일 트래픽과 리드율 그리고 전환율 등이 있다.

---

32) 한 고객이 평생 동안 회사에 기여하는 수익성을 현재가치로 나타낸 수치

V. 플랫폼 구조와 온라인 커뮤니케이션 전략의 융합 방안

본 연구에서 앞서 기존의 플랫폼요소와 마케팅 커뮤니케이션 전략을 분석하여 제시한 프로세스 융합모형은 〈그림 4〉와 같다. 〈그림 4〉는 온라인 마케팅 커뮤니케이션 프로세스 모델과 플랫폼 구성요소가 통합된 관계를 도식화한 것이다.

이 도식은 음악교육플랫폼 구성요소의 구조와 온라인 마케팅 커뮤니케이션 전략이 융합된 운용프로세스를 설명하고 있다. 앞서 언급한 바대로 소비자이자 학습자인 목표대상에 대한 이해는 동일하게 플랫폼 구성의 첫 단계이자 온라인 커뮤니케이션 전략의 첫 번째 단계이다. 이 사전조사 결과는 플랫폼 구성의 다음 단계인 코스설계/코스제작을 위한 기준이 되며 온라인 마케팅 커뮤니케이션 전략의 다음 단계인 고유 판매 제안(USP)을 위한 기본 정보가 된다. 즉, 음악교육 콘텐츠와 플랫폼의 학습자인 목표대상을 위한 최적의 플랫폼 구성과 구조를 결정짓는 중요한 기준이자 콘텐츠 소비자로서의 학습자를 끌어당기는(pull) 마케팅 커뮤니케이션 전략수립을 위한 사전 단계이기도 하다는 것을 보여준다.

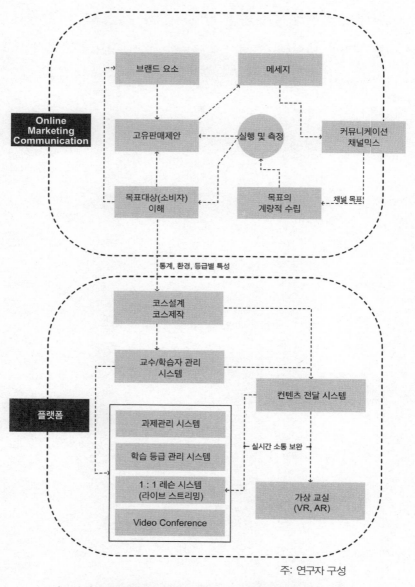

주: 연구자 구성

〈그림 4〉 플랫폼 구조모델과 커뮤니케이션 전략모델의 융합구조

이처럼 음악교육플랫폼의 구조설계는 커뮤니케이션 전략의 연계와 융합을 통해 목표 대상 소비자 분석을 기점으로 커뮤니케이션 전략을 반영함으로써 음악교육시장을 대상으로 효과적인 마케팅 메시지와 전달방식을 구조화할 수 있음을 알 수 있다.

VI. 결론 및 제언

본 연구는 온라인 음악교육플랫폼의 구성요소와 온라인 커뮤니케이션 전략을 통합한 새로운 융합구조를 제시한 연구이다. 연구방법은 먼저, 한국과 미국의 대표적인 음악교육플랫폼인 도약닷컴과 Udemy, 그리고 국내 대학의 LMS(Learning Management System)의 구성요소의 특성을 사례분석 하였다.

사례연구를 통해 성공적인 음악교육플랫폼의 구성요소와 특성을 도출하고 음악교육플랫폼의 융합적인 개선방안에 반영하였다.

연구결과, 일반인 대상 온라인 음악교육플랫폼의 구조에 코스설계/코스제작(콘텐츠), 교수자/학습자 관리시스템, 콘텐츠 전달시스템, 테스트/과제 관리시스템, 학습등급 관리시스템, 1:1 레슨시스템, 온라인 협업시스템, 대화/토론시스템이 반영되어야 함을 확인할 수 있었다.

연구결과로 제시한 융합모형은 플랫폼 구성요소와 온라인 마케팅 커뮤니케이션 전략을 반영한 특징을 지닌다. 음악교육플랫폼 구성의 개념구조에 있어서 코스설계와 코스제작을 위해 단계별로 목표 대상 분석(소비자/학습자)을 통한 사용자 수준별 코스디자인과 코스별 교육과정 디자인 및 교육 주제와 목표 설정의 중요성이 부각되었다.

나아가 교수자/학습자 관리를 위한 시스템 구축, 콘텐츠 전달 시스템, 과제관리 시스템, 학습등급 관리시스템, 1:1 레슨시스템, 토론시스템의 도입이 제시되었다.

소비자이자 학습자인 목표대상에 대한 이해는 동일하게 플랫폼 구성의 첫 단계이자 온라인 커뮤니케이션 전략의 첫 번째 단계이다.

즉, 음악교육 콘텐츠와 플랫폼의 소비자이자 학습자인 목표대상을 끌어당기기(pull) 위한 마케팅 커뮤니케이션 전략의 통합적 모형과 프로세스의 사전 단계이기도 하다는 것을 보여준다.

본고에서 제시한 융합방안은 플랫폼의 구조설계와 커뮤니케이션 전략 구축의 융합에 있어서 소비자인 학습자가 중심이 됨을 의미하고, 그 융합된 프로세스의 목표는 소비자인 학습자 개개인을 위한 이익을 제공함으로써 달성됨을 의미한다.

즉, 음악교육플랫폼의 구성요소와 커뮤니케이션 전략의 연계와 융합방안은 목표 대상 소비자 분석을 기점으로 커뮤니케이션 전략을 통해 효과적인 마케팅 메시지와 전달방식을 구조화할 수 있으며 학습자 중심의 플랫폼 최적화를 통해 학습 효과를 향상시킬 수 있음을 알 수 있다.

추후 본 연구가 제시한 플랫폼과 마케팅 커뮤니케이션의 융합구조에 음악교육콘텐츠와 관련된 요소들의 영향관계가 반영된다면 좀 더 완비된 융합모델의 제시가 가능해질 것으로 기대한다.

Ⅰ. 전 세계 아시아 거점이 될 한국 미술 시장 현대미술가 퍼스널 마케팅의 필요성

 1. 퍼스널 마케팅과 퍼스널브랜드란?
 2. 퍼스널 브랜딩을 위한 평판 및 평판산업
 3. 퍼스널브랜딩 4단계 전략
 4. 퍼스널브랜드의 시험, 세련화, 실현

Ⅱ. 국내미술가 A와 장 미셸 바스키아(Jean-Michel Basquiat) 퍼스널브랜딩 비교분석

 1. 분석방법- 퍼스널 마케팅 측정지표
 2. 분석대상
 3. 분석결과
 4. 현대미술가 퍼스널브랜딩 전략 구축모형 제안

Ⅲ. 결 론

현대 미술가의
퍼스널마케팅 전략

Ⅰ. 전 세계 아시아 거점이 될 한국 미술시장 현대미술가 퍼스널 마케팅의 필요성

코로나 팬데믹이 전 세계를 휩쓸며 정치 경제 사회 문화 전반이 공황에 빠져 신음한 지난 2년 동안 한국 미술시장은 가파른 상승세를 보이며 확장일로였다. 대표적인 예로 2021년 열린 국내 최대 규모의 전시회인 한국국제아트페어(KIAF SEOUL 2021·키아프)는 역대 '최고 판매액과 최다관람객' 기록을 경신, 두 마리 토끼를 모두 잡으며 세간을 놀라게 했다. 이 행사에는 세계 10개국, 170개의 다국적 갤러리들이 참여했는데 출품작이 총 3,000여 점에 달했다. 첫날 열린 VVIP 행사엔 5,000여 명 관객이 문전성시를 이루며 각자 자신이 점찍어 둔 작품을 마치 시장에서 장을 보듯 쓸어 담았다. 주최 측이 이날 집계한 총매출은 약 350억 원에 달했다. 이는 2019년 키아프 행사 전체 기간에 판매된 총 310억여 원을 훌쩍 넘어서는 수치였다. 2021년 키아프의 특이점을 여럿 들 수 있겠으나, 우리나라 인구의 34%, 즉 1,700만 명을 차지하는 MZ세대가 새롭고 강력한 미술품의 컬렉터로 등장했다는 점이다. 실제로 30~40대의 MZ 콜렉터는 행사 기간 내내 적잖은 작품을 직접 사들이며 구매능력을 과시하기도 했다. 2022년 한국국제아트페어(KIAF SEOUL 2022·키아프)는 세계

3대 글로벌 아트페어 가운데 하나인 영국 '프리즈(Frieze)'와의 협업, 서울에서 열린다. 일각에서는 한국 미술시장 성장을 위해선 이 같은 해외 아트페어의 유치 등 미술시장의 외형적 성장이 필요하다고 말한다. 다른 한편에선 오히려 국내 작가의 가치 자체를 끌어올리는 근본적인 처방이 필요하다고 말한다. 쌍방의 주장이 어떻든 지난 2015년부터 한국 미술시장의 흐름은 상승세를 예고했다.[33] 이런 점에서 현재 미술계에서 대두되는 시장의 외형적 성장이나 한국 작가의 위상 제고를 위한 활동은 둘 다 의미 있는 주장이다.

「한국미술시장 정보시스템 콘텐츠 개발 용역」에 따르면 2017년 한국의 미술품시장 가운데 경매는 총 163회로 역대 가장 많이 개최되었다. 그 가운데 온라인 경매의 역할이나 비중은 크다. 또한, 2015년 이후 미술품경매시장의 회복세가 이어지면서 유명 작가의 작품보다 상대적으로 저렴한 저가상품의 거래 비중도 증가했다.[34] 이는 앞서 기술한 MZ세대로 불리는 젊은 컬렉터 그룹의 미술시장 진입에 따른 결과로 풀이된다. 2017년 국내 미술품 경매시장의 동향 또한 1998년 이래 최고 실적을 기록한 2015년 수준을 회복하며[35] 역대 최대의 낙찰 총액을 기록했다. 이런 결

---

33) 『위클리오늘신문』, 〈키아프 성료, 역대 최고매출·최다관람 '대박' … "국내 작가 가치 높이는 데 주력해야"〉, 2021.10.19, 23:31, 감미사 기자
34) 문화체육관광부(2017), 「한국미술시장 정보시스템 콘텐츠 개발 최종보고서」, p.176.
35) 위 조사에서 홍콩경매의 조사는 제외되었다.

과는 온라인 경매시장의 성장에 따른 경매 출품 수의 급격한 증가에다 저가상품 거래의 활성화가 한몫했다. 실제로 1억 원 이상의 낙찰품은 1.75%였지만 100만 원 이하의 저가상품 낙찰은 52.3%에 달했다. 주목할 점은 아직도 한국 미술품경매 총액 기준 상위 10명의 작가 낙찰 총액은 전체의 47.06%를 차지한다는 점이다.[36]

같은 시기 아시아 미술시장 또한, 국제 아트페어나 글로벌 경매시장 등을 통해 무한경쟁시대를 맞고 있다.[37] 2021 키아프에도 쾨닉·에스더시퍼·페레스프로젝트·VSF 등 해외 유명 갤러리뿐만 아니라 디렉터까지 대거 입국, 치열한 국제 미술시장의 무한경쟁을 실감 나게 보여줬다. 일본에서 온 갤러리 에델(Gallery Edel), 갤러리 스탠(Gallery Stan) 등 해외 여러 갤러리도 '솔드아웃'을 선언하며 한국 시장의 저력에 놀라기도 했다.[38] 무라카미 타카시(Murakami Takashi)의 솔로쇼로 키아프에 참가한 페로탕(Perrotin)의 엠마뉴엘 페로탕(Emmanuel Perrotin)도 행사 첫날인 'VVIP날'부터 이른바 '대박신화'를 선보였다. 수십억 원대로 추산되는 이런 고가의 대형 작품들이 한국 미술시장에서 줄줄이 인연을 찾아가자 관람객은 탄성을 자아내기도 했다.

---

36) 문화체육관광부(2017), 앞의 책, pp.176–184 참조.
37) 문화체육관광부(2018), 『2017 아시아미술시장』 위너스북, p.88.
38) 『위클리오늘신문』, 〈키아프 성료, 역대 최고매출·최다관람 '대박' … "국내 작가 가치 높이는 데 주력해야"〉, 2021.10.19. 23:31, 감미사 기자

그러나 이런 성공에도 불구하고 한국을 포함한 아시아 미술시장은 여전히 치열한 경쟁에 내몰리고 있다. 특히 미술품의 양극화, 즉 작가의 인지도에 따른 작품의 가격 형성이나 판매결과 등 시장 반응은 명확하다. 따라서 이 같은 양극화를 타개하기 위해선 이젠 국내 현대미술가도 계획적이고 면밀한 퍼스널 마케팅 도입을 통해 작가의 인지도와 경쟁력을 제고할 필요가 있다. 이에 따라 향후 미술 작가와 관련한 퍼스널 마케팅 및 평판산업은 미술시장에서 중요한 화두로 대두될 수 있다.

본 논문의 연구방법은 현대 미술가들의 브랜딩 전략을 고찰하는 데 있어 필립 코틀러(Philip Kotler)의 퍼스널브랜딩 4단계 전략에 근거하였다. 측정지표에 따라 대표적인 국내의 현대미술가와 비교 대상인 해외 현대 미술가를 비교 분석한 후 현대미술가 퍼스널브랜딩 전략을 제시하고자 한다. 비교분석 대상은 국내 현대미술가 A와 세계적인 아티스트 장 미셸 바스키아(Jean-Michel Basquiat)이다. 국내 현대 미술가 A의 경우 2000년부터 2018년 현재까지 활동을 분석하였다. 바스키아의 경우 1960년대부터 1988년 8월 12일까지의 활동 내용을 분석한 것으로 그가 해외에서 강력한 명성이 유지된 시점을 기준으로 진행하였다. 본 논문은 이를 비교분석하고 위 연구결과를 토대로 현대미술가의 퍼스널브랜드 전략모형과 구축 프로세스를 제시하고자 한다.

1. 퍼스널 마케팅과 퍼스널브랜드란?

퍼스널 마케팅은 퍼스널브랜드에 대한 확립을 전제로 한다. 셀프 마케팅이든 평판산업을 활용하는 마케팅이든 그 어떤 것이라도 '나'를 아는 것이 가장 중요하기 때문이다. 퍼스널브랜드는 곧 자기인식이다. 나를 바로 아는 것은 자신의 이미지메이킹에 있어 청중과의 일관성 있는 커뮤니케이션을 가능하게 한다. 그러나 이론적인 수준에만 머물며 실천과 실행이 배제된 이미지메이킹은 그에 투자되는 마케팅 비용을 낭비하게 된다.[39] 앤디워홀은 "미래에는 모든 사람이 15분 만에 유명한 사람이 될 것"[40]이라고 말한 바 있다. 퍼스널 마케팅 전략은 앤디워홀의 말을 뒷받침하는 핵심도구이자 국내외 한국의 미술가를 알리고 인지도를 높이는 데 필수적인 과제이다. 본 연구에서는 미술가의 인지도란 소비자가 미술시장에서 작품이나 작가의 이름과 이미지로 인식하거나 회상할 수 있는 정도와 그 유지 기간이라고 정의한다. 퍼스널브랜드란, 각 개인만이 가진 힘을 통해 결과적으로 주변에서 높은 평가를 받는 것을 말한다.[41] 즉 개인이 가지고 있는 가치관, 비전, 재능을 브랜드화하여 자신의 가치를 높이고 인지도를 유지

---

39) 이종호(2008), "이종호의 퍼스널브랜드 사랑이야기 다섯 번째", 『퍼스널브랜딩』, 『한국마케팅연구』, 42(7), p.60.
40) Philip Kotler(2010), 『퍼스널마케팅』, 서울: 위너스북, p.133.
41) Hideyuki Yamamoto(2016), 『퍼스널브랜딩』, 서울: 이노다임 북스, p.40.

하게 하는 것을 말하는 것이다. 퍼스널브랜드가 확립되면 경쟁자
는 사라진다. 퍼스널 마케팅을 통해 자신의 특별한 퍼스널브랜드
를 확립함으로써 현대미술 영역에서 확고한 위치를 확보하게 되
는 것이다.

이처럼 퍼스널브랜드는 사람이 브랜드가 되는 것을 말한다. 즉
브랜드의 아이덴티티인 '그 사람'을 매개로 소비자의 경험에 근거
하여 차별화된 가치로 마케팅하는 것을 말한다. 박보람(2016)은
공급자, 수요자의 이원적 관점과 구성요소 간의 여러 차원을 조
합하여 브랜드 구성요소를 아래 나비모델로 제시하였다. [그림
2-1]은 브랜드 구성요소이다.

브랜드 가치와 브랜드 인식은 브랜드 자산이며 브랜드 실체와
브랜드 경험은 브랜드 현상으로 나타난다. 브랜드 실체를 구축하
는 공급자(현대미술가)와 브랜드를 경험하는 수요자(컬렉터) 간 각
각의 환경으로 브랜드를 직간접적 요소로 나눌 수 있다. 아래 그
림을 보면, '브랜딩'이란 공급자와 수요자의 영역을 일치하게 하
는 노력이다.[42]

---

42) 박보람(2016), 한국디자인학회, 「브랜드의 구성요소와 정의에 관한 고찰」, p.19.

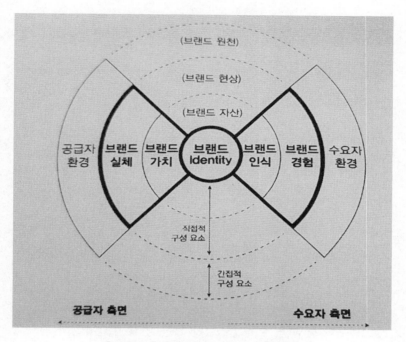

[그림 2-1] 브랜드의 구성요소, 나비모델

주: 박보람(2016), 『한국디자인학회 학술발표대회 논문』.

　　현대미술가의 퍼스널브랜딩 전략은 위 브랜드 구성요소를 어떻게 활용할지가 중요 쟁점이 된다. 작가를 일관성 있는 브랜드로 자리매김하게 하는 것은 중요한 과제이기 때문이다. 이러한 과제를 해결하기 위해서, 퍼스널브랜드에 대한 개념화는 필연적이다. 본 연구에서는 공급자(현대미술가)가 가진 독자적인 아이덴티티를 수요자(컬렉터)의 경험을 토대로 한 가치로 평가해 이를 인지도라는 관점에서 접근하고자 한다.

2. 퍼스널 브랜딩을 위한 평판 및 평판산업

　교통과 온라인의 발달로 현대미술시장에서 활동하는 한국 미술작가는 작품의 수준만큼 자신을 브랜드화할 수 있는 퍼스널 마케팅을 체계적으로 관리·운영할 필요가 있게 됐다. 이에 따라 평판산업(매니지먼트사)의 중요성과 필요성이 날로 고조되고 있다. 그러나 이런 퍼스널 마케팅을 주도할 전문인력이나 기업의 부족은 해외로 활동의 영역을 넓혀야 할 한국 현대미술가에게 있어 아쉬운 현실이다.

　한국의 미술시장은 2010년 이후 지속적인 하락을 보였으나 2014년부터 백남준, 이우환, 김환기 등 인기 미술가들과 단색화의 열풍 등으로 글로벌 미술시장에서 소폭의 성장세를 보였다. 하지만 이런 한국 미술시장에 관심을 보이는 외국 컬렉터의 양적 증가는 이뤄지고 있지만 그에 반해 작은 내수시장은 국제적 경쟁력의 한계를 보이고 있다.[43] 그러나 아트페어 키아프2022(KIAF)·프리즈(FRIEZE) 첫 공동개최를 앞두고 황달성 한국화랑협회장은 한국 미술시장의 경쟁력을 높이기 위해 다양한 노력을 밝히고 있어 귀추가 주목된다. 시장이 작다고 무조건 상황이 나쁜 것만은 아니다. 소위 세계적으로 브랜딩이 된 블루칩 작가의 작품

---

43) 문화체육관광부 재단법인 예술경영지원센터(2018), 앞의 책, p.28.

은 역대 최고가 경신하며 시장의 가능성을 알리고 있다. 여기에 신진작가에 대한 컬렉터 관심도 나날이 늘고 있어 고무적이라 할 수 있다. 한편에선 세계 3대 아트페어인 스위스 아트바젤, 프랑스 파리 피아크와 더불어 영국 프리즈가 아시아권에선 처음으로 서울 코엑스에서 열리는 건 서울이 향후 아시아 미술시장의 주축 될 수 있는 좋은 조짐이란 의견마저 나온다. 또 연간 총매출액 5,000억 원 규모였던 국내 미술품시장이 약 1조~2조 원대로 급증할 것이라는 전망도 현실로 다가오고 있다.[44] 이런 상황은 한국 미술시장에서 국내 현대미술가를 브랜딩해야 하는 더욱 확고한 이유를 선사한다. 이런 퍼스널브랜드와 관련한 평판산업에는 개인 매니저(persnal manager), 홍보담당자(publibist), 탤런트 대행인(talent agent), 전문코치(professional coaches), 재무관리자(financial manager) 등의 전문가들이 등장한다. 그들은 의뢰인의 재능 발굴은 물론 작품 가격이나 예술활동의 보수에 대한 협상을 담당한다. 이들은 관련 기관을 활용하고 마케팅 기법을 통해 가격을 결정한다. 이들이 미술시장에 진출하면 관리 작가의 작품을 관련 기관들에 전시하게 하고 연결판매 하는 것은 물론 미술가 활동 중 불공정 거래 및 위기에 노출될 경우 이를 대응하는 역할을 담당할 수도 있다. 또한, 이들은 미디어를 활용해 관

---

44) 『세계일보』 신문, 〈황달성 한국화랑협회장 "서울, 홍콩 제치고 아시아 제1 미술시장 부상할 기회 잡아"〉, 2022.6.28. 19:10.

리 작가의 인지도 확보작업을 수행할 수 있다. 말하자면 작가와 관련한 전방위의 업무를 담당하게 된다.

코틀러는 현대 평판산업의 진화단계를 4단계로 설명했다. 4단계는 가내공업단계, 초기산업화단계, 후기산업화 단계, 정보통신기술의 확산단계다.

3. 퍼스널브랜딩 4단계 전략

1) 퍼스널브랜드 생성과 재생

코틀러는 장기적인 브랜드 인지도는 극적인 변신을 전략적으로 수행해야 한다고 밝혔다. 이것은 최신 브랜딩 기법을 통해 진화하는 시장에 적응해야 하며, 이미지 변신이 뒤따라야 한다는 것을 말한다. 인지도를 높이기 위한 시장 중심적 전략이 표적 청중을 매료시킬 때 브랜드이미지는 그 힘을 갖는다고 보았다.

그는 장기개발 전략을 위한 4단계의 전략을 제시하였는데 그 중 첫 번째가 브랜드 생성과 재생이다. 특히 엔터테인먼트, 스포츠 종사자 이외에도 창의성이 필요한 작가나 기자들에게 이미지 변신을 위한 단계별 전략이 필요하다. 본 연구에서는 퍼스널브랜드 생성과 재생과 관련한 선행연구를 토대로 표적시장 선정, 청중의 규모, 자원가용성, 이미지형성개발로 나누어 관련 사항을 살펴보았다.

2) 표적시장 선정

브랜드 신규 개발자는 적합한 역할을 선정하고 이미지 변신을 통하여 표적시장의 정의 프로세스를 밟아 진행해야 한다. 표적시장 선정은 청중의 규모, 마케팅 충족요건, 자원가용성 이렇게 세 가지 주요 영역을 검토하여 선정해야 한다.

첫 번째 프로세스인 표적시장선정의 예로는 미술 영역인 한국의 그래피티 시장을 들 수 있다. 한국의 현대미술가 A는 선전미술을 통해 기업 및 영세 상인들의 인테리어 벽화를 그리며 생활을 해오다가 공공미술과 벽화활동으로 표적시장을 선점하였다.[45] 하위문화인 그래피티를 미술계에서 받아들인 이 현상은 상업미술로 자리하던 그래피티가 순수미술과의 경계를 허물고 갤러리의 한 장르로 진출함으로써 애초 표적시장의 규모를 더 크게 확장한 사례라 볼 수 있다.

---

45) 김유미(2007), 『부자가 된 괴짜들』, 서울: 21세기북스, p.5.

3) 청중의 규모

청중의 규모는 시장의 매력도 외에도 문화적 트렌드를 고려하면서 시장 영역의 발달 정도를 확인할 수 있는 기준이 된다. 청중의 규모를 파악하는 것은 신규 시장 진출자들이 얼마나 경쟁우위를 선점하는지 판가름할 기준이 된다. 퍼스널 마케팅의 성공여부는 해당 영역의 고유한 속성에 달려 있다. 이미 경쟁자가 많이 진출했다면 시장 진입에 신중해야 할 것이다. 하지만 미술가의 경우 인지도에만 연연하여 작품 활동을 게을리하거나 대중적 인지도만을 위한다면 오히려 좌절을 맛볼 수도 있다. 다양한 하위영역에서 활용한 국내 현대미술가 A는 그래피티의 폰트 무료배포 및 한글 그래피티 폰트디자인과 MD 상품 제작 등을 통해 표적고객층의 좁은 영역에서도 자신의 인지도를 확보할 수 있었다.

4) 자원 가용성

마케팅 콘셉트는 활용 가능한 자원의 수준과 전문력(지식, 능력, 기술)의 가용성을 함께 고려해야 한다. 미술시장은 마케팅에 있어 시간과 비용의 소모가 큰데, 많은 미술수련생이 활동하는 뉴욕처럼 자신을 알리는 데 자본 소모가 적은 시장 영역이 있는 반면, 그렇지 않은 시장도 있다. 이런 경우 막대한 재정적 지원이 있어야 해외 진출 등 다양한 마케팅 활동을 펼칠 수 있는데 기업과의 연계를 통해 자원을 확보하는 등 다양한 방안을 연구해야 할 것이다. 그러므로 예술은 생산 자체보다도 어떻게 유포하느냐 하는 것에 더 많은 기관과 사람이 참여하게 된다.[46]

5) 이미지 형성과 개발

분야를 막론하고 브랜드 생성단계의 마케팅 대상자를 고를 때는 신중한 판단이 필요하다. 인물의 유형을 선택하였다면 정교한 계획을 통해 더욱 세련되고 신뢰할 만한 개성으로 채워야 한다. 브랜드 생성의 프로세스는 특정한 인물의 유형을 선택하고 독특한 개성을 부여하여 오래 기억에 남는 차별화 전략을 만드는 과정이다.[47] 그러나 일반적인 현대미술가의 경우 미술가 개인의 캐릭터보다는 독창적인 작품성, 미술가의 배경, 미술가의 스토리가 브랜드 생성의 출발점이 된다.[48]

미술가의 브랜드 생성 및 재생이란 아트매니지먼트(지원인력)가 독특한 미술가의 이미지로 브랜딩하기 위해 자원을 투입하고 진출영역을 차별화하여 브랜드 포지셔닝을 통해 미술가를 성장시

---

46) 베르너하인리히스(2003), 『컬처 매니지먼트』, 서울: 인디북, p.34.

47) Philip Kotler(2010), 앞의 책, p.270, 재인용.

48) 황의록(2017), 「한국기업 기술과 예술의 접목이 시급하다」, 『미술사랑』, 한국화가협동조합, p.16.

키는 과정이라 정의할 수 있다.

4. 퍼스널브랜드의 시험, 세련화, 실현

브랜드가 생성이 되면 테스트를 거쳐 조사, 검증법의 절차인 브랜드 시험이 요구된다. 이미지가 설득력을 갖는지, 대중을 매료할 수 있는지, 브랜드의 신뢰와 확신이 있는지를 파악하는 것으로 시작하여 세부적으로 브랜드를 시험하여야 한다. 브랜드를 구축하고 실험하고 실현함으로써 브랜드의 일관성을 유지하는 법을 찾아 개발해야 한다. 이러한 브랜드 시험은 적은 비용과 위험부담이 없는 부분에서 시작해야 한다. 브랜드 시험에 대한 호응의 성패 여부는 브랜딩의 위험부담에 영향을 미치기 때문이다.

퍼스널브랜드의 검증단계인 브랜드 시험을 하고 나면 브랜드가 소비자에게 효과적으로 인식이 되도록 하는 과정이 필요하다. 이것이 브랜드 세련화이다. 브랜드 세련화 과정은 각 분야의 전문화된 컨설팅이 필요하다. 최근 그 수요가 많아짐에 따라 브랜드 컨설팅 분야가 급성장하고 있다.

아울러 시장에서 '브랜드 인식'이 제대로 자리 잡기 위해서는 주기적인 점검과 수정과 보완이 필요하다. 이를 돕는 전문 이미지 메이커들은 신규 시장 진출자들의 대외적인 이미지를 점검,

개선하는 지원을 담당한다. 이러한 이미지 개선과 점검은 인지도를 높이는 전략으로도 활용할 수 있다. 현대미술가의 경우 미술가와 작품의 개성이 부가가치로 전환될 수 있도록 하는 방법을 사용할 수 있다. 별개의 정체성을 갖는 독특한 작품성과 미술가의 이름을 활용, 스토리텔링 함으로써 브랜드의 개성과 속성을 전달할 수 있다.

　마지막 단계는 브랜드 실현이다. 브랜드는 환경과 소비자의 변화에 맞추어 최신 브랜딩 기법을 통해 지속 변화해야 한다. 또 경쟁자의 진출 및 경쟁제품의 출연으로 인한 브랜드의 진부화를 막고 변화하는 시장에 적응해야 한다.

　브랜딩 과정의 핵심인 브랜드 실현은 일관성 있는 이미지 변신을 활용하여 폭넓고 장기적으로 인지도를 높이 것에 의의가 있다. 또 외적인 이미지 변신뿐 아니라 내적으로도 일관성 있게 이미지를 변신해야 브랜드를 실현할 수 있다. 이러한 신뢰감 있는 브랜드 실현을 통해 지속적인 인지도 상승을 유도해야 한다. 이미지 변신에 성공한 브랜드일수록 시장의 신뢰를 받는 이유가 바로 그것이다. 그 외에도 코틀러가 제시한 브랜드를 실현하기 위한 주요수단은 행동수정, 멘토링, 상황적 변신, 행동중심의 변신 4가지가 있다.

　본 연구에서는 현대미술가의 브랜드 실현이란 시대적 요구와 시장의 욕구를 반영하여 소비자의 취향과 시대의 변화에 맞추어 작가의 이미지를 변화, 강화하는 과정이라고 정의한다. 본 연구에서는 위 선행논문을 바탕으로 현대미술가의 퍼스널 마케팅에 적합한 마케팅 측정항목을 상황적 변신과 행동중심의 변신, 조언자의 멘토링을 통한 행동중심의 변신 3가지의 마케팅요소로 채택하여 연구를 전개한다.

II. 국내미술가 A와 장 미셸 바스키아
(Jean-Michel Basquiat) 퍼스널브랜딩 비교분석

1. 분석방법- 퍼스널 마케팅 측정지표

코틀러가 제시한 브랜딩 4단계 전략의 선행연구를 통해 추출한 마케팅요소를 분석대상인 바스키아, 국내미술가 A 두 현대미술가에 대입하여 퍼스널 마케팅 전략을 도출하고자 한다. 분석대상자의 선정 배경은 국내 현대미술가 A와 바스키아는 모두 동시대에 활동하고 있으며 둘 다 미술교육을 받지 않았으며 같은 그래피티라는 영역에서 활동한다는 점에서 진출영역과 마케팅 방법이 흡사하다고 판단하였기 때문이다. 이를 위해 본 논문은 미술품 가격연구, 미술시장연구, 마케팅연구를 유형별로 구분하고 유사문헌연구를 통한 검증방식을 채택하였다.

〈표3-1〉의 좌변은 브랜딩 4단계 전략으로 1단계 브랜드 생성재생, 2단계 브랜드시험, 3단계 브랜드세련화, 4단계 브랜드실현으로 코틀러의 브랜딩 4단계를 적용하였다. 표의 우변은 단계별 마케팅요소를 유사연구로 검증하고 연구의 대상자인 현대미술가에 적합한 요소로 채택하여 비교 대상 미술가들의 사례를 통하여 재차 검증하였다.

〈표 3-1〉 퍼스널 마케팅 측정지표

브랜딩 4단계 전략	마케팅 요소	마케팅 측정지표
브랜드 생성 재생	지원과 인력지원	매니지먼트사
	진출영역 차별화	진출영역의 차별성
	인지도 구축	미술가 프리미엄
	이미지 형성 개발	미술가 이미지 개발 브랜드 형성개발
브랜드 시험	현장반응 조사	'관리되는 행사' 소규모 행사들로 브랜드 평가 및 시험
	지속적인 시험	마케팅 도구 및 비용이 저렴한 매체 활용 (유튜브, SNS 등)
	표적시장 선정	시장의 속성 파악 상업 미술시장, 국내·외 아트 페어, 국내·외 전시, 공연
	브랜드매력도, 신뢰성 시험	매력 있는 브랜드구축, 시험, 실현의 일관성 유지
	실현 및 리포지셔닝	초기 정립한 브랜드 실현 및 재 포지셔닝
브랜드 세련화	이름	작가 프리미엄
	스토리텔링	이야깃거리
브랜드 실현	상황적 변신	시대 환경에 맞는 변화를 주체적으로 수용
	조언자의 멘토링을 통한 행동중심의 변신	호소력 있는 행동 반복적 습관화, 조언자, 후원자

주: 코틀러(Kotler), 『브랜딩 4단계 전략』 근거로 연구자 재정리.

위와 같은 분석지표를 기준하여 국내·외 현대미술가 2인을 대상으로 마케팅 측정지표 항목을 검증하고 전략도출을 위한 비교 분석을 아래와 같이 진행하였다.

2. 분석대상

1) 국내 미술가 A

브랜드 생성 및 재생은 지원인력을 통한 이미지 형성개발의 단계이다. 필립 코틀러의 브랜딩 4단계의 첫 번째 생성 및 재생 단계에 사례를 대입하여 살펴보면, 국내 미술가 A는 매니저의 영입으로 지원인력을 확보하였다. 또 다른 국내 현대미술가의 진출영역과의 차별화를 통해 인지도를 구축해 가는 과정을 확인할 수 있었다. 이를 바탕으로 국내미술가 A는 자신만의 브랜드를 개발하고 형성하였다. 국내미술가 A는 특별한 재능과 독특한 특징을 가진 외모를 가지고 있다. 미술을 배우지 않은 점이 특징이며 한국인에게 잘 알려지지 않은 그래피티 영역에서 오랫동안 일관성 있는 캐릭터로 인지도를 쌓았다. A는 한국의 1세대 그래피티 작가라는 차별화 된 브랜드를 생성할 수 있었다. 퍼스널브랜드 시험은 표적시장 선정 및 브랜드 시험의 단계이다. 국내미술가 A는 두 번째 브랜드 시험 단계에서 표적시장을 선정하여 자신의 영역에서 관리할 수 있는 유수의 행사들을 통해 브랜드 평가시험을 하였다. 브랜드 세련화는 브랜드 상징화 과정이다. 브랜드 세련화 단계에서 국내미술가 A는 스토리텔링과 자신의 테크네임을 활용한 브랜드 상징화 전략을 활용하였다. 브랜드 실현은 브랜드 재생과정이다. 국내미술가 A는 브랜드 실현 단계에서 기존의 벽화작업 및 광고 외에도 전시, 퍼포먼스 공연, 언론사의 시사만평 연재에 이르기까지 지속적인 활동으로 이어갔다. 또 매니저의 조언과 지원을 통해 변신을 거듭하였다.

2) 장 미셸 바스키아(Jean-Michel Basquiat)

바스키아의 그림은 풍자적이고 생동감이 넘친다. 그는 고대 그리스 로마에서부터 아프리카와 카리브 해 지역까지 각기 다른 이미지 결합을 통해 자신만의 독특한 작품을 탄생시켰다.[49] 그는 1980년대 뉴욕의 천재 미술가라는 전설적인 인물로 남아 그 명성을 현재까지 유지하고 있다. 장 미셸 바스키아가 추구한 브랜딩 4단계의 첫 번째 브랜드 생성 및 재생 단계를 살펴보면, 바스키아는 백인이 활동하던 뉴욕시장에 흑인이라는 특수성과 그림

---

49) Andy Tuohy(2015), 『A-Z Great modern artist by Andy Tuohy』, 서울: 출판사명, p.21.

을 배우지 않았지만, 풍자적인 낙서화를 그릴 수 있는 '천재' 캐릭터로 이미지를 형성하고 개발하였다. 독특한 자신만의 브랜드 이미지를 생성한 것이다. 두 번째 브랜드 시험단계에서는 표적 청중에게 내비칠 역할의 유형을 정했다. 바스키아는 이 단계에서 십대 시절부터 맨하튼의 어퍼웨스트 사이드에서 드라마 그룹인 '패밀리 라이프 극단'과 친분을 쌓고 'SAMO(Same Old Shit)'라는 필명으로 뉴욕 담벼락에 그래피티를 그렸다. 또 재력가와 유명인사들과 어울리며 가수 블론디의 1980년 싱글앨범 「랩쳐」에 DJ로 출연했다. 이런 활동은 표적시장 선정과 브랜드 시험을 통하여 브랜드 시험을 수행한 것을 이해할 수 있다. 세 번째 브랜드 세련화 단계에서 그는 1982년 첫 개인전을 열어 어린이의 드로잉을 상기시키는 자신만의 암시를 담은 화풍을 선보였다. 또 다양한 재료를 활용한 실험적인 예술활동으로 예술성과 창의성을 인정받아 미술상과 수집가에게 높은 평가를 받았다.[50] 이런 바스키아의 작품세계 및 특별한 이미지 전략은 마케팅요소를 활용한 브랜드 상징화전략이라 할 수 있다. 네 번째 단계인 브랜드 실현에서 바스키아는 지원인력을 확보했다. 1980년대 그는 멘토인 앤디워홀과의 공동작업을 통해 자신의 브랜드를 새롭게 하는 리브랜딩에 성공한다.

---

50 Andy Tuohy(2015), 『A–Z Great modern artist by Andy Tuohy』, 서울: 출판사명, pp.19–21.

3. 분석결과

앞서 비교분석한 분석대상자를 퍼스널브랜딩 4단계의 마케팅 요소 중 총 14가지의 마케팅요소로 채택하여 사례분석을 하였다. 지표별 활용 정도를 강, 중, 약의 3단계로 구분했다. 활동기준 상위, 평균, 하위의 정도에 따라 구분하였으며 활동하지 않은 경우에는 공란으로 표기하였다. 위 연구 내용을 바탕으로 본 연구자가 제시하는 현대미술가 퍼스널브랜딩 전략 4단계 측정지표별 활용 정도는 〈표 3-2〉와 같다.

〈표 3-2〉 현대미술가 퍼스널브랜딩 전략 4단계 측정지표별 활용 정도

4단계 전략	마케팅요소	마케팅 측정지표	바스키아 Basquia	국내 미술가 A	기존 현대 미술가들
브랜드 생성 재생	자원과 인력지원	매니지먼트사	⊙	⊙	○
	진출영역 차별화	진출영역의 차별성	⊙	⊙	○
	인지도 구축	미술가 프리미엄	⊙	⊙	
	이미지 형성 개발	미술가 이미지 개발 브랜드 형성 개발	⊙	⊙	
브랜드 시험	현장반응 조사	'관리되는 행사' 소규모 행사 들로 브랜드 평가 및 시험	◎	⊙	○
	지속적인 시험	마케팅 도구 및 비용이 저렴한 매체 활용(유튜브, SNS)	◎	⊙	
	표적시장 선정	시장의 속성 파악 상업미술시장, 국내·외 아트 페어, 국내·외 전시, 공연	⊙	⊙	○
	브랜드매력도, 신뢰성 시험	매력 있는 브랜드 구축, 시험, 실현의 일관성 유지	⊙	⊙	
	실현 및 리포지셔닝	초기정립한 브랜드 실현 및 재포지셔닝	◎	◎	
브랜드 세련화	이름	작가 프리미엄	⊙	◎	
	스토리텔링	이야깃거리	⊙	⊙	
브랜드 실현	상황적 변신	시대 환경에 맞는 변화를 주체적으로 수용	⊙	⊙	
	조언자의 멘토링을 통한 행동중심의 변신	호소력 있는 행동 반복적 습관화, 조언자, 후원 자지원 브랜드 실현 과정	⊙	⊙	○

주: ⊙-강(상위), ◎-중(평균), ○-약(하위), 공란-(비 활동)

4단계 전략 단위별 마케팅요소의 지표별 활용 정도를 분석한 결과는 다음과 같다.

1단계 4가지 마케팅요소는 비교 대상 미술가 바스키아와 국내 미술가 A 두 대상자 모두 활용 정도가 '강'함으로 조사됐다. 두 미술가 모두 브랜드 생성에 있어 매니지먼트사의 지원을 통해 브랜드 개발을 하여 진출영역의 차별성과 인지도를 확보하고 있음을 확인할 수 있다. 그러나 브랜딩 생성단계에 있는 기존 현대미술가는 가족이나 친구의 지원을 받고 있었다. 또 활동 전부가 전시 및 대안공간의 전시 등에 지나지 않아 진출영역의 차별화를 도모하지 못함을 확인할 수 있었다. 따라서 기존 현대미술가들은 자원과 인력지원, 진출영역의 차별성 두 가지의 측정지표에서 '약'한 활용 정도를 확인할 수 있다.

2단계인 브랜드 시험에서는 1995년부터 현재까지 국내미술가 A의 25년 활동경력과 바스키아가 타개하기 전까지 활동한 8년의 활동경력이 각 사례에 있어 그 기준이 같지 않고, 1980년대 미국의 미술시장과 1995년 한국의 미술시장의 시대적인 환경의 차이가 커 그 시험 무대가 같지 않은 한계도 있었다. 짧은 경력을 보유한 바스키아보다는 상대적으로 활동경력이 길었던 국내미술가 A가 더 많은 브랜드 시험을 했음을 확인할 수 있으며, 브랜딩 생성단계인 국내 현대미술가의 경우 단체전이나 대안공간의 전시를 통한 단순한 테스트마켓을 경험한 것은 활용 정도가 '약'한 것으로 확인할 수 있었다. 이는 국내 현대미술가의 지속적인 브랜드 시험이 필요함을 시사한다.

3단계인 브랜드 세련화에서는 상징성의 전략 중 하나인 작가 이름의 활용 및 스토리텔링을 확인한 결과 국내미술과 A와 바스키아의 경우 '강'한 활동 정도가 확인되었으나 브랜딩 생성단계에 있는 국내 현대미술가는 활동이 전무했다. 이는 브랜드 세련화를 위한 브랜드전략이 필요함을 알 수 있다.

4단계인 브랜드 실현에서는 국내미술가 A의 경우 매니저를 통해서, 바스키아의 경우 화상과 큐레이터, 앤디워홀의 멘토링을 통한 상황적 변신이 '강'하게 활동하였음을 확인되었으나 브랜딩 생성단계에 있는 현대미술가의 경우 가족이나 친구에게 의존하는 형태 또는 혼자 활동을 하는 등 전문 매니지먼트사의 부재로 그 활동 정도가 '약'함을 확인할 수 있다.

이상을 요약해 보면, 브랜딩 생성단계의 국내 현대미술가의 경우 자신과 자신의 작품의 마케팅을 위한 전략적인 브랜딩을 단계별로 수립해야 함을 알 수 있다. 자원의 확보와 지원인력을 활용하여 진출영역의 차별성을 강구할 필요성이 대두됐다. 마케팅 실험을 위해선 단순 전시뿐만 아니라 다양한 마케팅 도구를 활용할 수 있는 소규모 행사들을 활용해야 하며 이때는 비용이 저렴한 매체를 선정할 필요성이 있다.

비교대상자인 국내 현대미술가 A와 바스키아의 경우 필립 코틀러의 브랜딩 4단계 전략의 측정지표별 사례가 상당 부분 일치함을 알 수 있다. 미술가의 자기인식을 바로 하고 원하는 이미지로 포지셔닝하여 퍼스널브랜드의 확립이 선행되어야 한다.

그리고 〈표 3-2〉 현대미술가 퍼스널브랜딩 전략 4단계 측정지표별 활용 정도에서 확인할 수 있듯이 미술가와 미술품의 브랜드 자산 구축을 위한 치밀한 전략도 동반되어야 한다.

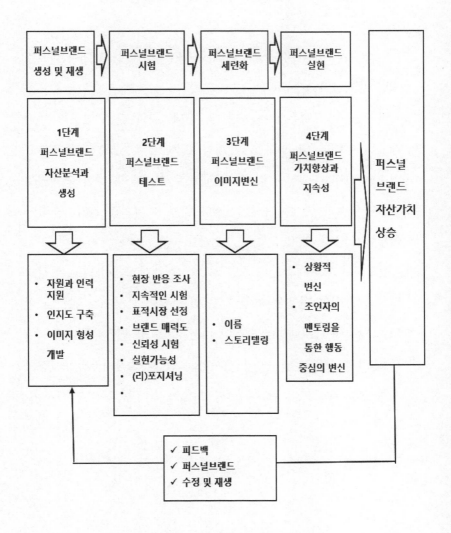

[그림 3-1] 현대미술가 퍼스널 마케팅 4단계 전략 구축모형 제안

4. 현대미술가 퍼스널브랜딩 전략 구축모형 제안

위 연구 내용을 바탕으로 본 연구자가 제시하는 현대미술가 퍼스널 마케팅 4단계.

전략 구축 모형은 [그림 3-1]과 같다. 위와 같은 연구를 통해 제시된 현대미술가 퍼스널 마케팅 4단계 전략 구축 프로세스는 퍼스널 브랜드 생성단계부터 콘셉트를 설정함에 있어 단계별로 마케팅요소가 존재하며 각 단계에 맞추어 퍼스널 이미지구축이 이루어짐을 알 수 있다.

한편, 이 프로세스는 퍼스널 브랜드 실현단계에서 다시 수정과 재생을 통해 순환됨을 확인할 수 있는데 이는 시대와 환경의 변화에 맞추어 리브랜딩이 되어야 하는 것을 시사한다. 위 연구 내용을 바탕으로 본 연구자가 제시하는 현대미술가퍼스널마케팅 4단계전략 구축 프로세스는 [그림 3-2]와 같다.

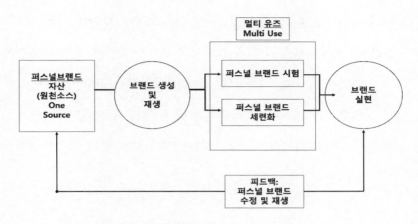

[그림 3-2] 퍼스널브랜드 구축 프로세스 제안

현대미술가들은 퍼스널 브랜드 자산인 자신만의 원천소스를 가지고 있다. 곧 미술품은 하나의 콘텐츠로 볼 수 있으므로 자신의 콘텐츠인 미술품으로 다양한 브랜드 시험을 거쳐 브랜드를 생성하고 재생하여 전략적인 브랜드 실현을 할 수 있다. 이 원천소스를 다양한 퍼스널 브랜드 시험과 브랜드 세련화를 할 수 있다. 이로써 브랜드를 실현하고 브랜드 수정 재생의 선순환을 거쳐 현대미술가의 브랜드 아이덴티티로 확고한 포지션을 확립할 수 있다. 일관성 있는 브랜드 구축이 가능하며 오랜 인지도를 유지하게 할 수 있다. 또 강력한 브랜드로 확립하기 위한 브랜드 세련화 전략으론 스토리텔링이 있다. 현대미술가와 작품은 퍼스널 리소스이다. 고유한 미술가의 자원은 전략적인 브랜드 포지셔닝을 통해 아이덴티티를 창출한다. 전략적인 브랜드 아이덴티티를 선택하여 소비자에게 미술가의 고유한 이미지를 각인시켜야 한다. 이를 위한 스토리텔링 전략은 소비자로 하여금 이미지를 인식하고 오래 기억하게 한다. 이는 브랜드시험과 브랜드 세련화의 도구이며 강력한 브랜드 실현의 전략이라 할 수 있으며 브랜드 자산 가치를 상승시켜 전략적인 브랜드실현을 가능하게 한다.

Ⅲ. 결 론

본 연구는 코틀러의 브랜딩 4단계 전략에 근거하여 국내미술가 A와 해외 미술가 장 미셸 바스키아의 퍼스널브랜드 전략사례를 비교·분석하였다.

현대미술가 퍼스널브랜드 전략의 비교연구를 통해 확인된 내용은 다음과 같다.

국내미술가 A와 장 미셸 바스키아의 퍼스널 브랜딩 4단계 측정 지표별 활용 정도의 분석에서, 총 14개 항목의 요소 중 국내미술가 A는 12개 항목이 강하고 2개 항목이 중간의 활용 정도로 도출되었다. 바스키아는 11개 항목이 강하고, 3개 항목이 중간의 활용 정도로 파악되었다. 이는 두 작가의 활동기간이 상이 한 점과 1980년대 미국의 미술시장과 1995년부터의 현재까지 한국의 미술시장 및 시대적인 상황이 다르다는 점에서 기인했다는 것을 확인할 수 있었다.

분석 결과가 갖는 함의는 다음과 같다.

1단계 퍼스널브랜드 생성과 재생단계에서는 자산분석과 생성을 위해 필요한 지원인력과 자원이 필요하며 이미지 형성 개발과 인지도를 구축해야 함을 확인하였다.

2단계 브랜드 시험단계에서는 브랜드 생성단계에 있는 미술가들의 경우 전시에만 국한된 활동을 하고 있었으므로 표적시장의 선정의 폭이 한정적이며 시험무대가 제한적이다. 자신만의 매력도를 발굴하여 이미지를 형성·개발하고 표적시장에서 반복적인 전략적 테스트가 필요하며 이를 통해 브랜드의 실현 가능성을 시험해야 한다.

3단계 퍼스널브랜드의 세련화에선 단계별 전략의 진입을 하지 못한 미술가들의 경우 브랜드를 생성하지 못한 것을 확인할 수 있다. 이에 따라 스토리텔링을 통한 마케팅 전략의 필요성을 확인하였다.

4단계 브랜드 실현의 경우 브랜딩 생성단계에 있는 현대미술가는 초기 설정한 자신의 브랜드를 수정 보완하고 재생하는 데 노력해야 한다. 또한, 브랜딩 실현 단계에서는 브랜드 가치 향상과 지속성을 위해 조언자의 멘토링이 필요함은 물론 시대와 환경의 변화에 맞추어 리브랜딩 하고 브랜드재생에 지속적으로 힘써야 한다.

위와 같은 비교분석으로 토대로 퍼스널브랜드 전략모형을 제시하였다. 즉 〈현대미술가 퍼스널마케팅 4단계 전략 구축모형〉, 〈퍼스널브랜드 전략구축 프로세스〉를 도식화하였다.

본 연구는 한국의 현대미술가뿐 아니라 미술가를 발굴하고 더불어 그들과 협업하는 단체, 기관, 기업이 미술가와 미술품 관련 퍼스널 마케팅을 진행하는 데 하나의 방향을 제시하고자 하였다. 미술시장과 관련한 다양한 산업에서 실용적으로 활용되어 미술 수요층 확대에 일조하고, 브랜드 생성단계에 있는 국내 현대미술가의 전략적인 마케팅 접근, 즉 구체적인 퍼스널 마케팅 전략을 구축하는 데 본 연구결과가 가치 있는 토대가 되길 기원하는 바이다.

I. 서 론

II. 대중음악 공연의 상품재적 특성

III. 연구방법
  1. 분석모형
  2. 변수의 조작적 정의 및 설문지
    구성
  3. 연구대상
  4. 분석방법

IV. 결과분석
  1. 조사대상의 인구통계학적 특성
  2. 타당성 및 신뢰도 검증
  3. 선택요인의 중요도-만족도
    차이
  4. 선택요인의 중요도와 만족도
    IPA 격자도 분석

VI. 결 론

대중음악공연 선택요인

IPA of the Choice Factors of Paid
Audiences for Pop Music Performance

I. 서 론

대중음악 공연은 상품재(Laczniak,1980)로, 무형적 특성 (Intangible feacher)과 비분리적 특성(Inseparability feacher)을 지 닌 직접거래 서비스(Direct Transaction)(박다인, 2013) 상품이다. 또한, 소멸적 특성(Perishability feacher)을 지닌 상품으로 사치 재(Luxurious Good feacher, 배영주, 1999)이자 노동집약적 특성 (Labor-Intensive feacher, 송필석, 2007)을 갖춘 상품이라 할 수 있다.

음악산업이 본격화된 2011년 이후 대중음악 공연부문에서 콘 서트 장르가 뮤지컬 장르 시장규모를 넘어선 시기가 2019년이다. 콘서트 시장의 호황은 K-POP 시장의 안정적 형성, 신뢰도 높은 가수들의 다양한 콘서트, 크로스오버, 밴드음악, 트로트 장르의 활약으로 인한 새로운 시장 개척 등의 요인에 기인한다. 2018년 콘텐츠산업통계(문화체육관광부, 2019)에 따르면 우리나라의 음악산 업의 매출액은 5조 8,043억 원으로 전년 대비 9.3% 증가했으며, 2015년부터 2017년까지 연평균 8.0%씩 꾸준한 증가세를 나타내 고 있다.

반면에 인터파크에서 판매된 전체 공연 편수는 총 13,305개 로, 이는 전년 대비 5% 증가한 수치이다. 콘서트가 전년 대비

10.5%인 가장 높은 증가세를 보여 2,966편이 판매되었고, 뮤지컬도 전년 대비 6.7% 증가한 3,075편이 판매되었다(인터파크, 2019). 콘서트의 이러한 폭발적인 성장은 티켓 판매금액의 변화에서도 확연히 드러난다.

우리나라의 음악공연 유료관람 경험은 국내 대중가요 콘서트가 50.1%로 가장 높으며, 그다음으로 뮤지컬 공연(40.6%), 음악 페스티벌(23.4%), 해외음악 콘서트(내한, 19.3%) 등의 순으로 나타났다(2019년 기준). 특히 국내 대중가요 콘서트는 전년도에도 47.0%로 전체 장르에서 가장 높은 비중을 차지했는데 2019년에는 3.1% 더 증가한 것이다. 특히, 2018년, 2019년 2년간의 무료공연만 관람함의 비중을 참고하면 전체 음악공연 관람자 중 2018년 85.8%, 2019년 83.3%가량의 인원이 유료공연 경험이 있음을 알 수 있다(한국콘텐츠진흥원, 2019). 이것은 우리나라의 문화 수준이 향상되면서 질 좋은 대중음악 공연의 경우 유료관람 의사가 높다는 의미로 이 점은 국내 대중음악 공연시장이 주목할 만한 요소이다.

급격한 성장세의 대중음악산업에 대한 다각적인 학술연구는 2000년대에 이르러서야 본격화되었다. 대중음악산업에 대한 선행연구의 성과는 2008년에 이르러 2배 이상 양적 성장을 이루는데, 이 비약적인 증가는 K-POP 시장의 확장추이와 무관하지 않다. 대중음악산업연구는 왕안열·권병웅(2019), 이수현·이시림(2018), 이유리·박양우(2013), 성동환(2012), 유승종(2010), 이선호(2009) 등 다수 수행되었으며, 공연관람 선택요인에 관한 연구는 조동민·이재준·이상호(2020), 이남미·구요한·유명현·김재현(2019), 황보예(2018), 윤나나·허식(2015), 권혁인·주희엽·정순규(2012), 김성희(2006) 등에 의해 수행되었다. 대체로 기존 연구성과들은 대중음악 공연소비자에 대한 연구보다 K-POP 음악산업 연구에 편중되는 경향을 보이고 있다.

따라서, 대중음악 공연의 매출규모와 유료관람 추이는 공연소비자의 선택요인에 크게 좌우되게 되는 바 대중음악 공연의 산업적 성장을 촉진하고 있는 공연소비자를 보다 집중 탐구할 필요성이 대두된다. 본 연구는 공연마케팅을 위해 IPA 분석기법을 활용하여 대중음악 공연관객의 선택요인에 관한 소비자 연구를 진행하고자 한다. 연구성과는 대중음악 공연마케팅의 지침이자 및 관객서비스의 기초자료로써 산업적, 학술적 의미를 지닌 것으로 기대한다.

II. 대중음악 공연의 상품재적 특성

    대중음악공연은 상품재적 특성을 갖춘 상품이다. 이는 부가적인 요소들을 통해 소비자를 만족시켜야 하는 서비스 상품이기 때문이다(Laczniak, 1980). 따라서 일반적인 제품과 구별되는 다음 여섯 가지의 특성을 염두에 두고 접근해야 할 필요성을 지닌다.

    첫째, 공연예술은 무형적 특성(Intangible feacher)을 갖는다. 즉, 제품처럼 형태를 띠고 있는 것이 아니라 볼 수 없고 만질 수 없는 서비스라는 점이다.

    둘째, 공연예술은 비분리적 특성(Inseparability feacher)을 갖는다. 주어진 무대에서 배우의 행위가 관객에게 즉각 보이는 직접거래 서비스(Direct Transaction)이기 때문에 생산과정에 공급자와 소비자가 반드시 함께 참여해야 한다(박다인, 2013).

    셋째, 공연예술은 이질적 특성(Heterogeneity feacher)을 갖는다. 공연예술은 무대에서 서비스를 실연하는 배우나 연주자의 상태에 따라 서비스가 달라질 수 있기 때문에 품질에 대해 표준화와 통제가 어렵다(고희경, 1995).

    넷째, 공연예술은 소멸성의 특성(Perishability feacher)을 갖는다. 생생한 현장감을 보관하거나 저장할 수 없어 공연시간 외에는 공연을 관람할 수 없으며, 공연이 끝나면 실제로 공연했던 순간이 1회로서 사라져 버린다.

다섯째, 공연예술은 일상생활에서 필수적으로 사용되는 필수재와 달리 사치재의 특성(Luxurious Good feacher)을 갖는다. 소비를 하지 않아도 실질적인 생활에 아무런 영향을 미치지 않기 때문에 이 상품은 수요의 불확실성을 띠고 있다(배영주, 1999).

여섯째, 공연예술은 노동집약적 특성(Labor-Intensive feacher)을 갖는다. 일정한 예술적 재능을 갖춘 제작자, 연기자, 스태프 등이 공연을 올리기 위해 일정 기간의 준비시간을 투자해야만 가능하다는 것이다(송필석, 2007).

이처럼 대중음악은 상품재로써 무형적 특성, 비분리적 특성, 이질적 특성, 소멸성의 특성, 사치재로서의 특성, 노동집약적 특성 등 다양한 특질을 갖춘 공연상품이라고 평가할 수 있다.

〈표 2-1〉 대중음악 공연의 분류

성 격	종 류	내 용
공연의 주체	단독 기획공연	단수의 공연기획사가 기획
	공동 기획공연	2개 이상의 회사가 기획에 참여
	대행 기획공연	공연을 의뢰받은 공연 기획사가 대행 수수료를 받고 진행
공연자 주체	국내 아티스트 공연	국내 아티스트의 콘서트
	해외 아티스트 공연	해외 아티스트의 국내 체류와 관련한 요구사항 이행 필수
지불유무	유료공연	티켓 판매가 주요 수익인 공연
	무료공연	주로 기업이나 지역 자치 단체 등에서 특정한 관객을 대상으로 무료 이벤트로 진행
이벤트 규모	단독공연	일회성 콘서트
	합동공연	2명 이상의 아티스트가 무대를 구성
	페스티벌	여러 날 동안 다른 라인업, 다수의 아티스트의 무대로 구성. 주로 야외에서 개최

[출처: 김진우·유지연·이아름·이창호·허영아(2018), 「뮤직비즈니스 바이블」]

한편, 대중음악 공연제작은 크게 세 단계를 통해 이루어지게 된다. 기본계획을 수립하는 프리프로덕션(Pre-Production), 공연을 실행하는 프로덕션(Production), 공연종료 후 결산 및 마무리하는 포스트프로덕션(Post Production)이다. 이 과정을 통해 생산된 대중음악의 분류체계는 김진우 외(2018)에 의하면 공연의 주체, 지불 유무, 공연자의 주체, 이벤트 규모에 따라 아래 〈표 2-1〉과 같이 분류된다. 이 분류에서 공연의 성격을 정함에 있어 '공연자 주체'는 출신유형에 해당하므로 '출연진 유형'으로, '이벤트 규모'는 구성내용이 이벤트의 성격보다는 출연진 구성형태에 해당하므로 '출연형태'로 수정하는 것이 적절하다.

한편, 대중음악 공연의 매출규모는 국내 공연 매출의 절반 이상을 차지하고 있는 인터파크의 2019년 결산자료를 참고할 필요가 있다.

〈표 2-2〉 공연 장르별 티켓 판매금액

(단위: 백만 원)

장 르	2019년	2018년	2017년	2016년	2015년
콘서트	247,407	223,340	182,600	180,900	179,300
뮤지컬	213,740	257,130	198,900	199,300	191,500
연 극	29,688	29,200	27,200	26,200	25,300
클래식/오페라	26,404	24,100	23,900	14,600	16,200
무용/전통예술	10,409	10,460	8,500	6,100	6,500
합 계	527,648	544,150	441,100	427,100	418,700

[출처: 인터파크(2019), 「2019 인터파크 공연결산 I - 예매자 분석 보도자료」]

　2019년 인터파크의 콘서트 매출은 전년 대비 10.7% 증가한 2,474억 원을 기록했는데 〈표 2-2〉를 살펴보면 콘서트 장르의 티켓 판매금액은 2016년, 2017년에는 전년 대비 변동이 없다가 2018년에 전년 대비 22.3% 증가하였고, 이러한 증가세가 지속되고 있음을 알 수 있다. 2019년 음악이용자 실태조사(한국콘텐츠진흥원, 2019)를 살펴보면 음악 스트리밍 또는 다운로드 서비스 이용 경험자들의 음악 스트리밍 및 다운로드 서비스 이용 방법은 멜론이 56.8%로 가장 높으며, 이어서 유튜브(39.3%), 지니(20.3%) 등의 순으로 높게 나타났다. 이처럼, 대중음악 공연시장은 매년 꾸준히 성장하고 있으며, 대중음악공연의 유료관람 현황 또한 증가하고 있음을 확인할 수 있다.

III. 연구방법

1. 분석모형

본 연구의 목적은 대중음악공연 유료관람 선택요인에 대한 중요도와 만족도를 파악하여 향후 대중음악 공연의 발전을 위한 시사점을 도출하는 데 있다. 이를 위해 선행연구에 대한 문헌고찰을 통해 대중음악공연 유료관람 선택요인을 도출하였으며, 설문조사 및 IPA(Importance-Performance Analysis)를 통해 실증분석을 실시하였다. 또한, 이 결과를 바탕으로 결론 및 시사점을 제시하고자 아래와 같이 연구문제를 설정하였다.

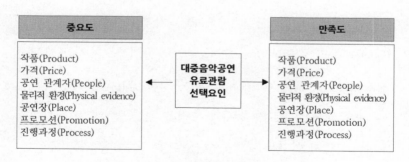

〈그림 3-1〉 연구모형

연구문제 1: 공연 관람객들이 중요하게 생각하는 대중음악공연 유료관람 선택요인의 중요도와 만족도의 차이를 알아본다.

연구문제 2: IPA 기법을 통해 공연 관람객들이 중요하게 생각하는 대중음악공연 유료관람 선택요인을 알아본다.

2. 변수의 조작적 정의 및 설문지 구성

대중음악은 음악을 듣는 일반 대중이라면 누구나 쉽게 즐겨 듣고, 따라 부를 수 있는 노래를 의미하고(이남미, 2019), 공연은 특정한 장소와 시간 속에서 펼쳐지는 예술형태를 의미한다.

본 연구에서는 마케팅믹스 7P를 바탕으로 대중음악공연 유료관람 선택요인을 작품(Product), 가격(Price), 공연관계자(People), 물리적 환경(Physical evidence), 공연장(Place), 프로모션(Promotion), 진행과정(Process)으로 구성하였다.

본 연구에서는 자료의 수집과 측정을 위한 방법으로 설문지를 사용한 실증적 연구를 채택하였다. 측정항목은 대중음악공연 유료관람 선택요인 중요도와 만족도가 각 35문항, 인구통계학적 특성에 대한 6문항으로 구성되었다.

3. 연구대상

연구대상은 대중음악공연 관람 유료구매 경험이 있는 350명을 대상으로 진행하였다. 조사기간은 2020년 5월 20일부터 5월 26일까지 6일간 실시하였으며, 조사방법은 연구취지를 안내한 후 자기기입식 설문방법을 채택하였다. 조사대상은 총 350부의 설문지를 배포하여 그중에서 불성실한 응답과 다수의 문항에 응답하지 않은 32부를 제외한 최종 318부를 실증 분석을 하였다.

4. 분석방법

통계처리는 통계패키지 프로그램 SPSS v. 21.0으로 분석하였다. 분석방법은 다음과 같다. 첫째, 조사대상자에 대한 인구통계학적 특성 파악을 위해 빈도분석을 실시하였다. 둘째, 측정도구의 타당성 검증 위하여 탐색적 요인을 분석하였고, 신뢰도 검증은 Cronbach's α 계수로 산출하였다. 셋째, 대중음악공연 유료관람 선택요인 분석에서 중요도와 만족도의 차이는 대응표본 t-test를 통해 파악하였다. 넷째, 대중음악공연 유료관람 선택요인은 중요도, 만족도 그리고 갭(Gap)의 결과를 통해 IPA 격자도 분석을 실시하였다.

Ⅳ. 결과분석

1. 조사대상의 인구통계학적 특성

조사대상에 대한 인구통계학적 특성 빈도분석 결과는 〈표 4-1〉과 같다.

〈표 4-1〉 대상자의 인구통계학적 특성

분류		빈도(N)	%	분류	빈도(N)	%
성 별	남 성	140	44.0	학 생	58	18.2
	여 성	178	56.0	전문직	62	19.5
연 령	20대 이하	92	28.9	회사원	89	28.0
	30대	139	43.7	자영업	21	6.60
	40대	71	22.3	프리랜서	66	20.8
	50대 이상	16	5.00	기 타	22	6.90
결혼 여부	미 혼	209	65.7	100만 원 미만	72	22.6
	기 혼	109	34.3	100~200만 원 미만	41	12.9
최종 학력	고졸 아래	23	7.20	200~300만 원 미만	75	23.6
	2년제 재학 및 졸업	50	15.7	300~400만 원 미만	60	18.9
	4년제 재학 및 졸업	122	38.4	400~500만 원 미만	30	9.40
	대학원 재학 및 졸업	123	38.7	500만 원 이상	40	12.6
전 체		318	100.0	전 체	318	100.0

분석결과, 성별은 남성 140명(44.0%), 여성 178명(56.0%)으로 나타났고, 연령은 20대 이하 92명(28.9%), 30대 139명(43.7%), 40대 71명(22.3%), 50대 이상 16명(5.0%)으로 나타났다.

결혼 여부는 미혼 209명(65.7%), 기혼 109명(34.3%)으로 분포하고, 최종 학력에서 고졸 이하 23명(7.2%)으로, 2년제 재학 및 졸업 50명(15.7%), 4년제 재학 및 졸업 122명(38.4%), 대학원 재학 및 졸업 123명(38.7%)으로 나타났다. 직업은 회사원 89명(28.0%), 프리랜서 66명(20.8%), 전문직 62명(19.5%), 학생 58명(18.2%), 자영업 21명(6.6%) 순으로 나타났고, 월평균 소득액은 100만 원 미만 72명(22.6%), 100~200만 원 미만 41명(12.9%), 200~300만 원 미만 75명(23.6%), 300~400만 원 미만 60명(18.9%), 400~500만 원 미만 30명(9.4%), 500만 원 이상 40명(12.6%)으로 나타났다.

2. 타당성 및 신뢰도 검증

1) 대중음악공연 유료관람 선택요인 중요도에 대한 타당성 검증

대중음악공연 유료관람 선택요인 중요도에 대한 타당성 및 신뢰도를 분석한 결과는 〈표 4-2〉와 같은 바 분석 결과 고유값이 1 이상인 7개의 요인이 도출되었다. 또한, 이 요인들의 전체

변량은 64.246%로 나타났다. 각 하위요인으로 요인 1(10.782%)은 '공연장 중요도', 요인 2(9.829%)는 '프로모션 중요도', 요인 3(9.320%)은 '가격 중요도', 요인 4(9.127%)는 '공연관계자 중요도', 요인 5(8.655%)는 '진행과정 중요도'로, 요인 6(8.499%)은 '작품 중요도', 요인 7(8.034%)은 '물리적 환경 중요도'로 명명하였다. 7가지 요인의 적재치는 0.40 이상으로서 나타나서 개념구성의 타당성은 검증되었다고 볼 수 있다. 신뢰도도 0.60 이상으로 나타나 문제가 없는 것으로 파악된다.

〈표 4-2〉 대중음악공연 유료관람 선택요인 중요도에 대한 타당성 검증

문 항	성 분						
	공연장 중요도	프로모션 중요도	가격 중요도	공연 관계자 중요도	진행 과정 중요도	작품 중요도	물리적 환경 중요도
SNS를 통한 라이브노출 및 소통	.833	.085	.021	.124	.092	.056	−.015
광고(TV, 라디오, SNS, 포스터) 홍보	.801	.065	.184	.024	.056	.099	.035
음악 관련 방송 출연	.790	.198	.055	.102	−.018	.010	−.005
신곡 발매	.715	.226	.014	.120	.051	.003	.061
인터넷 정보 (SNS, 예매처)	.688	.071	.112	.072	.184	.073	.084
관람후기 및 언론의 평가	.687	−.042	.264	.082	−.024	.143	.027
공연장 위치	.140	.856	.116	.080	.199	.192	.022

대중교통 이용 편리성	.153	.807	.142	.118	.233	.205	.077
공연장 인지도 (이미지)	.152	.769	.156	.067	.021	.174	.027
공연장 설비 (무대, 음향, 조명)	.227	.704	.145	.124	.142	.223	.101
공연장의 규모 및 좌석 수	.012	.674	.171	.096	.060	−.013	.103
공연장 인테리어	.092	.232	.772	.110	.064	.072	.131
공연장 규모 및 공간	.186	.142	.740	.046	.190	.055	.136
공연장 내 동선	.122	.109	.726	.190	.313	−.001	.114
공연장 내 부대시설 (간식, 음료 판매)	.162	.170	.725	.066	.063	.172	−.010
공연장 내 주차시설	.079	.089	.712	.097	.152	.109	−.040
직원의 전문성	.026	.043	.144	.834	.198	.146	.019
직원의 친절한 안내 및 설명	.083	.131	.100	.788	.167	.146	.092
연출자 및 스태프의 역량	.117	.167	.098	.731	.054	.009	.105
직원의 복장 및 배려	.128	.062	.147	.726	.018	.062	.008
아티스트의 호감도 및 신뢰도	.138	.032	−.033	.697	.181	−.019	.188
공연장의 다양하고 적절한 안내 표시	.081	.085	.126	.153	.803	.067	.059
공연의 원활한 진행 (입, 퇴장 시 안내)	.027	.092	.157	.147	.798	−.005	.038
공연일정에 대한 정보 제공	.092	.051	.257	.111	.747	−.008	.133

서비스 실패(공연시간 지연 등)의 보상	.072	.130	−.020	.160	.569	.317	.133
공연 중 음식물, 촬영 등의 통제	.052	.180	.122	.042	.518	.072	.045
할인 혜택	.087	.166	.041	.048	.078	.893	.020
요금의 탄력성	.058	.095	.059	.137	.109	.863	−.019
티켓 가격	.036	.149	.123	.073	−.009	.801	−.037
굿즈(Goods)의 가격	.210	.259	.214	.035	.166	.597	.028
아티스트의 역량 및 퍼포먼스	.030	−.039	−.053	−.019	.126	−.026	.865
아티스트의 음악	.014	.034	−.055	.029	.132	−.053	.785
예술성 및 창작성	.082	.075	.076	.134	.033	.097	.716
공연의 구성	.071	.148	.138	.119	.241	.085	.635
음악장르	−.033	.093	.218	.138	−.150	−.100	.582
고유값	3.774	3.440	3.262	3.195	3.029	2.974	2.812
분산설명력(%)	10.782	9.829	9.320	9.127	8.655	8.499	8.034
누적설명력(%)	10.782	20.611	29.931	39.058	47.713	56.212	64.246
신뢰도	.881	.870	.852	.848	.787	.775	.853
KMO= .857, Bartlett's test χ²=5928.223 (df=595, p= .000)							

2) 대중음악공연 유료관람 선택요인 만족도에 대한 타당성 검증

대중음악공연 유료관람 선택요인 만족도에 대한 타당성 및 신뢰도를 분석한 결과는 〈표 4-3〉과 같다. 분석한 결과, 고유값이 1 이상인 7개의 요인이 도출되었으며 이 요인들의 전체 변량은 68.261%로 나타났다. 즉, 각각 하위요인으로 요인 1(10.538%)은 '작품만족도', 요인 2(10.345%)는 '공연관계자 만족도', 요인 3(9.906%)은 '프로모션 만족도', 요인 4(9.662%)는 '물리적 환경 만족도', 요인 5(9.343%)는 '진행과정 만족도'로, 요인 6(9.340%)은 '공연장 만족도', 요인 7(9.127%)은 '가격만족도'로 명명하였다. 7가지 요인의 적재치는 0.40 이상으로서 나타남으로써 개념구성의 타당성이 검증되었다고 평가할 수 있다. 신뢰도도 0.60 이상으로 나타나 문제가 없는 것으로 파악된다.

〈표 4-3〉 대중음악공연 유료관람 선택요인 만족도에 대한 타당성 검증

문 항	성 분						
	작품 만족도	공연관 계자 만족도	프로 모션 만족도	물리적 환경 만족도	진행 과정 만족도	공연장 만족도	가격 만족도
아티스트의 음악	.828	.154	.125	.037	.055	.112	.017
아티스트의 역량 및 퍼포먼스	.825	.176	.121	.097	.059	.087	.013
음악장르	.734	.075	.135	.041	.111	.134	.070

예술성 및 창작성	.728	.132	.173	.132	.143	.040	.052
공연의 구성	.723	.245	.078	−.035	.056	.158	.219
직원의 친절한 안내 및 설명	.154	.837	.120	.141	.201	.071	.202
직원의 전문성	.143	.792	.177	.144	.212	.094	.169
직원의 복장 및 배려	.173	.742	.187	.194	.224	.101	.139
연출자 및 스태프의 역량	.232	.672	.198	.156	.201	.116	.094
아티스트의 호감도 및 신뢰도	.326	.616	.241	.020	.108	.184	.033
SNS를 통한 라이브 노출 및 소통	.177	.098	.767	.108	.149	.040	.066
음악 관련 방송 출연	.093	.208	.728	.207	−.054	.079	.140
광고(TV, 라디오, SNS, 포스터) 홍보	.057	.126	.654	.138	.360	.159	.134
관람후기 및 언론의 평가	.142	.170	.646	.078	.217	.272	.112
인터넷 정보 (SNS, 예매처)	.169	.128	.628	.091	.385	.108	.080
신곡 발매	.320	.294	.619	.149	−.006	.196	.182
공연장 인테리어	.054	.109	.185	.777	.284	.176	.087
공연장 내 주차시설	.049	.059	.121	.755	.078	.247	.253
공연장 규모 및 공간	.116	.168	.102	.739	.206	.272	.099
공연장 내 동선	.087	.227	.122	.730	.175	.241	.061
공연장 내 부대시설 (간식, 음료 판매)	.031	.129	.242	.588	.210	.118	.351

공연일정에 대한 정보 제공	.088	.160	.292	.151	.727	.110	.102
공연장의 다양하고 적절한 안내 표시	.135	.207	.194	.255	.698	.220	.109
공연의 원활한 진행 (입, 퇴장 시 안내)	.121	.369	.104	.220	.639	.154	.225
공연 중 음식물, 촬영 등의 통제	.053	.188	.096	.218	.601	.170	.194
서비스 실패(공연시간 지연 등)의 보상	.137	.208	.129	.130	.598	.196	.294
공연장 위치	.104	.106	.086	.271	.148	.813	.120
대중교통 이용 편리성	.126	.046	.141	.194	.133	.786	.141
공연장 인지도(이미지)	.061	.116	.181	.214	.156	.761	.118
공연장 설비 (무대, 음향, 조명)	.223	.262	.196	.144	.131	.621	.049
공연장의 규모 및 좌석수	.232	.044	.076	.250	.396	.542	.081
할인 혜택	−.061	.164	.074	.241	.158	.066	.839
요금의 탄력성	.004	.144	.187	.130	.219	.134	.808
굿즈(Goods)의 가격	.167	.051	.134	.097	.141	.079	.757
티켓 가격	.219	.175	.096	.110	.107	.142	.744
고유값	3.688	3.621	3.467	3.382	3.270	3.269	3.194
분산설명력(%)	10.538	10.345	9.906	9.662	9.343	9.340	9.127
누적설명력(%)	10.538	20.883	30.789	40.451	49.794	59.134	68.261
신뢰도	.867	.893	.863	.881	.858	.866	.874
KMO= .926, Bartlett's test χ^2=7049.625 (df=595, p= .000)							

3. 선택요인의 중요도-만족도 차이

1) 작품(Product) 요인

작품(Product)요인의 중요도, 만족도 그리고 갭(Gap)을 분석한
결과는 〈표 4-4〉와 같다. 전체적으로 볼 때 작품(Product)요인의
중요도는 평균 4.27점으로 나타났으며, 만족도는 평균 4.10점으
로 나타났다.

즉, 작품(Product)요인의 하위문항별 중요도는 '아티스트의 음
악'(M=4.58), '아티스트의 역량 및 퍼포먼스'(M=4.52), '공연의 구
성'(M=4.18), '예술성 및 창작성'(M=4.05), '음악장르'(M=4.03) 순
으로 나타났고, 만족도는 '아티스트의 음악'(M=4.26), '아티스
트의 역량 및 퍼포먼스'(M=4.16), '음악장르'(M=4.14), '공연의 구
성'(M=3.99), '예술성 및 창작성'(M=3.93) 순으로 나타났다.

전반적으로 볼 때, 전반적인 작품(Product)요인과 하위문항별
아티스트의 역량 및 퍼포먼스, 아티스트의 음악, 공연의 구성,
예술성 및 창작성 면에서 통계적으로 의미 있는 차이가 나타났
다(p< .05). 전반적인 작품(Product) 요인과 하위문항별 아티스트
의 역량 및 퍼포먼스, 아티스트의 음악, 공연의 구성, 예술성 및
창작성에 있어 중요도는 상대적으로 만족도보다 높은 것으로 나
타났다.

요인의 구분	중요도		만족도		중요도-만족도		# t-value	p
	M	SD	M	SD	M	SD		
아티스트의 역량 및 퍼포먼스	4.52	.713	4.16	.673	.36	.908	7.044***	.000
아티스트의 음악	4.58	.718	4.26	.657	.32	.880	6.562***	.000
공연의 구성	4.18	.823	3.99	.741	.19	1.002	3.303**	.001
음악장르	4.03	.971	4.14	.709	−.11	1.146	−1.664	.097
예술성 및 창작성	4.05	.837	3.93	.847	.12	1.010	2.110*	.036
전 체	4.27	.593	4.10	.589	.18	.749	4.195***	.000

*p< .05, **p< .01, ***p< .001

2) 가격(Price) 요인

가격(Price)요인의 중요도, 만족도 그리고 갭(Gap)을 분석한 결과는 〈표 4-5〉와 같다. 전체적으로 볼 때 가격(Price)요인에 대한 중요도는 평균 3.46점으로 나타났으며, 만족도는 평균 3.02점으로 나타났다.

즉, 가격(Price)요인의 하위문항별 중요도는 '티켓 가격'(M=3.60), '할인혜택'(M=3.59), '요금의 탄력성'(M=3.52), '굿즈(Goods)의 가격'(M=3.12) 순으로 나타났고, 만족도는 '티켓 가격'(M=3.24), '요금의 탄력성'(M=3.02), '굿즈(Goods)의 가격'(M=2.93), '할인혜택'(M=2.91) 순으로 나타났다.

전반적으로 볼 때, 전반적인 가격(Price)요인과 하위문항별 티켓 가격, 할인혜택, 요금의 탄력성, 굿즈(Goods)의 가격에 대해 통계적으로 의미 있는 차이가 나타났다(p< .05). 전반적인 가격(Price) 요인과 하위문항별 티켓 가격, 할인혜택, 요금의 탄력성, 굿즈(Goods)의 가격에 대한 중요도는 만족도에 비해 상대적으로 높은 것으로 나타났다.

〈표 4-5〉 가격(Price) 요인의 중요도-만족도 차이

요인의 구분	중요도		만족도		중요도-만족도		#t-value	p
	M	SD	M	SD	M	SD		
티켓 가격	3.60	.909	3.24	.881	.36	1.307	4.976***	.000
할인 혜택	3.59	1.067	2.91	.986	.69	1.435	8.520***	.000
요금의 탄력성	3.52	.965	3.02	.881	.50	1.326	6.766***	.000
굿즈(Goods) 의 가격	3.12	1.167	2.93	.951	.19	1.452	2.317*	.021
전 체	3.46	.858	3.02	.789	.44	1.165	6.666***	.000

*p<.05, ***p<.001

3) 공연장(Place) 요인

공연장(Place) 요인의 중요도, 만족도 그리고 갭(Gap)을 분석한 결과는 〈표 4-6〉과 같다. 전체적으로 볼 때 공연장(Place) 요인에 대한 중요도는 평균 3.66점으로 나타났으며, 만족도는 평균 3.66점으로 나타났다.

즉, 공연장(Place) 요인의 하위문항별 중요도는 '공연장 설비(무대, 음향, 조명)'(M=3.99), '대중교통 이용 편리성'(M=3.79), '공연장 위치'(M=3.77), '공연장의 규모 및 좌석 수'(M=3.38), '공연장 인지도(이미지)'(M=3.34) 순으로 나타났고, 만족도는 '공연장의 규모 및 좌석 수'(M=3.71), '공연장 인지도(이미지)'(M=3.68), '공연장 위치'(M=3.64), '공연장 설비(무대, 음향, 조명)'(M=3.65), '대중교통 이용 편리성'(M=3.60) 순으로 나타났다.

전반적으로 볼 때, 공연장(Place) 요인의 하위문항별 공연장의 규모 및 좌석 수, 대중교통 이용 편리성, 공연장 인지도(이미지), 공연장 설비(무대, 음향, 조명)면에서 유의미한 통계적 차이가 나타났으며(p<.05), 하위문항별 공연장의 규모 및 좌석 수, 공연장 인지도(이미지)에 대한 중요도는 만족도와 대비해 볼 때 상대적으로 높은 것으로 나타났다.

<表 4-6> 공연장(Place) 요인의 중요도-만족도 차이

요인의 구분	중요도		만족도		중요도-만족도		#t-value	p
	M	SD	M	SD	M	SD		
공연장의 규모 및 좌석 수	3.38	1.163	3.71	.848	-.33	1.441	-4.048***	.000
대중교통 이용 편리성	3.79	1.060	3.60	.848	.189	1.342	2.508*	.013
공연장 위치	3.77	1.023	3.64	.823	.13	1.305	1.762	.079
공연장 인지도 (이미지)	3.34	1.059	3.68	.772	-.34	1.273	-4.802***	.000
공연장 설비 (무대, 음향, 조명)	3.99	1.031	3.65	.822	.34	1.292	4.645***	.000
전 체	3.66	.879	3.66	.664	-.003	1.076	-.052	.958

*p< .05, ***p< .001

4) 프로모션(Promotion) 요인

프로모션(Promotion) 요인에 있어 중요도, 만족도 그리고 갭(Gap)을 분석한 결과는 <표 4-7>과 같다. 전체적으로 볼 때 프로모션(Promotion) 요인에 대한 중요도는 평균 3.31점으로 나타났으며, 만족도는 평균 3.54점으로 나타났다. 즉, 프로모션(Promotion) 요인의 하위문항별 중요도는 '인터넷 정보(SNS, 예매처)'(M=3.83), '신곡 발매'(M=3.34), '광고(TV, 라디오, SNS, 포스터) 홍보'(M=3.32), 'SNS를 통한

라이브노출 및 소통'(M=3.29), '관람후기 및 언론의 평가'(M=3.18), '음
악 관련 방송 출연'(M=2.88) 순으로 나타났고, 만족도는 '인터넷 정보
(SNS, 예매처)'(M=3.62), '신곡 발매'(M=3.59), 'SNS를 통한 라이브노출
및 소통'(M=3.59), '관람후기 및 언론의 평가'(M=3.59), '광고(TV, 라디오,
SNS, 포스터) 홍보'(M=3.47), '음악 관련 방송 출연'(M=3.36) 순으로 나타
났다.

〈표 4-7〉 프로모션(Promotion) 요인의 중요도-만족도 차이

요인의 구분	중요도		만족도		중요도-만족도		#t-value	p
	M	SD	M	SD	M	SD		
신곡 발매	3.34	1.114	3.59	.764	-.248	1.185	-3.737***	.000
음악 관련 방송 출연	2.88	1.195	3.36	.785	-.478	1.275	-6.685***	.000
SNS를 통한 라이브노출 및 소통	3.29	1.183	3.59	.796	-.296	1.241	-4.248***	.000
관람후기 및 언론의 평가	3.18	1.218	3.59	.780	-.418	1.268	-5.884***	.000
광고 홍보	3.32	1.119	3.47	.777	-.154	1.235	-2.225*	.027
인터넷 정보	3.83	1.024	3.62	.792	.211	1.122	3.349**	.001
전 체	3.31	.890	3.54	.603	-.231	.897	-4.586***	.000

*p〈 .05, **p〈 .01, ***p〈 .001

전반적으로 볼 때, 전반적인 프로모션(Promotion) 요인과 하위 문항별 신곡 발매, 음악 관련 방송 출연, SNS를 통한 라이브노출 및 소통, 관람후기 및 언론의 평가, 광고(TV, 라디오, SNS, 포스터) 홍보, 인터넷 정보(SNS, 예매처)에 있어서 유의미한 통계적 차이가 나타났다(p<.05). 전반적인 프로모션(Promotion) 요인과 하위문항별 신곡 발매, 음악 관련 방송 출연, SNS를 통한 라이브 노출 및 소통, 관람후기 및 언론의 평가, 광고(TV, 라디오, SNS, 포스터) 홍보에 대한 만족도는 중요도에 비해 상대적으로 높은 것으로 나타났고, 하위문항별 인터넷 정보(SNS, 예매처)에 대한 중요도는 상대적으로 만족도 대비 높은 것으로 나타났다.

5) 공연관계자(People) 요인

공연관계자(People) 요인의 중요도, 만족도 그리고 갭(Gap)의 분석 결과는 〈표 4-8〉과 같다. 전반적으로 살펴볼 때 공연 관계자(People) 요인에 대한 중요도는 평균 3.73점으로 나타났으며, 만족도는 평균 3.69점으로 나타났다. 즉, 공연 관계자(People) 요인의 하위문항별 중요도는 '아티스트의 호감도 및 신뢰도'(M=4.12), '직원의 친절한 안내 및 설명'(M=3.74), '연출자 및 스태프의 역량'(M=3.72), '직원의 전문성'(M=3.69), '직원의 복장 및 배려'(M=3.40) 순으로 나타났고, 만족도는 '아티스트의 호감도 및 신뢰도'(M=4.05), '연출자 및 스태프의 역량'(M=3.73), '직원의 친절한 안내 및 설명'(M=3.61), '직원의 복장 및 배려'(M=3.57), '직원의 전문성'(M=3.52) 순으로 나타났다.

전반적으로 볼 때, 공연 관계자(People) 요인의 하위문항별 직원의 친절한 안내 및 설명, 직원의 전문성, 직원의 복장 및 배려에 대해 유의미한 통계적 차이가 나타났다(p< .05), 하위직원의 안내와 설명, 직원의 전문성의 중요도는 만족도 대비 상대적으로 높게 나타났다.

〈표 4-8〉 공연 관계자(People) 요인의 중요도-만족도 차이

요인의 구분	중요도		만족도		중요도-만족도		#t-value	p
	M	SD	M	SD	M	SD		
아티스트의 호감도 및 신뢰도	4.12	.936	4.05	.874	.07	1.013	1.273	.204
연출자 및 스태프의 역량	3.72	.951	3.73	.779	-.02	.879	-.319	.750
직원의 친절한 안내 및 설명	3.74	.888	3.61	.817	.13	.981	2.287*	.023
직원의 전문성	3.69	.858	3.52	.809	.18	.954	3.349**	.001
직원의 복장 및 배려	3.40	.892	3.57	.786	-.17	.994	-3.101**	.002
전 체	3.73	.714	3.69	.681	.04	.753	.894	.372

*p< .05, **p< .01

6) 물리적 환경(Physical evidence) 요인

물리적 환경(Physical evidence) 요인의 중요도, 만족도 그리고 갭(Gap)을 분석한 결과는 〈표 4-9〉와 같다. 전체적으로 볼 때 물리적 환경(Physical evidence) 요인에 대한 중요도는 평균 3.59점으로 나타났으며, 만족도는 평균 3.47점으로 나타났다. 즉, 물리적 환경(Physical evidence) 요인의 하위문항별 중요도는 '공연장 내 주차시설'(M=3.83), '공연장 규모 및 공간'(M=3.70) 순으로 나타났고, 만족도는 '공연장 규모 및 공간'(M=3.59), '공연장 인테리어'(M=3.55)순으로 나타났다.

〈표 4-9〉 물리적 환경(Physical evidence) 요인의 중요도-만족도 차이

요인의 구분	중요도		만족도		중요도-만족도		t-value	p
	M	SD	M	SD	M	SD		
공연장 내 부대시설	3.33	1.027	3.42	.825	-.09	1.223	-1.329	.185
공연장 내 주차시설	3.83	1.171	3.32	.884	.51	1.416	6.377***	.000
공연장 규모 및 공간	3.70	.983	3.59	.796	.11	1.169	1.679	.094
공연장 인테리어	3.41	1.021	3.55	.780	-.14	1.141	-2.212*	.028
공연장 내 동선	3.67	.984	3.47	.847	.19	1.199	2.899**	.004
전 체	3.59	.825	3.47	.680	.12	.975	2.117*	.035

*p〈 .05, **p〈 .01, ***p〈 .001

전반적으로 볼 때, 전반적인 물리적 환경(Physical evidence) 요인과 하위문항별 공연장 내 주차시설, 공연장 인테리어, 공연장 내 동선에서 유의미한 통계적 차이가 나타났으며(p< .05), 전반적인 물리적 환경(Physical evidence) 요인과 하위문항별 공연장 내 주차시설, 공연장 내 동선에 대한 중요도는 만족도 대비 상대적으로 높게 나타났다.

7) 진행과정(Process) 요인

진행과정(Process) 요인의 중요도, 만족도 그리고 갭(Gap)의 분석 결과는 〈표 4-10〉과 같다. 전체적으로 진행과정(Process) 요인의 중요도는 평균 4.20점으로 나타났으며, 만족도는 평균 3.54점으로 나타났다. 즉, 진행과정(Process) 요인의 하위문항별 중요도는 '공연의 원활한 진행(입, 퇴장 시 안내)'(M=4.35), '서비스의 실패(공연시간 지연 등)의 보상'(M=4.29) 순서로 나타났고, 만족도는 '공연일정에 대한 정보 제공'(M=3.60), '공연의 원활한 진행(입, 퇴장 시 안내)'(M=3.60) 순으로 나타났다.

〈표 4-10〉 진행과정(Process) 요인의 중요도-만족도 차이

요인의 구분	중요도		만족도		중요도-만족도		#t-value	p
	M	SD	M	SD	M	SD		
공연일정에 대한 정보 제공	4.22	.774	3.60	.849	.62	1.090	10.131***	.000
공연장의 다양하고 적절한 안내 표시	4.18	.743	3.58	.801	.60	1.084	9.884***	.000
공연의 원활한 진행	4.35	.719	3.60	.826	.75	1.130	11.711***	.000
공연 중 음식물, 촬영 등의 통제	3.97	.938	3.57	.855	.40	1.266	5.581***	.000
서비스 실패의 보상	4.29	.770	3.36	.917	.93	1.184	14.108***	.000
전 체	4.20	.582	3.54	.679	.66	.889	13.218***	.000

***p〈 .001

전반적으로 볼 때, 전반적인 진행과정(Process) 요인과 하위문항별 공연일정에 대한 정보 제공, 공연장의 다양하고 적절한 안내 표시, 공연의 원활한 진행(입, 퇴장 시 안내), 공연 중 음식물, 촬영 등의 통제, 서비스의 실패(공연시간 지연 등)의 보상 문제에 관해 유의미한 통계적 차이가 나타났다(p〈 .001). 전반적인 진행과정(Process) 요인과 하위문항별 공연일정에 대한 정보 제공, 공연장의 다양하고 적절한 안내 표시, 공연의 원활한 진행(입, 퇴장

시 안내), 공연 중 음식물, 촬영 등의 통제, 서비스 실패(공연시간 지연 등)의 보상에 대한 중요도는 만족도 대비 상대적으로 높게 나타났다.

4. 선택요인의 중요도와 만족도 IPA 격자도 분석

본 주제연구에서는 대중음악공연 유료관람 선택요인의 개별 특성의 중요도가 어느 정도이고, 이에 부합한 만족도는 어느 정도가 되는지 그 현상을 파악하고자 IPA 분석을 실시하였다. 즉, 중요도와 만족도의 평균값을 사용하여 IPA 격자에 값을 표시했고, 중요도를 표시하는 X축과 만족도를 표시하는 Y축 사이의 접점에는 각각의 변수 평균값을 사용하여 접점의 값을 설정하였다.

각각의 구역별로 중요도와 만족도가 모두 높은 제1사분면(좋은 만족도의 지속 유지), 중요도는 높으나 만족도가 낮은 제2사분면(노력집중화의 지향), 중요도와 만족도가 모두 낮은 제3사분면(낮은 우선순위), 중요도는 낮으나 만족도가 높은 제4사분면(과잉노력 지양)으로 구분된다.

1) 작품(Product)

작품(Product) 요인의 중요도-만족도에 관한 IPA 격자도 분석 결과는 [그림 5-1]과 같이 1사분면에 해당하는 항목은 '아티스트의 역량 및 퍼포먼스'와 '아티스트의 음악'으로 좋은 성과를 나타내고 있어 지속적 유지 강화해야 하고, 제2사분면에 위치한 항목은 나타나지 않았다. 또한, 제3사분면에 위치한 항목들은 '공연의 구성'과 '예술성 및 창작성'으로 중요도가 높지 않으며 또한 만족도도 낮은 특성을 지니고 있으므로 현재 이상의 노력은 불필요한 것으로 나타났고, 제4사분면에 위치한 항목은 '음악장르'로 만족도가 중요도에 비해 높게 나타나고 있어 만족도를 줄이거나 과잉투자 여부를 고려하여 다른 평가속성을 투입해야 한다.

2) 가격(Price)

가격요인에서의 중요도-만족도 관련 IPA 격자도 분석 결과는 [그림 5-2]와 같다.

[그림 5-1] 작품(Product)에 대한 IPA 격자도 분석

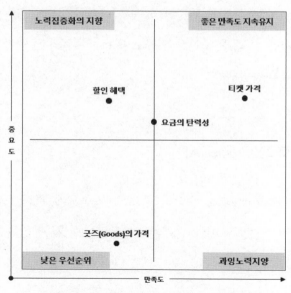

[그림 5-2] 가격(Price)에 대한 IPA 격자도 분석

제1사분면에 위치한 항목은 '티켓 가격'과 '요금의 탄력성'으로 나타났고, 제2사분면에 위치한 항목은 '할인혜택'으로 나타났다. 또한, 제3사분면에 위치한 항목은 '굿즈(Goods)의 가격'으로 나타났고, 제4사분면에 위치한 항목은 나타나지 않았다.

3) 공연장(Place)

공연장(Place) 요인의 중요도-만족도에 관한 IPA 격자분석 결과는 [그림 5-3]과 같다. 분석 결과 제1사분면에 위치한 항목은 나타나지 않았고, 제2사분면에 위치한 항목은 '대중교통 이용 편리성'과 '공연장 위치', '공연장 설비(무대, 음향, 조명)'으로 나타났다. 또한, 제3사분면에 위치한 항목은 나타나지 않았고, 제4사분면에 위치한 항목은 '공연장의 규모 및 좌석 수'와 '공연장 인지도(이미지)'로 나타났다.

4) 프로모션(Promotion)

프로모션(Promotion) 요인의 중요도-만족도에 관한 IPA 격자분석 결과 [그림 5-4]와 같이 제1사분면에 위치한 항목은 '신곡 발매'와 '인터넷 정보(SNS, 예매처)'로 나타났다.

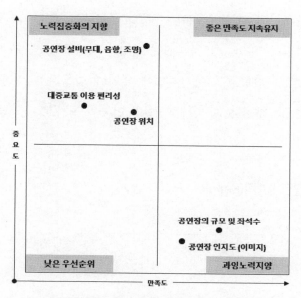

[그림 5-3] 공연장(Place)에 대한 IPA 격자도 분석

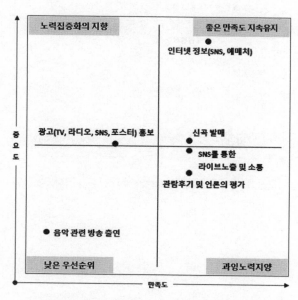

[그림 5-4] 프로모션(Promotion)에 대한 IPA 격자도 분석

제2사분면에 위치한 항목은 '광고(TV, 라디오, SNS, 포스터) 홍보'
로 나타났다. 또한, 제3사분면에 위치한 항목은 '음악 관련 방송
출연'으로 나타났고, 제4사분면에 위치한 항목은 'SNS를 통한
라이브노출 및 소통'과 '관람후기 및 언론의 평가'로 나타났다.

5) 공연관계자(People)

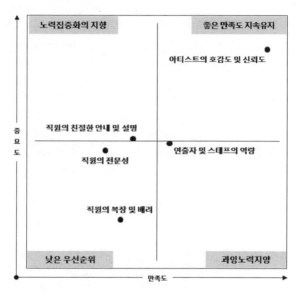

[그림 5-5] 공연관계자(People)에 대한 IPA 격자도 분석

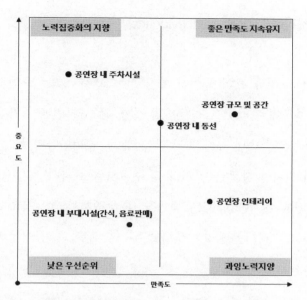

노력집중화의 지향　　　　　　좋은 만족도 지속유지

● 공연장 내 주차시설

공연장 규모 및 공간

● 공연장 내 동선

● 공연장 인테리어

공연장 내 부대시설(간식, 음료판매)

낮은 우선순위　　　　　　과잉노력지양

중요도

만족도

[그림 5-6] 물리적 환경(Physical evidence)에 대한 IPA 격자도 분석

　공연관계자(People) 요인의 중요도-만족도에 관한 IPA 격자 분석 결과는 [그림 5-5]와 같다. 제1사분면에 위치한 항목은 '아티스트의 호감도 및 신뢰도'로 나타났고, 제2사분면에 위치한 항목은 '직원의 친절한 안내 및 설명'으로 나타났다. 또한, 제3사분면에 위치한 항목은 '직원의 전문성'과 '직원의 복장 및 배려'로 나타났고, 제4사분면에 위치한 항목은 '연출자 및 스태프의 역량'으로 나타났다.

6) 물리적 환경(Physical evidence)

[그림 5-6]과 같이 물리적 환경(Physical evidence) 요인의 중요도-만족도에 관한 IPA 격자분석 결과, 제1사분면에 위치한 항목은 '공연장 규모 및 공간'과 '공연장 내 동선'으로 나타났고, 제2사분면에 위치한 항목은 '공연장 내 주차시설'로 나타났다. 또한, 제3사분면에 위치한 항목은 '공연장 내 부대시설(간식, 음료 판매)'로 나타났고, 제4사분면(지속 유지)에 위치한 항목은 '공연장 인테리어'로 나타났다.

7) 진행과정(Process)

진행과정(Process) 요인의 중요도-만족도에 관한 IPA 격자분석 결과는 다음과 같다. 제1사분면에 위치한 항목은 '공연일정에 대한 정보 제공'과 '공연의 원활한 진행(입, 퇴장 시 안내)'로 나타났고, 제2사분면에 위치한 항목은 '서비스 실패(공연시간 지연 등)의 보상'으로 나타났다. 진행과정(Process)에 대한 IPA 격자도 분석은 [그림 5-7]과 같다.

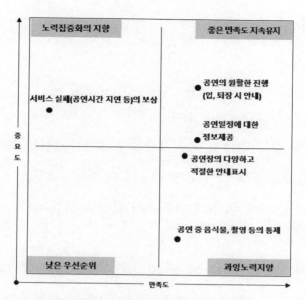

[그림 5-7] 진행과정(Process)에 대한 IPA 격자도 분석

또한, 제3사분면에 위치한 항목은 나타나지 않았고, 제4사분면에 위치한 항목은 '공연장의 다양하고 적절한 안내 표시'와 '공연 중 음식물, 촬영 등의 통제'로 나타났다.

V. 결 론

본 연구는 대중음악공연의 유료관람 선택요인에 대한 중요도와 만족도를 파악하여 향후 대중음악 공연의 발전을 위한 지침을 마련하는 데 목적이 있다. 이를 위해 대중음악공연 유료관람 선택요인을 도출하였으며, 설문조사 및 IPA 분석기법을 통해 실증 분석하였다.

대중음악공연 유료관람 선택요인에 대한 중요도-만족도에 차이 분석결과, '작품(product) 요인'에 있어 중요도는 아티스트의 음악〉아티스트의 역량 및 퍼포먼스〉공연의 구성〉예술성 및 창작성〉음악장르 순으로 나타났고, 만족도는 아티스트의 음악〉아티스트의 역량 및 퍼포먼스〉음악장르〉공연의 구성〉예술성 및 창작성 순으로 나타났다. '가격(price) 요인'에 있어 중요도는 티켓 가격〉할인혜택〉요금의 탄력성〉굿즈(Goods)의 가격 순으로 나타났고, 만족도는 티켓 가격〉요금의 탄력성〉굿즈(Goods)의 가격〉할인혜택 순으로 나타났다.

대중음악공연 유료관람의 선택요인에 대한 중요도, 만족도 그리고 갭(Gap)의 결과를 통해 마케팅 7P요인의 IPA 격자도 분석을 실시하였다. IPA 분석 결과는 다음과 같다.

작품(product) 요인이 제1사분면(유지), 공연관계자(people) 요인과 공연장(place) 요인이 제2사분면(집중), 프로모션(promotion) 요인, 물리적 환경(physical evidence) 요인, 가격(price) 요인이 제3사분면(저순위), 진행과정(process) 요인이 제4사분면(과잉)으로 나타났다. '작품(product) 요인'의 경우 제1사분면(유지)에는 '아티스트의 역량 및 퍼포먼스'와 '아티스트의 음악'이, 제2사분면(집중)에는 항목이 나타나지 않았고, 제3사분면(저순위)에는 '공연의 구성'과 '예술성 및 창작성'이 제4사분면(과잉)에는 '음악장르'가 나타났다. '가격(price) 요인'은 제1사분면에는 '티켓 가격'과 '요금의 탄력성'이 제2사분면에는 '할인혜택'이, 제3사분면에는 '굿즈 (Goods)의 가격'이, 제4사분면은 항목이 나타나지 않았다. '공연장(place) 요인'은 제1사분면과 제3사분면은 항목이 나타나지 않았고, 제2사분면에 '대중교통 이용 편리성'과 '공연장 위치', '공연장 설비(무대, 음향, 조명)'이, 제4사분면에는 '공연장의 규모 및 좌석수'와 '공연장 인지도(이미지)'가 나타났다. '프로모션(promotion) 요인'은 제1사분면에는 '신곡 발매'와 '인터넷 정보(SNS, 예매처)'가, 제2사분면에는 '광고(TV, 라디오, SNS, 포스터) 홍보'가 제3사분면에는 '음악 관련 방송 출연'이 제4사분면에는 'SNS를 통한 라이브노출 및 소통'과 '관람후기 및 언론의 평가'가 나타났다. '공연관계자(people) 요인'은 제1사분면에는 '아티스트의 호감도 및 신뢰도'가, 제2사분면에는 '직원의 친절한 안내 및 설명'이, 제3사분면에는 '직원의 전문성'과 '직원의 복장 및 배려'가 제4사분면에는 '연출자 및 스태프의 역량'이 나타났다. '물리적 환경(physical evidence) 요인'은 제1사분면에는 '공연장 규모 및 공간'과 '공연장 내 동선'이 제2사분면에는 '공연장 내 주차시설'이 제3사분면에는 '공연장 내 부대시설(간식, 음료 판매)'이 제4사분면에는 '공연장 인테리어'가 나타났다. '진행과정(process) 요인'은 제1사분면에는 '공연일정에 대한 정보 제공'과 '공연의 원활한 진행(입, 퇴장 시 안내)'가, 제2사분면에는 '서비스 실패(공연시간 지연 등)의 보상'이, 제3사분면에는 항목이 나타나지 않았고, 제4사분면에는 '공연장의 다양하고 적절한 안내 표시'와 '공연 중 음식물, 촬영 등의 통제'로 나타났다.

이상과 같이 격자도 분석을 통해 나타난 7가지 요인별 추출결과는 공연관객을 개발하고 유입하기 위해서 요인별로 선택과 집중이 필요한 것으로 판단된다. 나아가 시대의 흐름에 따른 감성 변화와 공연형태나 기술기반 공연형태가 바뀔지라도 하위요소들의 안정적인 평가를 통해 유료관객의 경로마케팅에 활용할 필요성이 대두된다.

본 주제연구는 대중음악공연 관람부문의 티켓구매 선택요인의 우선순위와 구매요인 내적요소들을 분석한 내용이다. 이는 공연 제작 및 공연마케팅 측면에서 대중음악 소비자들의 관람경로를 파악한 연구로서 학술적 의의를 지닌다. 특히 연구결과가 대중음악 소비자의 경로마케팅 방안 수립과 관람객 구매경로 파악에 필요한 기초자료로써 산업적 활용가치를 지닌다고 판단된다.

참고문헌

코스메틱 시장성 및 트렌드

- 강서경(2020), 화장품산업의 이윤효율과 결정요인 - 생산효율 중심으로 -, 부산대학교 대학원 석사학위 논문

- 박재훈, 이주희, 김용정, 송영욱(2020), 한국뷰티산업(K-Beauty) 의 성장과정 고찰과 발전방향에 대한 소고(小考), Journal of Distribution and Logistics 7(1), pp.73-92.

- 한국보건산업진흥원(2019), 2019년 화장품산업 분석 보고서, pp.42-43.

- Adrian Ioana, Vasile Mirea, Cezar Balescu(2009), "Analysis of Service Quality Management in the Materials Industry using the BCG Matrix Method", Amfiteatru Economic Journal, Vol.11(26), pp. 270-276.

- Aleksandra Lopaciuk, Mirosław Loboda(2013), "Global Beauty Industry Trends in The 21st Century", Management, Knowledge and Learning International Conference 2013 발표자료

- Alied Market Research(2020), www.alliedmarketresearch. com, "Cosmetics Market by Category (Skin & Sun Care Products, Hair Care Products, Deodorants, Makeup & Color Cosmetics, Fragrances) and by Distribution Channel (General departmental store,

Supermarkets, Drug stores, Brand outlets) − Global Opportunity Analysis and Industry Forecast, 2014 − 2022".

· Ani Barbulova, Gabriella Colucci, Fabio Apone(2015), "New Trends in Cosmetics: By−Products of Plant Origin and Their Potential Use as Cosmetic Active Ingredients", Cosmetics 2015, 2, pp.82−92.

· Chih−Chung Chiu, Kuo−Sui Lin(2019), "Rule−Based BCG Matrix for Product Portfolio Analysis", Software Engineering, Artificial Intelligence, Networking and Parallel/Distributed Computing, California, Spring Nature.

· Dempsey, W. A.(1978), "Vendor Selection and the Buying Process", Industrial Marketing Management, 7(4), pp.257−267.

· Dickson, G. W.(1966), "An Analysis of Vendor Selection Systems and Decision", Journal of Purchasing, 2(1), pp.5−17.

· Frederic P. Miller, Agnes F. Vandome, McBrewster John(2010), "BCG Matrix", VDM Publishing.

· Fredric S. Brandt, Alex Cazzaniga, Michael Hann(2011), "Cosmeceuticals: Current Trends and Market Analysis", Seminars in Cutaneous Medicines and Surgery 2011 발표자료.

- Mohajan, Haradhan(2017), "An Analysis on BCG Growth Sharing Matrix", Noble International Journal of Business and Management Research, Vol. 2(1) pp.1-6.

- X. Vecino, J. M. Cruz, A. B. Models, L. R. Rodrigues(2017), "Biosurfactants in cosmetic formulations: trends and challenges", Critical Reviews in Biotechnology , 37, Issue 7.

TV다큐멘터리 국제공동제작 프로덕션

- 김혜준 외(2001), 국제공동제작에 관한 연구, 영화진흥위원회

- 김미현(2009). 국제공동제작과 지원 정책의 상관성 연구: 유럽 국가의 사례를 중심으로, 한국영화학회: 영화연구 42호, pp.33-57.

- 강만석(2009), 포스트 한류를 위한 시장개척 전략으로서 국제공동제작 활성화 방안연구, 방송문화진흥회 연구보고서

- 권진희(2011), 한국 다큐멘터리의 해외시장 진출에 관한 연구: 국제공동제작 사례를 중심으로, 한양대학교 대학원 석사학위 논문

- 민경원(2014), 영화의 이해, 커뮤니케이션북스

- 사단법인미디어전략연구소(2009), 포스트 한류를 위한 시장개척 전략으로서 국제공동제작 활성화 방안 연구, 방송문화진흥회

- 서지선(2011) 한국영화의 해외시장진출에 관한 연구: 국제공동제작영화 사례를 중심으로, 이화여자대학교 대학원 석사학위 논문

- 오종서(2014) 공동제작 프로그램의 문화적 다양성 연구 - 다큐멘터리의 국제공동제작 사례를 중심으로 -, 커뮤니케이션디자인학연구, 제49호, pp.41-52.

- 윤선희(1999), 다매체 시대 영상산업의 문호개방과 국제공동제작 연구, 한국방송진흥원

- 윤재식 외(2007), 국제공동제작 글로벌 문화교류의 확장, 한국방송영상산업진흥원

- 이종수(2007), 멀티플랫폼 시대의 TV다큐멘터리 글로벌 트렌드 연구: 텍스트, 제작, 유통차원의 국제 비교 분석, 방송문화진흥회

- 정윤경(2001), 국내 지상파 텔레비전 프로그램의 후속 시장 진입 성과에 관한 연구, 이화여자대학교 대학원 박사학위 논문

- Edward Hallett CARR(2015), 역사란 무엇인가, 까치

- KCA(2020), 영국 방송사의 다큐멘터리 제작동향과 전망, KCA Monthly Trends. Vol.27, 트렌드 리포트, 01.3

- KOCCA(2018), 글로벌마켓 심층분석 리포트, KOCCA MIPTV

- Ashuri Tamar(2007), Television tension: national versus cosmopolitan memory in a co-produced television documentary, Media, Culture & Society. Vol.29, pp.31-51.

- Television Business International (2000), New Trends, March, p.26.

- 방통위, 과기부(2019), 방송산업 실태조사 보고서

- 스미소니언 채널 홈페이지, 불멸의 진시황 영상(스미소니언 홈페이지)

- https://www.smithsonianchannel.com/shows/chinas-dragon-emperor/1005349

- 〈EBS 다큐「천불천탑의 신비」미얀마 극장 50곳 개봉(『연합뉴스』, 2019.8.22.)〉

- https://www.yna.co.kr/view/AKR20190822017000005?input=1195m

- 〈백지 위에 그려낸 세계 최초 미얀마 문명사 다큐(『연합뉴스』, 2015.05.11.)〉

- https://www.yna.co.kr/view/AKR20150511096600033

- EBS 세계문명사 다큐멘터리「천불천탑의 신비, 미얀마(2015)」

- EBS 세계문명사 다큐멘터리「불멸의 진시황(2017)」

- EBS「천불천탑의 신비, 미얀마」제작노트(2015)

- EBS「불멸의 진시황」제작노트(2017)

문화협치 거버넌스

- 강경화, 최희성, 이시원(2017), 지역문화정책 거버넌스의 수준 및 활성화 요인에 관한 연구: 경남의 비영리민간단체 종사자의 인식을 중심으로, 지방정부연구, 21(2)
- 고대유, 박재희(2017), 감염병 재난 거버넌스 비교연구 – 사스와 메르스 사례를 중심으로, 한국정책학회보, 27(1)
- 공용택(2011), 도시과 기업의 민관협력 문화마케팅 구조에 관한 탐색적 연구, 성균관대
- 김복수 외(2003), 문화의 세기, 한국의 문화정책, 보고사
- 김승환, 황은주(2010), 정부와 공동체의 협치 사례연구, 한국법제연구원
- 김영미(2017), 빅 데이터를 활용한 재난안전 거버넌스 구축해야, 월간 공공정책, 144
- 김용철, 윤성이(2005), 전자 민주주의: 새로운 정치패러다임의 모색, 오름
- 김현철(2018), 문화기반시설 구축을 위한 기업과 도시 간 협력적 거버넌스의 성공요인 연구, 성균관대
- 김형양(2006), 로컬 거버넌스(Local Governance) 형성의 영향요인에 관한 연구, 지방정부연구 10(1), 181–203
- 니콜라스 디폰조(2008), 루머 심리학, 신영환 역, 한국산업훈련

연구소

- 류정아(2012), 지역문화 정책분석 및 발전방안, 한국문화관광연구원

- 류지성, 김영재(2010), 한국역대정부의 거버넌스 유형 분석에 관한 연구, 한국행정사학지 27, 163-196

- 명승환(2015), 스마트 전자정부론, 율곡출판사

- 명재진(2018), 헌법 개정화 협치 정부, 충남대학교 법학연구 29(3), 11-48

- 문정욱(2018), 정보화가 행정적 거버넌스에 미치는 영향: 다국가 비교 분석, 한국지역정보화학회지 21(3), 45-77

- 문태현(2004), 지역혁신을 위한 문화정책거버넌스의 성공요인 분석, 한국행정학회 학술발표논문집 2004(10), 400-418

- 문화관광부(2005), 2005 전국문화기반시설총람, 문화관광부

- 문화체육관광부(2017), 2017 전국문화기반시설총람, 문화체육관광부

- 박광일(2018), 행정의 미래, 렛츠북

- 박규홍(2011), 지역문화 거버넌스의 성공 요인, 한국거버넌스학회 2011(6), 127-133

- 박치성, 정창호, 백두산(2017), 문화예술지원체계 네트워크 거버넌스에 대한 탐색적 연구, 한국정책학회보론 26(3), 271-307

- 송경재(2007), 지방정부 e-거버넌스 구축과 시민참여 전자 민주주의 가능성, 담론201 9(4), 105-139

- 송경재, 장우영, 조인호(2018), 빅데이터 거버넌스의 가능성과 과제에 관한 탐색, 사회이론 53, 153-186.

- 안문석(2002), 정부와 기업 그리고 시민사회, 박영사.

- 안지언, 김보름(2018), 문화적 도시재생으로 협력적 거버넌스의 가치와 인식에 대한 질적 연구: 성북문화재단 공유원탁회의와 신림예술창작소 작은따옴표 사례를 중심으로, 인문사회 21 9(4), 394-364

- 옥진아, 조무상(2015), 빅파이센터 역할 및 거버넌스 운영방안, 정책연구, 1-153

- 우양호(2013), 지역사회 다문화 정책의 문제점과 발전방향: 해항도시 부산의 '다문화거버넌스' 구축사례, 지방정부연구 17(1), 393-418

- 유발 하라리, 재레미 다이아몬드 외(2019), 초예측, 웅진지식하우스

- 유승호(2012), 당신은 소셜한가?-소셜미디어가 바꾸는 인류의 풍경, 삼성경제연구소

- 유창근, 임관혁(2010), 지역사회자본, 지역혁신체계(RIS)와 관광거버넌스와의 영향 관계연구-강원지역을 중심으로, 관광경영연구 43, 159-180

- 유현종, 정무권(2016), 한국 사회적 경제 거버넌스와 지역발전, 지역발전연구 27(2), 33-82

- 이동규(2016), 재난관리 예측적 거버넌스 시스템 구축을 위한 시론적 검토, Crisisonomy 12(2), 35-52

- 이명석(2002), 거버넌스의 개념화: '사회적 조정'으로서의 거버넌스, 한국행정학보 36(4), 321-338

- 이성훈(2014), 융복합 시대의 사물인터넷에 관한 연구, 디지털융복합연구 12(7), 267-272

- 이승종(2005), 참여를 통한 정부개혁: 통제적 참여방식을 중심으로, 한국공공관리학보 19(1), 19-39

- 임광현(2015), 정부 3.0 성공가능성에 대한 정책과정과 e_거버넌스의 영향력 차이 분석, 한국정부학회 학술발표논문집 2015(9), 180-204

- 전주희(2018), 협력적 거버넌스에서 문화예술단체의 참여, 성균관대 박사학위 논문

- 정규호(2010), 지속가능성을 위한 사회제도혁신의 필요성과 거버넌스의 전략적 함의, 한국 환경사회학연구 ECO 2, 9-32

- 정인희(2010), 로컬거버넌스 관점에서 본 광역자치단체 장소마케팅의 운영과정분석, 한국공 한국거버넌스학회 학술대회자료집 2010(10), 29-54

- 정정길 외(2017), 새로운 패러다임 행정학, 대명출판사

- 조성은, 이시직(2015), 빅데이터 시대 개인 행태 정보 수집 및 활용에 대한 정책 연구, 정보통신정책연구원
- 조완섭(2017), 빅데이터 거버넌스와 표준화 동향, OSIA Standards & Technology Review 30(2), 26-29
- 조화순, 조은일(2015), 빅데이터 정책과 새로운 기술 거버넌스의 모색, 국가정책연구 29(2), 1-21
- 존 피에르, 가이 피터스(2003), 정용덕 외 역. 거버넌스, 정치 그리고 국가, 법문사
- 주성수(2005), 공공정책 거버넌스, 한양대학교 출판부
- 팀 올라일리 외(2012), 열린 정부 만들기, CC코리아 자원활동가 역, 에이콘
- 최영출(2004), 로컬 거버넌스의 성공적 구현을 위한 정책과제: AHP 방법론의 적용, 지방행정연구 18(1), 19-50
- 함유근(2017), 이것이 빅데이터 기업이다, 삼성경제연구소
- 허범(1988), 행정학개론, 대영문화사
- Kamin, M. A. et al.(1997), "Consumer Responses to Rumers: Good News, Bad News", Journal of Consumer Psychology 6(2), 165-187
- Shergold, P.(2008), Governing through collaboration. Collaborative Governance: A new era of public policy in Australia?. Canberra: ANU Press

- Thomas, J. C., Streib, G.(2005), "E-Democracy, E-Commerce, and E- Research: Examing the Electronic Ties Between Citizens and Governments", Administration & society 37(3), 237-249
- Tony Bovaird, Elke Löffler(2003), "Evaluating the Quality of Public Governance: Indicators, Models and Methodologies", International Review of Administrative Sciences 69(3), 34-49

]전자 자료

- 유상진(2019.1.7.), 지역 문화의 터전이 풍부해지길 바라며, 지역 문화진흥원
- 한승호(2015.6.9.), 〈마윈 "세상은 지금 IT시대에서 DT시대로 가고 있다"〉, 『연합뉴스』
- https://terms.naver.com/entry.nhn?docId=729677&cid =42140&categoryId=42140, 2019.3.16. 검색

인터랙티브 스토리텔링 구조

- [1] Henry Jenkins, Convergence Culture, New York University Press, 2006.
- [2] 권병웅, 문화콘텐츠산업의 문화기술 연구개발 시스템 연구, 고려대학교 대학원, 박사학위 논문, 2009.
- [3] 전경란, 디지털 내러티브에 관한 연구-상호작용성과 서사성의 충돌과 타협, 이화여자대학교 대학원, 박사학위 논문, 2002.
- [4] 김대희, 디지털 인터랙티브 영상의 서사 특성 연구-서술하는 '나'와 서술 에이전트를 중심으로, 중앙대학교 첨단영상대학원, 박사학위 논문, 2019.
- [5] Janet Murray, Hamlet on the Holodeck: The Future of Narrative in Cyberspace, MIT Press, 1997.
- [6] 서성은, 인터랙티브 드라마의 사용자 참여 구조 연구, 이화여자대학교 대학원, 석사학위 논문, 2009.
- [7] 윤현정, 인터랙티브 드라마의 스토리생성 모델 연구-〈Façade〉를 중심으로 -, 한국컴퓨터게임학회 논문지, 제3권, 제21호, pp.119-130, 2010.
- [8] 김하혜, 밴더스내치와 포켓몬고의 인터랙티브 스토리텔링의 차이점 연구, 건국대학교 대학원, 석사학위 논문, 2020.

- [9] 김인주·이재학, 포켓몬 유니버스(Universe)의 매체변용과 스토리텔링 확장-〈포켓몬 GO〉를 중심으로 -, 애니메이션 연구, 제15권, 제3호, pp.71-87, 2019.
- [10] 남승희, 대체현실게임(ARG)의 스토리텔링 연구- 노르망디의 이방인을 중심으로 -, 한국게임학회 논문지, 제9권, 제2호, pp.41-50, 2009.
- [11] 채성오, 입 닫았던 나이언틱, 7개월 만에 신작 '카탄' 출시 공식화, 블로터, 2020. http://www.bloter.net/archives/393395
- [12] Henry Jenkins, Game design as narrative, Computer 44, Vol.53, pp.118-130, 2004.
- [13] 홍구슬, 인터랙티브 스토리텔링 창작 모델 연구, 한신대학교 대학원, 석사학위 논문, 2019.
- [14] 윤현정, 앞의 논문
- [15] Henry Jenkins, "Game design as narrative", op.cit., 윤현정, 앞의 논문, 홍구슬, 앞의 논문 토대로 연구자 재구성
- [16] https://batman.wikibruce.com/Timeline
- [17] 김민성, 김용태의 변화편지-ARG(대체현실게임)를 아십니까?, http://www.futurekorea.co.kr/news/articleView.html?idxno=43413, 2017.

- [18] 프랭크 로즈, 최완규 옮김, 콘텐츠의 미래, 책읽는수요일, 2011.

- [19] 김지윤, 트랜스미디어 스토리텔링 사례 연구-Why So Serious를 중심으로-, 커뮤니케이션 디자인학연구, 제61권, pp.434-442, 2017. 토대로 연구자 구성

- [20] 전경란, 디지털 게임, 게이머, 게임 문화, 커뮤니케이션북스, 2009.

- [21] 이지혜·김종덕, 인터랙티브 스토리텔링에서의 참여유형 카테고리 제안, 디지털디자인학연구, 제13권, 제3호, pp.403-412, 2013.

- [22] 김맹하, 김은지, 대체현실게임에서 사용자 참여 생성의 스토리텔링의 요소, 한국콘텐츠학회 논문지, 제12권, 제8호, pp.105-113, 2012.

- [23] 김재형·김진영, 미디어 변화에 따른 원천콘텐츠 활용에 관한 고찰-포켓몬 GO 중심으로-, 커뮤니케이션 디자인학연구, 제57호, pp.243-254, 2016.

- [24] 이재홍, 포켓몬GO의 인기요인과 스토리텔링 분석, 한국게임학회 논문지, 제16권, 제5호, pp.159-168, 2016.

- [25] 양병석 외, 포켓몬GO의 성공요인과 파급효과, 소프트웨어정책연구소, 2016.

- [26] 민경배, IP·게임 강국에 포켓몬고가 없는 이유, 한국콘

텐츠진흥원 문화:기술, 제48호, 2016.

· [27] 이재홍, AR시대를 위한 스토리텔링의 필요성- 포켓몬
GO를 중심으로 -, Inven Game Conference, 2016.

· [28] 헨리 젠킨스, 컨버전스 컬처, 비즈앤비즈, 2008.

· [29] 윤서호, 올해 포켓몬GO는 어떻게 '진화'할까?, http://www.
inven.co.kr/webzine/news/?news=239502&site=pokemong,
2020.

· [30] https://nianticlabs.com/blog/stay-safe/?hl=ko

COVID19와 OTT 플랫폼

- 과학기술정보통신부(2020), 2020 인터넷이용실태조사
- 김미연(2020), 언어네트워크 분석에 의한 뉴노멀(New Normal) 시대 예술정책 동향, 중앙대학교 대학원 석사학위 논문
- 김민주(2018), 고객 이용행태에 따라 OTT 서비스의 개인화 추천서비스가 관계강화 및 고객충성도에 미치는 영향에 관한 연구, 서강대학교 경영전문대학원 석사학위 논문
- 김호정(2021), 코로나19 사태에 따른 '팬데믹 온라인 공연' 유형의 양상과 가능성 모색, 서울대학교 대학원 석사학위 논문
- 김효석(2017), 모바일 IPTV 서비스의 지속적인 이용 의도에 대한 실증적 연구, 광운대학교 대학원 박사학위 논문
- 문화관광부, 한국문화관광정책연구원(2006), 2006 문화향수 실태조사
- 문화체육관광부(2018), 2018 문화향수 실태조사
- 안선주(2021), 디지털콘텐츠 OTT(Over-the-Top) 서비스의 지속 사용의도에 영향을 미치는 주요 요인에 관한 연구, 숭실대학교 대학원 박사학위 논문
- 유명의(2020), COVID-19와 공연문화 변화에 관한 조사 연구, 조형미디어학, 23(3), pp.103-113.
- 유샤오(2021), 넷플릭스 이용자의 지속 이용 의도에 영향을 미

치는 요인 연구

- 이데일리(2021), 토종 OTT는 뒷전… 유튜브·넷플릭스 쏠림 더 심해졌다
- 이성곤(2020), 위기의 계보학으로 읽는 코로나 시대의 연극, 한국예술연구, -(29), pp.51-71.
- 이장석(2020), 확장된 기대일치 모델과 정보시스템 성공모형을 통합 적용한 OTT 서비스 지속이용 예측에 관한 연구, 중앙대학교 대학원 박사학위 논문
- 이지현(2021), 포스트 코로나 시대 공연예술의 온라인 전략에 관한 실증적 연구
- 이혜진(2021), 온라인 미술시장 플랫폼 현황 및 활성화 방안 연구
- 이호진(2021), 포스트 코로나 시대의 공연예술의 활성화 방안 연구
- 장보라(2009), 연소노인(Young-Old)의 라이프스타일에 따른 문화예술 소비행태에 관한 연구
- 정민아(2020), 포스트 코로나 시대 영화관과 영화산업 전망, 한국예술연구, -.(29), pp.29-49.
- 질병관리청(2021), http://www.kdca.go.kr/index.es?sid=a2
- 최서진·한성희(2021), OTT 서비스 이용동기와 소비가치가 소비만족과 지속이용의도에 미치는 영향, 소비자정책교육연구,

17(2), pp.61-88.

- 한국노동연구원(2020), 노동시장 및 고용정책 연구, (Working Paper 2020-08) COVID-19: Scale of Those Excluded from Social Protection and Alternative Policy Directions

- 한국문화관광연구원(2020), 코로나19 이후 사회경제 변화 전망과 대응 방향

- 황예지(2021), 포스트 코로나 시대 온라인 공연예술의 문제점 및 개선방안 연구, 상명대학교 문화기술대학원 석사학위 논문

- Arshan Bhullar & Ritika Chaudhary(2020), Key Factors Influencing Users' Adoption Towards OTT Media Platform: An Empirical Analysis, International Journal of Advanced Science and Technology, 29(11s), pp.942-956.

- Brynjolfsson, E., Hu, Y., & Simester, D.(2011), Goodbye Pareto principle, hello long tail: The effect of search costs on the concentration of product sales, Management Science, 57(8), pp.1373~1386.

- Businesswire.com(2021), $194.2 Billion Over the Top (OTT) Market - Global Growth, Trends, and Forecasts to 2025.

- FCC(2016), Annual Assessment of the Status of Competition in the Market for the Delivery of Video Programming, Seventeenth Report; MB Docket No.

15–158; DA16–510.

- Financialexpress.com(2020), Covid-19: OTT platforms go over the top amid pandemic.

- Hiscott, John et al.(2020), The global impact of the coronavirus pandemic, Cytokine & growth factor reviews, 53, pp.1–9.

- ILO Monitor(2020), COVID-19 and the world of work. Seventh edition, Updated estimates and analysis.

- Mark Hooper, Andrew Moyler, & Richard Nicoll(2010), Over The Top TV (OTT TV) Delivery Platforms Review, BCi & Endurance Technology Ltd.

- McKinsey(2020), COVID-19: Implications for business.

뉴노멀 예술정책 동향

- 김규진·나윤빈(2020), Sac on Screen 사업 분석을 통한 온라인 공연 활성화 방안 연구, 한국콘텐츠학회논문지, 20(8): 114-127

- 김연재(2020), 코로나 시대를 마주하는 뮤지엄 운영환경의 현실과 대응 방안, 한국예술연구, 29: 5-27

- 금성희·남재걸(2017), 우리나라 예술정책의 변화과정에 관한 연구: 역사적 제도주의 관점에서, 한국거버넌스학회보, 24(1): 235-270

- 문화체육관광부(2020), 2020년도 국정감사 업무현황

- 문화체육관광부(2020), 코로나19 이후, 예술의 가치와 미래를 논의한다

- 문화체육관광부(2020), 코로나 일상 속 비대면 예술 지원 방안 발표

- 문화체육관광부(2020), 2021년도 문체부 예산 6조 8,637억 원으로 확정

- 문희원(2020). 문화예술 분야 사회적기업 연구동향에 대한 탐색적 연구, 문화예술경영학연구, 13(1): 71-101

- 박원재(2020), 포스트 코로나 시대, 국가사회 디지털 대전환, KISO 저널, 39: 10-14

- 배영임·신혜리(2020), 코로나19, 언택트 사회를 가속화하다, 이슈&진단, pp.1-26.
- 백선혜·이정현·조윤정(2020), 포스트코로나 시대 비대면 공연 예술의 전망과 과제, 정책리포트, pp.1-30.
- 시사경제용어사전(2017) https://terms.naver.com/entry.nhn?docId=300538&cid=43665&categoryId=43665.
- 양혜원(2020), 코로나19가 문화예술 분야에 미친 영향과 향후 과제, 한국문화관광연구원, 문화·관광 인사이트 제146호
- _____(2020), 이달의 이슈 예술인의 시각에서 바라본 코로나19의 영향과 정책적 방향: 예술인 대상 실태조사 결과를 중심으로, 한국문화관광연구원, 문화·관광 웹진
- 원준호(2020), 경기문화재단은 왜 기본재산을 깨뜨렸나? 광역·기초문화재단의 코로나19로 인한 예술계 대응책, 예술경영 448호
- 이관희(2020), 한국의 문화예술 정책 현황과 정책 운영기관 고찰, 동방문화대학교 대학원 박사학위 논문
- 이재윤·김준헌(2020), 코로나19 관련 국내외 경기부양책 현황 및 시사점, 이슈와 논점, 제1697호, 국회입법사무처
- 임학순(2000), 예술정책에 관한 국제 비교 연구의 경향과 과제, 문화정책총론12, pp.161-180.
- 장수혜(2020), 판데믹과 문화정책, 각국 문화예술계 코로나19

긴급 대응 정책 동향, 문화정책리뷰 12호

- 충북연구원(2020), [포스트 코로나/Post COVID-19] 넥스트 노멀시대, 충북의 대응전략 연구보고서
- 한국문화관광연구원(2019), 4차 산업혁명시대 문화 분야 미래 전망 및 인재양성 방안
- 한국문화관광연구원(2020), 제1회 코로나19 예술포럼, 일상적 위기의 시대, 예술의 가치와 회복력 포럼 자료집
- 한국문화관광연구원(2020), 코로나19 관련 해외 각국의 문화 예술 분야 고용·실업대책 현황
- 한국문화관광연구원(2020), 코로나19 이후 사회경제 변화와 대응과제, 한국문화관광연구원, 문화·관광 인사이트 제144호
- Paranyushkin, D. (2010). "Text Network Analysis." Available at http://issuu.com/deemeetree/docs/text-network-analysis.

음악교육플랫폼 커뮤니케이션 전략

- 김현경(2018), 온라인 음악교육 콘텐츠 현황, 한국콘텐츠학회, 16(3), pp.19-24.
- 류은주(2019), 국내 사이버대학의 실용음악교육 현황: 미국 대학에서의 온라인 실용음악교육과의 비교분석을 중심으로, 음악교육공학, 39, pp.69-98.
- 박명숙(2014), 온라인 음악교육에서 인지적실재감, 자기효능감, 자기주도학습이 학습만족도와 학습지속의도에 미치는 영향 연구, 음악교육공학, (20), pp.1-15.
- 이정아(2009), 이러닝(e-Learning) 음악교육의 현황 및 개선 방안 연구, 명지대학교 교육대학원 석사학위 논문
- 유데미(2020), en.wikipedia.org/wiki/Udemy
- 유데미(2020), udemy.com
- 정은실(2011), 이러닝(e-Learning) 음악학습 웹사이트의 콘텐츠 비교 분석 연구, 건국대학교 교육대학원 석사학위 논문
- 정해동, 박기철(2005), 마케팅PR, 커뮤니케이션북스
- Calin Gurau (2008), Integrated online marketing communication: Implementation and management, Journal of Communication Management, 12(2), pp.169-184.

- David Jobber, John Fahy(2009), Foundations of Marketing, New York, Mcgraw—hill higher education

- Dimitry Dragilev(2019), criminallyprolific.com, "Marketing Communications Strategy: What It Is & How To Do It Right"

- Enakshi Sharmajuly(2015), brandanew.com, "10 Branding El ements and What They Mean"

- EnuSambyal, Taranpreet Kaur(2017), 「Online Marketing Communication」, Biz and Bytes, 8(Issue 1), pp.132—136.

- Gal Oestreicher—Singer and Lior Zalmanson (2013), "Content or Community? A Digital Business Strategy for Content Providers in the Social Age", MIS Quarterly, 37(2), pp.591—616.

- globenewswire.com(2019), "Online Music Learning Market to Hit 143.3 Mn by 2025"

- Heidi Partti & Sidsel Karlsen(2010), "Reconceptualising musical learning: new media, identity and community in music education", Music Education Research, 12(4), pp.369—382.

- Ian Blair(2020), buildfire.com, "18 Essential Metrics to Measure Your Digital Marketing"

- Knowledge-sourcing.com(2020), "Online Music Education Market Size, Share, Opportunities and Trends by Type(Music History, Musicology, Theory, Others), And Geography – Forecasts From 2019 to 20 24"
- Kyle Gray(2017), The Story Engine: An entrepreneur's guide to content strategy and brand storytelling without spending all day writing, CreateSpace Independent Publishing Platform
- Lewin Tamar(2012), New York Times, "Instruction for Masses Knocks Down Campus Walls"
- Lievrouw, Leah A. and Livingstone, Sonia(2006), Handbook of new media: social shaping and social consequencesfully revised student edition, London, Sage Publications
- Peter L. Berger & Thomas, Luckmann(1966), The Social Construction of Reality, Vintage Books
- Philip Kotler, Hermawan Kartajaya, & Iwan Setiawan(2017), Marketing 4.0, 서울, 도서출판 길벗
- Robert Allen(2017), smartinsights.com, "Why integrated multichannel marketing is essential to your business's success"
- Sherry, L.(1996), "Issues in distance learning", Journal

of Educational Telecommunications, 1(4), pp.337-365.

- Thomas L. Harris & Patricia T. Whalen(2006), The Marketer's Guide to Public Relations in the 21st century, Ohio. Thomson

현대 미술가의 퍼스널마케팅 전략

[단행본 및 연구보고서]

- Andy Tuohy(2015), 『A-Z Great modern artist by Andy Tuohy』

- Emmerling, L. Basquiat, J. 김광우 역(2008), 장 미셸 바스키아, 서울: 마로니에북스

- Hideyuki Yamamoto, 김영주 역(2016), (당신의 몸값을 높일 수 있는) 퍼스널브랜딩, 서울: 이노다임북스

- Christopher M, 유안나 역(2015), 위대한 미술가들 A to Z, 서울: 교보문고

- Philip Kotler, Irving Rein(2010), 퍼스널마케팅, 서울: 위너스북

- 김영주(2016), 퍼스널브랜딩, 서울: 이노다임북스

- 김유미(2007), 부자가 된 괴짜들, 서울: 21세기북스

- 문화체육관광부(2018), 2017 아시아미술시장(Asia artmarket report, 서울: 예술경영지원센터

- 베르너하인리히스(2003), 컬쳐 매니지먼트, 서울: 인디북

- 성열홍(2015), 스토리브랜딩 64 : 감성과 경험이 만든 다름의 가치, 서울: 소나무숲

- ㈜하쿠호도브랜드컨설팅(2007), 『브랜드마케팅』, 서울: 굿모닝 미디어.

[논 문]

- 강현실(2008), 장 보드리야르의 초미학적 관점에서 본 앤디 워홀의 시뮬라크르 이미지 연구, 커뮤니케이션디자인학회, 26, p.27.

- 권병웅(2009), 문화콘텐츠산업의 문화기술 연구개발 시스템 연구, 고려대학교 대학원 박사학위 논문

- 박보람(2017), 브랜드 정의에 관한 고찰–어원과 제도적 관점을 중심으로, 디자인융복합학회지, 16(1), p.203.

- 서정욱(2015), 브랜드 이미지 포지셔닝을 위한 아트 콜라보레이션 가이드라인 연구, 중앙대학교 대학원 박사학위 논문

- 신윤천(2016), 퍼스널브랜딩 전략, 한국마케팅연구, 50(1), p.30.

- 양희석(2017), 팝아티스트 앤디 워홀(Andy Warhol)의 소비주의 사상에 관한 연구, 한국국제문화교류학회지, 6(2), p.29.

- 윤현기, 최화열(2010), 미술품 시장의 현황과 문제점, 서비스마케팅저널, 3(1), p.35.

- 이용우(1999), 한국미술 30년과 미술시장의 기능, 역기능, 현대미술학논문집, (1), p.22.

- 이종호(2008), 이종호의 퍼스널브랜드 사랑이야기 다섯 번째, 퍼스널브랜딩, 나로부터 시작한다!, 한국마케팅연구, 42(7), p.60.

- 이종호(2008), 이종호의 퍼스널브랜드 사랑이야기 여덟 번째, 나의 퍼스널브랜드 전략을 수립하자!(1), 한국마케팅연구, 42(11), p.43.
- 이흥표(2011), 평판의 위력: 사회적 평판이 호감과 신뢰 및 선호도에 영향을 미치는가?, 한국심리학회지: 문화 및 사회문제, 17(3), p.261.
- 황의록(2017), 한국기업 기술과 예술의 접목이 시급하다, 미술사랑, 한국화가협동조합, p.16.

[기 사]

- 『위클리오늘』 신문, 〈키아프 성료, 역대 최고매출·최다관람 '대박' … "국내 작가 가치 높이는 데 주력해야"〉, 2021.10.19. 23:31, 감미사 기자
- 『세계일보』 신문, 〈황달성 한국화랑협회장 "서울, 홍콩 제치고 아시아 제1 미술시장 부상할 기회 잡아"〉, 2022.6.28. 19:10.

대중음악공연 선택요인

- 왕안열·권병웅(2019), 중국 한팬(韓飯)의 K-POP 팬덤 형성요 인 IPA 분석,예술경영연구 Vol.0 No.49: 87-115

- 권혁인·주희엽·정순규(2012), 광고 및 홍보를 위한 매체별 유 형이 대중예술 공연관람 구매의사 요인에 미치는 영향, 한국 콘텐츠학회논문지, Vol.12(11): 133-144

- 김성희(2006), 공연예술 구매의사결정에 영향을 미치는 요인에 관 한 연구: MAO를 중심으로, 경희대학교 대학원 박사학위 논문

- 김진우·유지연·이아름·이창호·허영아(2016), 뮤직비즈니스 바 이블, 서울:박하

- 문화체육관광부·한국콘텐츠진흥원(2019), 2018 콘텐츠산업 통계, 서울: 문화체육관광부

- 배영주(1999), 서울지역문화원의 문화서비스 활성화 방안 연 구: 문화촉매운동 및 공연예술 소비자개발을 중심으로, 서강 대학교 언론대학원 석사학위 논문

- 박다인(2013), 공연예술상품의 가격결정 속성 및 수용가격 범 위 도출에 관한 연구, 중앙대학교 대학원 석사학위 논문

- 박양우·이유리(2013), 한국 대중음악산업의 네트워크 구조에 관한 연구, 예술경영연구, Vol.0(28): 257-285

- 성동환(2012), 대중음악 공연산업의 현황과 발전방안, 『콘텐츠

문화』, Vol.2 (2012): 71-104

- 송필석(2007), 공연예술 관객 만족도에 관한 실증 연구, 경성대학교 대학원 박사학위 논문

- 유승종(2010), 한국 대중음악산업의 구조적 문제점과 개선 방향에 대한 논의, 한국엔터테인먼트산업학회 학술대회 논문집, Vol.6(1): 62-65

- 윤니나·허식(2015), 대중음악축제 서비스품질이 만족도 및 전환의도에 미치는 영향에 관한 연구, 산업경제연구, Vol.28(4): 1739-1773

- 이남미·구요한·유명현·김재현(2019), 대중음악 흥행결정요인과 공연성과와의 관계, 한국콘텐츠학회논문지, Vol.19(7): 54-66

- 이선호(2009), 디지털 미디어의 발전과 한국 음악 산업의 경향에 관한 연구, 음악교육공학, Vol.-(8): 95-113

- 이수현·이시림(2018), 한국 대중음악산업의 과점화와 그 영향력에 대한 연구, 문화산업연구, Vol.18(2): 51-64

- 인터파크(2019), 인터파크 공연결산I - 예매자 분석 보도자료

- 조동민·이재준·이상호(2020), 공연시장의 수요결정요인과 관람실태를 통한 활성화 방안, 한국엔터테인먼트산업학회 학술대회 논문집, Vol.2020(5): 117-124

- 한국콘텐츠진흥원(2018), 2018 음악산업백서, 서울: 한국콘텐

츠진흥원

- 한국콘텐츠진흥원(2019), 2019 음악이용자 실태조사, 서울: 한국콘텐츠진흥원
- 황보예(2018), 공연 관람 선택요인과 관람 동기가 관람 의도에 미치는 영향, 한국PR학회 학술대회, Vol.2018(11): 68
- Laczniak, G. R.(1980), Product Management and Performing Arts. Marketing the Arts, New York: Praeger Publishers, p.125